Das Ende der Arbeit und ihre Zukunft

Die Arbeitslosigkeit ist das drängendste Problem unserer Gesellschaft. Weltweit sind heute mehr als 800 Millionen Menschen ohne Job, und auch der neuerliche Aufschwung der Weltwirtschaft wird keine neuen Arbeitsplätze bringen.

Jeremy Rifkin zeigt in diesem Buch detailliert auf, daß die Automation nicht mehr aufzuhalten ist. Die Dritte Industrielle Revolution hat längst eingesetzt. Millionen von Arbeitnehmern werden durch Maschinen und Computer ersetzt, die effizienter und profitabler arbeiten. Unserer Gesellschaft droht eine Spaltung in arm und reich, gewaltsame Konflikte, Kriminalität, Erosion: »Am Ausgang der modernen Welt erwartet uns eine neue Barbarei.«

Rifkin appelliert eindringlich an uns, uns von unserer Fixierung auf Markt und Staat zu lösen und statt dessen einen Dritten Sektor auszubauen. In den USA, in den Ländern des ehemaligen Ostblocks, aber auch in der sogenannten Dritten Welt gibt es Zehntausende von Nonprofit-Organisationen, in denen sich BürgerInnen zusammenschließen, um gemeinnützige Projekte zu verwirklichen, bedürftigen Menschen zu helfen oder sich um Umweltprobleme zu kümmern.

Nach ihrem Vorbild könnten wir in der ganzen Welt einen Bereich sozialer Arbeit aufbauen, der nicht nur den Heerscharen der Arbeitslosen zu neuer Beschäftigung verhelfen würde, sondern darüber hinaus auch zu einem Umbau unserer demokratischen Gemeinschaft »von unten« beitragen könnte.

Jeremy Rifkin, geb. 1945, ist in den USA einer der bekanntesten und gefürchtetsten Wissenschaftskritiker und politischen Journalisten. Einen Namen hat er sich vor allem durch seine Kampagne gegen die Gentechnologie gemacht. Von seinen vielen Büchern ist *Das Imperium der Rinder* im Frühjahr 1994 bei Campus erschienen.

Martin Kempe arbeitet als freier Journalist in Hamburg und Berlin. Er schreibt vor allem zu Themen der Arbeitswelt. Im Herbst 1995 erscheint sein neues Buch *Zur Zukunft der Arbeitsgesellschaft in Deutschland.*

Jeremy Rifkin

Das Ende der Arbeit und ihre Zukunft

Mit einem Nachwort von Martin Kempe

Aus dem Englischen von Thomas Steiner

Campus Verlag
Frankfurt/New York

Die amerikanische Originalausgabe *The End of Work*
erschien 1995 bei Putnam in New York.

Redaktion: Gisela Klose, Frankfurt

Die Deutsche Bibliothek – CIP-Einheitsaufnahme

Rifkin, Jeremy:
Das Ende der Arbeit und ihre Zukunft / Jeremy Rifkin. Aus
dem Engl. von Thomas Steiner. Mit einem Nachw. von Martin
Kempe. – Frankfurt/Main; New York: Campus Verlag, 1995
Einheitssacht.: The end of work <dt.>
ISBN 3-593-35351-2

Umschlaggestaltung: Walter Hagenow, Frankfurt
Umschlagmotiv: Tatsuo Miyajima, Opposite Harmony,
mit freundlicher Genehmigung von Gallery Takagi, Nagoya
Satz: Satzstudio Rolfs, Hillesheim
Druck und Bindung: Friedrich Pustet, Regensburg
Gedruckt auf säurefreiem und chlorfrei gebleichtem Papier.
Printed in Germany

Zur Erinnerung an meinen Vater, Milton Rifkin,
der mehr als jeder andere, den ich kenne,
von den Mechanismen des Marktes verstanden hat.

Für meine Mutter, Vivette Rifkin,
die den amerikanischen Gemeinschaftsgeist verkörpert.

Für Ernestine Royster und ihre Familie,
die von einer besseren Zukunft träumen.

Danksagung

Ich danke vor allem Jeff Kellogg, der mich bei den Recherchen für dieses Buch unterstützt hat. Seine gründlichen Nachforschungen waren genauso wie seine vielen redaktionellen Anmerkungen und Vorschläge von unschätzbarem Wert. Ich möchte mich auch bei Andy Kimbrell für die Schlußredaktion und für seine ständige Gesprächsbereitschaft bedanken. Dank gebührt auch Anna Awimbo, Clara Mack, Carolyn Bennett und Jennifer Beck, die ebenfalls an den Vorbereitungen für dieses Buch beteiligt waren.

Inhalt

Einleitung 11

I
Unterbeschäftigung und Überproduktion

Das Ende der Arbeitswelt 17
Der technische Fortschritt und die Logik des Marktes 26

II
Die Dritte Industrielle Revolution

Vom Dampf zur Denkmaschine 47
Automation und Verelendung 57
Schlanke Unternehmen 64

III
Die arbeitslose Zukunft

Von der Landarbeit zur Gewebekultur 81
Wer steht am Fließband? 97
Stets zu Diensten 108

IV
Der Preis des Fortschritts

Verlierer und Gewinner 127
Der Wohlstand der Nationen 144
Eine schöne gefährliche Welt 156

V
Das postmarktwirtschaftliche Zeitalter

Freie Zeiten 165
Ein neuer Gesellschaftsvertrag 177
Geld für gemeinnützige Arbeit 189
Die Globalisierung des Dritten Sektors 199

Nachwort von Martin Kempe 221

Literatur 234

Einleitung

Seit der Weltwirtschaftskrise der 30er Jahre war die Arbeitslosigkeit nicht mehr so hoch wie heute. Weltweit sind mehr als 800 Millionen Menschen unterbeschäftigt oder arbeitslos (International Labor Organization 1994). Bis zur Jahrtausendwende wird diese Zahl noch einmal kräftig ansteigen. Millionen Arbeitsplätze werden einer technologischen Revolution zum Opfer fallen; in fast allen Wirtschaftszweigen werden Maschinen an die Stelle der menschlichen Arbeitskräfte treten. Nach einiger Anlaufzeit haben sich die neuen Computer- und Kommunikationstechnologien schließlich in der Arbeitswelt durchgesetzt; in ihrem Gefolge verändert eine Dritte Industrielle Revolution die Weltwirtschaft von Grund auf. Schon sind Millionen Menschen vom Arbeitsmarkt ausgeschlossen, und viele Berufszweige haben sich stark verändert oder sind ganz verschwunden.

Das Informationszeitalter hat begonnen, und dank immer leistungsfähigerer Computerprogramme werden wir schon bald in einer Welt ohne Arbeit leben. Ob im Agrarsektor, in der Industrie oder im Dienstleistungsbereich – überall in der Wirtschaft wird automatisiert, überall wird menschliche Arbeitskraft durch maschinelle ersetzt. Auf der ganzen Welt verändern sich die Lebensverhältnisse, Millionen von Menschen suchen nach einer neuen Aufgabe. Das Verschwinden fester Arbeitsverhältnisse wird zum drängendsten sozialen Problem des nächsten Jahrhunderts werden.

Während in der Öffentlichkeit noch immer von Wachstumsraten die Rede ist, stehen die Arbeitnehmer ohnmächtig einem »Aufschwung ohne Arbeitsplätze« gegenüber. Während unsere Unternehmen ihre internationale Wettbewerbsfähigkeit stetig ausbauen und ihre Profite wachsen, werden immer neue Massenentlassungen angekündigt. Niemals zuvor in der Menschheitsgeschichte waren so wenige Arbeitskräfte nötig, um die für die Weltbevölkerung notwendigen Produkte und Dienstleistungen zu erbringen. Wir werden in diesem Buch die technischen und wirtschaftlichen Entwicklungen unter die Lupe nehmen, die dazu führen, daß uns die Arbeit ausgeht. Wir werden die positiven wie die negativen Folgen der Dritten Industriellen Revolution untersuchen und uns mit den vielfältigen Problemen auseinandersetzen, die der Übergang zum postmarktwirtschaftlichen Zeitalter mit sich bringen wird.

In Teil Eins werden wir die gegenwärtige technologische Revolution näher betrachten und auch einen Blick auf die Folgen dieser Entwicklung für den Arbeitsmarkt und die Weltwirtschaft werfen. In Teil Zwei werden wir uns einem historischen Beispiel zuwenden, nämlich dem Schicksal der afro-amerikanischen Arbeiterschaft der USA, deren soziale Lage sich durch die schnelle Automatisierung der Industrie dramatisch veränderte. Dieses Beispiel läßt erahnen, was auf Millionen von Arbeitnehmern – zunehmend auch solche der mittleren und der oberen Ränge – zukommen wird. Zum Abschluß dieses Teils analysieren wir, wie sich Unternehmensstrukturen und Managementmethoden im Gefolge der neuen Hochtechnologien des 21. Jahrhunderts verändern werden.

Wenn in der Vergangenheit in einem Wirtschaftsbereich Arbeitskräfte durch neue Technologien freigesetzt wurden, so gab es stets einen anderen Bereich, in dem diese Menschen neue Arbeitsplätze fanden. Heute macht der technische Fortschritt in allen Wirtschaftssektoren – in der Landwirtschaft, in der Industrie und im Dienstleistungsbereich – Millionen von Menschen arbeitslos. Und der einzige neuentstehende Bereich, der Wissensbereich, bietet nur Arbeit für eine dünne Schicht von Unternehmern, Wissenschaftlern, Ingenieuren, Programmierern, Ausbildern, Beratern und anderen Fach- und Führungskräften. Dieser Bereich wird zwar wachsen, aber er wird nur einen Bruchteil der Arbeitskräfte aufnehmen können, die durch die rasanten Fortschritte der Informationstechnologien freigesetzt werden. In Teil Drei werden wir jene tiefgreifenden technologischen und organisatorischen Veränderungen untersuchen, die dazu führen, daß in den traditionellen Wirtschaftsbereichen ein Großteil der Arbeitsplätze verloren geht.

Viele Arbeitnehmer sind schon Opfer der Umstrukturierung der Produktion und der Verdrängung menschlicher durch maschinelle Arbeitskräfte geworden. In Teil Vier werden wir die Veränderungen, die die Dritte Industrielle Revolution auf dem Arbeitsmarkt nach sich zieht, näher betrachten. Die Informations- und Kommunikationstechnologien werden im Zusammenwirken mit den Marktkräften die Weltbevölkerung in zwei sich feindlich gegenüberstehende Lager spalten: in eine kosmopolitische Elite von »Symbolanalytikern« – in deren Händen die Entwicklung neuer Technologien und die Kontrolle über die Produktionsfaktoren liegen wird – einerseits und eine immer breiter werdende Schicht von Dauerarbeitslosen andererseits, die nur geringe Aussicht auf eine sinnvolle Beschäftigung in der neuen High-Tech-Wirtschaft haben. Wir werden sehen, welche Konsequenzen die technologische Revolution für die Industrienationen wie für die Entwicklungsländer haben wird. Besonderes Augenmerk werden wir auf die Beziehung zwischen der technologischen Arbeitslosigkeit und der weltweit ansteigenden Kriminalität richten.

Die Dritte Industrielle Revolution kann einen guten oder einen schlechten Ausgang nehmen, sie wird unsere Zivilisation entweder befreien oder erschüttern. Ob sie uns im kommenden Jahrhundert ein schöneres Leben mit mehr Freizeit bescheren oder einen massiven Anstieg der Arbeitslosigkeit samt einer weltweiten Wirtschaftskrise nach sich ziehen wird, das hängt weitgehend davon ab, wie die einzelnen Länder mit der wachsenden Poduktivität umgehen werden. Im letzten Teil werden wir einige praktische Maßnahmen vorschlagen, mit deren Hilfe wir die negativen Folgen des technologischen Wandels möglichst gering halten könnten, ohne uns seiner Vorteile zu berauben.

Seit dem Beginn der Moderne bemißt sich der Wert eines Menschen am Marktwert seiner Arbeitskraft. Jetzt, da diese Ware in einer automatisierten Welt zusehends überflüssig wird, müssen wir den Menschen in seinem Verhältnis zur Gesellschaft neu definieren. Wir werden daher am Schluß des Buches eine Vision für das postmarktwirtschaftliche Zeitalter zu formulieren versuchen und uns fragen, wie wir unsere einseitige Orientierung am Markt überwinden können.

I

Unterbeschäftigung und Überproduktion

I
Das Ende der Arbeitswelt

Arbeit ist die Grundlage aller menschlichen Zivilisation. Für die altsteinzeitlichen Jäger und Sammler gehörte sie genauso zum täglichen Leben wie für die neusteinzeitlichen Ackerbauern, die mittelalterlichen Handwerker und die modernen Fließbandarbeiter. Jetzt wird zum ersten Mal in der Geschichte die menschliche Arbeitskraft aus dem Produktionsprozeß verbannt. In weniger als einem Jahrhundert wird die industrielle »Massenbeschäftigung« in allen entwickelten Ländern der Welt der Vergangenheit angehören. Eine neue und leistungsfähigere Generation von Computer- und Informationstechnologien verändert die Arbeitswelt und macht zahllose Menschen arbeits- oder gar brotlos.

Unternehmer und Wirtschaftswissenschaftler wollen uns weismachen, daß die steigenden Arbeitslosenzahlen nur die kurzfristige Folge einer tiefergreifenden »Strukturanpassung« seien, die die Weltwirtschaft im Zuge der Dritten Industriellen Revolution durchmacht. Sie versprechen uns eine wunderbare neue, vollautomatisierte High-Tech-Welt, in der der Welthandel blüht und der materielle Wohlstand ungeahnte Höhen erreicht.

Millionen von Arbeitnehmern stehen solchen Visionen skeptisch gegenüber. Jede Woche gibt es neue Entlassungen, und in den Büros und den Fabriken der ganzen Welt bangen die Menschen um ihren Arbeitsplatz. Gleich einer unaufhaltsamen tödlichen Epidemie breitet sich eine unheimliche ökonomische Krankheit aus, gegen die es kein Mittel zu geben scheint. Sie zerstört das Leben unzähliger Menschen und bedroht ganze Gemeinschaften.

Allein in den US-amerikanischen Unternehmen werden jedes Jahr mehr als zwei Millionen Arbeitsplätze abgebaut (*Fortune* 20.9.1993: 40). Und wenn neue Jobs geschaffen werden, dann sind sie zeitlich befristet und werden schlecht bezahlt. Zwei Drittel der im April 1994 neugeschaffenen Arbeitsplätze waren am unteren Ende der Lohnskala angesiedelt. Die Outplacement-Firma Challenger, Gray and Christmas gibt an, daß im ersten Quartal 1994 die amerikanischen Großunternehmen 13% mehr Entlassungen vornahmen als im gleichen Zeitraum des Vorjahres. Für die kommenden Jahre kündigen die Industrieanalysten noch weit größere Einschnitte an (*Washington Post* 7.5.1994: 1f.).

Auch in anderen Ländern gehen mehr und mehr gutbezahlte Arbeitsplätze verloren. Der deutsche Elektronik- und Technikgigant Siemens hat seine Managementhierarchien eingeebnet, seine Kosten binnen dreier Jahre um 20 bis 30% gesenkt und weltweit mehr als 16.000 Angestellte entlassen. Das große schwedische Lebensmittelunternehmen ICA hat seine Betriebsabläufe mit Hilfe einer hochmodernen, computergestützten Bestandskontrolle neu organisiert und konnte so ein Drittel seiner Lager und Vertriebszentren schließen und seine Gesamtkosten auf die Hälfte reduzieren. 5.000 Angestellte, 30% der Belegschaft, wurden innerhalb von drei Jahren durch diese Umstrukturierung arbeitslos, während die Einnahmen von ICA im selben Zeitraum um mehr als 15% stiegen. Das japanische Telekommunikationsunternehmen NTT entließ 1993 10.000 Angestellte und kündigte die Einsparung weiterer 20.000 Arbeitsplätze an – damit werden insgesamt 15% der Belegschaft von NTT freigesetzt (*New York Times* 6.7.1993: D4; *Business Week* 14.6.1993: 41; *Financial Times* 1.9.1993: 5).

Täglich steigen in Nordamerika, Europa und Japan die Arbeitslosenziffern an. Sogar die Entwicklungsländer verzeichnen zunehmend eine technologische Arbeitslosigkeit, da in den neuen, hochmodernen Produktionsanlagen der Multis nur noch wenige Leute gebraucht werden. Die Menschen, die bisher ihre Arbeitskraft für wenig Geld verkauften, können mit den billiger, schneller und besser produzierenden Maschinen nicht mithalten. In immer mehr Ländern stehen schlanke Produktion, Umstrukturierungen, Total Quality Management, Postfordismus und Personalabbau auf der Tagesordnung. Überall sorgen sich die Menschen um ihre Zukunft. Frustrierte Jugendliche drücken ihre Wut in asozialem Verhalten aus. Ältere Arbeitnehmer, die bisher im Wohlstand lebten und nun eine sorgenvolle Zukunft vor sich haben, stehen den wirtschaftlichen Prozessen ohnmächtig gegenüber. Überall macht sich ein tiefgreifender Wandel bemerkbar – ein Wandel, dessen ganzes Ausmaß wir noch nicht einmal erahnen können und der unser gewohntes Leben von Grund auf verändern wird.

Vom menschlichen Verstand zum Computerprogramm

Als erstes wurde die menschliche Muskelkraft durch Maschinen ersetzt, jetzt verdrängen Computerprogramme den menschlichen Verstand. In den meisten Industrieländern sind mehr als 75% der Arbeitskräfte mit mehr oder minder einfachen Routinetätigkeiten beschäftigt. Die meisten dieser Tätigkeiten können auch von automatisierten Maschinen, Robotern oder leistungsfähigen Computern erledigt werden. Neueren Untersuchungen zufolge haben weltweit noch nicht einmal 5% der Unternehmen mit der Einführung entsprechender Technologien begonnen. Der zu erwartende Übergang in ein neues Maschinenzeitalter wird in den nächsten Jahrzehnten eine Arbeitslosigkeit ungeahnten Ausmaßes mit sich bringen (*New York Times* 31.1.1993: C1). Wassily Leontief, Träger des Wirtschaftsnobelpreises, prophezeit, daß mit der Einführung immer leistungsfähigerer Computer »der Mensch als wichtigster Produktionsfaktor verschwinden wird, genauso wie einst das Pferd durch die Einführung des Traktors aus der landwirtschaftlichen Produktion verschwunden ist« (Leontief 1983: 3).

Unter dem Druck globaler Konkurrenz einerseits und steigender Lohnkosten andererseits scheinen die Unternehmen entschlossen, den Übergang von der menschlichen zur maschinellen Arbeitskraft noch zu beschleunigen. Daß ihre Gewinne neuerdings in Gefahr sind, hat ihren Veränderungswillen noch angestachelt. In Europa, wo die steigenden Lohnkosten für die wirtschaftliche Stagnation und die mangelnde Konkurrenzfähigkeit auf dem Weltmarkt verantwortlich gemacht werden, beeilen sich die Unternehmen, ihre Beschäftigten durch neue Informations- und Telekommunikationstechnologien zu ersetzen. Ebenso in den USA, wo sich die Lohnkosten im Vergleich zu den Kapitalkosten in den letzten acht Jahren mehr als verdreifacht haben. (Während der Anstieg der Reallöhne unter der Inflationsrate blieb, sind die Lohnnebenkosten, vor allem die Gesundheitskosten, stark angestiegen).

In den 80er Jahren wurden in den USA mehr als eine Billion Dollar für Computer, Roboter und andere Automaten ausgegeben, aber erst in den letzten Jahren haben sich diese massiven Investitionen in niedrigeren Lohnkosten, größerer Produktivität und höheren Profiten niedergeschlagen. Solange die Manager versuchten, die neuen Informationstechnologien auf traditionelle Organisationsstrukturen aufzupropfen, solange konnten diese neuen Werkzeuge nicht ihre volle Wirkung entfalten. Erst jetzt sind die Unternehmen dazu übergegangen, die Arbeitsplätze an die neue High-Tech-Maschinenkultur anzupassen.

Umstrukturierungen

»Reengineering« – Umstrukturierung – heißt die Zauberformel, auf die in den USA mittlerweile alle Manager vertrauen. Die Unternehmen versuchen, ihre Organisation möglichst schnell an die Computertechnik anzupassen. Traditionelle Managementhierarchien werden eingeebnet, Aufgaben werden zusammengefaßt, Teamarbeit wird eingeführt, die Angestellten werden besser ausgebildet, um sie breiter einsetzen zu können. Herstellung und Vertrieb werden beschleunigt und vereinfacht, die Verwaltung wird entschlackt. 1992 stieg die Gesamtproduktivität in den USA um 2,8% – soviel wie seit zwanzig Jahren nicht mehr, was eine massive Reduzierung der Beschäftigung zur Folge hatte (*Wall Street Journal* 16.3.1993: 1). Michael Hammer, ehemaliger Professor des Massachusetts Institute of Technology (MIT) und Reengineering-Spezialist, meint, daß durch diese Veränderungen 40% der Arbeitsplätze verlorengehen werden und die Zahl der

Beschäftigten um bis zu 75% zurückgehen könnte. Insbesondere das mittlere Management ist davon betroffen. Hammer schätzt, daß hier bis zu 80% der Arbeitsplätze abgebaut werden (*Washington Post* 21.7.93: D5, 25.7.1993: H1).

Nirgends sind die Auswirkungen der Computerisierung und der Umstrukturierung so kraß wie in der Industrie. Anderthalb Jahrhunderte nachdem Karl Marx die Proletarier der Welt aufrief, sich zu vereinigen, verkündete Jacques Attali, Berater des französischen Präsidenten Mitterand für Wirtschaftsfragen, das Ende der Arbeiterschaft: »Die Maschinen sind das neue Proletariat, die Arbeiterklasse kann sich ihre Entlassungspapiere holen.« (Attali 1991: 101)

Dank der zunehmenden Automation wird es bald überall auf der Welt Fabriken ohne Arbeiter geben. In der US-amerikanischen Industrie wurden zwischen 1981 und 1991 mehr als 1,8 Millionen Jobs eingespart (Barlett/Steele 1992: XI), in Deutschland waren es allein 1992 mehr als eine halbe Million (*Business Week* 31.3.1993: 49). Diese Zahlen sind Ausdruck eines langfristigen Trends: In den 50er Jahren waren noch 33% der US-amerikanischen Arbeitnehmer in der Industrie beschäftigt. In den 60er Jahren war die Quote auf 30%, in den 80er Jahren schon auf 20% gefallen. Heute sind weniger als 17% der Beschäftigten Industriearbeiter, und der Managementberater und Autor Peter Drucker schätzt, daß ihr Anteil in diesem Jahrzehnt unter 12% sinken wird (Drucker 1993: 68).

Während die Beschäftigung stetig abnimmt, steigt die Produktivität der Industrie unaufhaltsam an. In den USA lag der jährliche Zuwachs in den frühen 80er Jahren noch bei etwas mehr als 1%, dank der Computerisierung beträgt er mittlerweile über 3%. Von 1979 bis 1992 stieg die Produktivität um 35% an, die Zahl der Beschäftigten nahm im selben Zeitraum um 15% ab (*Forbes* 18.1.1993: 40; *The New Republic* 15.3.1993: 22).

Angesichts der Lage der Industriearbeiterschaft, die zunehmend aus dem Wirtschaftskreislauf ausgeschlossen wird, setzen viele Ökonomen und Politiker auf den Dienstleistungsbereich, der die Millionen von Arbeitssuchenden aufnehmen soll. Diese Hoffnungen werden aber schon bald wie Seifenblasen zerplatzen. Schon längst gehen auch in vielen Dienstleistungsunternehmen Arbeitsplätze durch Automatisierung und Umstrukturierung verloren. Neuartige »Denkmaschinen« können viele der Aufgaben, die jetzt noch von Menschen erledigt werden, in wesentlich kürzerer Zeit bewältigen. Die Unternehmensberatung Andersen Consulting Company schätzt, daß allein bei den US-amerikanischen Handels- und Geschäftsbanken in den nächsten sieben Jahren 30 bis 40% der Arbeitsplätze, das heißt 700.000 Arbeitsplätze jedes Jahr, verlorengehen werden (*Wall Street Journal* 16.3.1993: 1).

Ohne Zweifel sind viele der mehr als drei Millionen Angestellten, die in den USA während der letzten zehn Jahre arbeitslos wurden, Opfer des globalen Wettbewerbs. Aber nach Meinung der Experten haben auch die neuen Technologien ein gut Teil dazu beigetragen: Selbst als die Wirtschaft 1992 mit einem Wachstum von respektablen 2,6% wieder Tritt faßte, wurden mehr als eine halbe Million Büroangestellte und Techniker ihren Job los (*Forbes* 23.11.1992: 186; *Business Week* 14.6.1993).

Viele Marktanalysten sehen sehr wohl, daß die Großunternehmen soviel Personal abbauen wie noch nie, aber sie glauben, daß die Neueinstellungen der kleineren Unternehmen den Arbeitsmarkt wieder entlasten werden. David Birch, Forscher am MIT, vertrat als einer der ersten die These, das Wachstum der High-Tech-Branchen würde vor allem von Firmen mit weniger als 100 Beschäftigten getragen. Mehr als 88% aller neuen Arbeitsplätze entstünden in solchen kleineren Unternehmen, die die Speerspitze der neuen technologischen Revolution bildeten. Während der Reagan/Bush-Ära führten konservative Ökonomen solche Zahlen als Beweis dafür an, daß die technologischen Neuerungen genausoviele neue Arbeitsplätze mit sich brächten, wie sie vernichteten. Neuere Studien belegen aber das glatte Gegenteil. Der Politökonom Bennett Harrison von der Carnegie-Mellon University stellte nach Auswertung zahlreicher Statistiken fest, daß sich in den USA – und ebenso in Japan und in der BRD – der Anteil der Beschäftigten, die in kleineren Unternehmen arbeiten, seit den frühen 60er Jahren kaum verändert hat (Harrison 1994: 45ff., 51).

Die gegenwärtige Entlassungswelle gewinnt eine noch größere Bedeutung, wenn man sich ansieht, wie die Ökonomen ständig die

Grenze, bis zu der die Zahl der Arbeitslosen gerade noch »akzeptabel« sei, nach oben korrigieren. Und nicht zuletzt hängen auch unsere Zukunftserwartungen von dem ab, was wir um uns herum wahrnehmen. Was die Arbeit anbelangt, sind wir dabei, uns an stetig wachsende Arbeitslosenzahlen zu gewöhnen; die Konsequenzen dieser epochalen Entwicklung werden einfach unter den Teppich gekehrt.

Wohin mit den Arbeitslosen?

Als in den späten 50er und frühen 60er Jahren die Industrie von einer ersten Automatisierungswelle erfaßt wurde, schlugen Gewerkschafter, Bürgerrechtler und engagierte Beobachter Alarm. Bei den Unternehmern stießen sie allerdings auf taube Ohren. Diese waren der Ansicht, daß der Produktivitätszuwachs durch die neuen Technologien auch mehr Wachstum, mehr Arbeitsplätze und mehr Kaufkraft mit sich bringen würde. Heute hat sich das Bild gewandelt, auch eine kleine, aber wachsende Gruppe von Managern macht sich Gedanken darüber, wohin die gegenwärtige technologische Revolution uns führen wird. Percy Barnevik ist Präsident des schweizerisch-schwedischen Unternehmens Asea Brown Boveri, das zu den größten Elektro- und Maschinenbaukonzernen der Welt gehört. ABB hat durch Umstrukturierungen in letzter Zeit fast 50.000 Beschäftigte freigesetzt und gleichzeitig den Umsatz um 60% gesteigert. »Wo werden diese Leute unterkommen?« fragt sich der Manager, und er prophezeit, daß in Europa statt jetzt 35% in zwanzig Jahren nur noch 15% aller Arbeitnehmer in der Industrie arbeiten werden. Barnevik äußert sich sehr pessimistisch über Europas Zukunftsaussichten: »Wenn mir jemand sagt, in zwei oder drei Jahre wird es einen riesigen Bedarf an Arbeitskräften geben, dann kann ich nur fragen: Wo denn? Was sollen das für Arbeitsplätze sein, in welchen Städten, in welchen Unternehmen? Wenn man alles zusammennimmt, steuern wir auf eine Arbeitslosenrate von 20 bis 25% zu.« (Zit. n. *Financial Times* 4.1.1993: D1)

Wissenschaftler, Ingenieure und Unternehmer sehen uns am Beginn einer neuen Epoche der Weltgeschichte stehen, in der der

Mensch endlich von mühseliger und stumpfsinniger Arbeit befreit sein wird. Skeptischere Leute malen dagegen das düstere Bild einer Zukunft, die geprägt ist von Massenarbeitslosigkeit, weltweiter Armut und sozialen Spannungen.

Die meisten arbeitenden Menschen sehen sich Veränderungen ausgesetzt, deren Ausmaß sie gar nicht überblicken können. Ohne große Vorwarnung sind die technologischen und wirtschaftlichen Umwälzungen über uns gekommen. Mit einem Male müssen sich die Menschen überall auf der Welt fragen, ob es in der Wirtschaft der Zukunft einen Platz für sie geben wird. Selbst wer gut ausgebildet ist und über viel Erfahrung verfügt, muß damit rechnen, daß Automation und Informatisierung ihn überflüssig machen werden. Was noch vor wenigen Jahren nur von einigen Intellektuellen und Gesellschaftskritikern unter dem Stichwort der »gesellschaftlichen Bedeutung der Technik« diskutiert wurde, geht auf einmal Millionen von Menschen an.

Wir stehen am Beginn tiefgreifender technologischer und sozialer Umwälzungen, wie sie die Geschichte noch nicht gesehen hat. Vielleicht werden schon bald Millionen Menschen weniger lang arbeiten müssen und können ihre Freizeit genießen, während ihr Wohlstand stetig wächst. Vielleicht führt die technologische Revolution aber auch zu weltweiten Wirtschaftskrisen, zu wachsender Arbeitslosigkeit und sozialen Unruhen. Ob wir einer hellen oder einer düsteren Zukunft entgegengehen, das hängt vor allem davon ab, wem der Produktivitätsgewinn des Informationszeitalters zugute kommen wird. Um ihn gerecht zu verteilen, bedarf es einer weltweiten Verkürzung der Arbeitszeit und einer gemeinsamen Anstrengung aller Regierungen, um im Bereich der sozialen Wirtschaft neue Arbeitsplätze für alle die Menschen zu schaffen, die in der Privatwirtschaft nicht mehr gebraucht werden. Wenn dagegen der drastisch gestiegene Produktivitätsgewinn nicht aufgeteilt wird, sondern hauptsächlich an die Aktionäre, die Manager und die neue Elite der »Wissensarbeiter« ausgeschüttet wird, dann wird sich der Graben zwischen den Habenichtsen und den Wohlhabenden verbreitern, und es wird überall auf der Welt zu sozialen und politischen Unruhen kommen.

Um dieses Verteilungsproblem zu lösen, müssen wir auch einen alten Widerspruch auflösen: den zwischen den Verheißungen der modernen Technik auf der einen Seite und der Marktlogik auf der anderen Seite. Überall werden heutzutage neue Technologien eingeführt, die Erstaunliches leisten. Früher hat man uns glauben gemacht, diese Wunder der Technik wären unsere Rettung, und viele Menschen haben ihre Hoffnung auf ein besseres Morgen an die Computerrevolution geknüpft. Aber der ökonomische Wohlstand der arbeitenden Bevölkerung nimmt eher ab als zu, und in allen Industrieländern fragen sich die Menschen, warum der uralte Traum von Überfluß und Freizeit, wie ihn schon ihre hart arbeitenden Vorfahren träumten, in immer weitere Ferne rückt. Um einer Antwort auf diese Frage näherzukommen, werden wir uns im nächsten Abschnitt mit einer wenig bekannten, aber umso folgenreicheren ökonomischen Vorstellung befassen, die seit langem das Denken von Wirtschafts- und Staatsführern in aller Welt beherrscht.

2
Der technische Fortschritt und die Logik des Marktes

Seit mehr als einem Jahrhundert lassen wir uns von folgendem ökonomischen Lehrsatz leiten: Neue Technologien steigern die Produktivität, senken die Kosten und vergrößern das Angebot an billigen Waren. In der Folge wachsen die Kaufkraft und die Märkte, und es werden neue Arbeitsplätze geschaffen. Auf dieser zentralen Annahme beruhte bislang die Wirtschaftspolitik aller Industrieländer. Jetzt aber zeigen sich die wahren Folgen dieser Logik: eine Arbeitslosigkeit unvorhergesehenen Ausmaßes, ein starker Rückgang der allgemeinen Kaufkraft, eine gefährlich hohe Überproduktion und eine drohende Weltwirtschaftskrise.

Die Vorstellung, daß technische Neuerungen und Produktivitätssteigerungen auch der arbeitenden Bevölkerung in Form von billigeren Waren, größerer Kaufkraft und mehr Arbeitsplätzen zugute kommen, ist im Kern eine Theorie der Ausbreitung des technischen Fortschritts. Auch wenn es die Technikfetischisten, die Wirtschaftswissenschaftler und die Unternehmer nur selten offen aussprechen, so beruhen ihre ökonomischen Rezepte doch im wesentlichen auf dieser Idee.

Jean Baptiste Say, ein französischer Ökonom des frühen 19. Jahrhunderts, vertrat als einer der ersten eine solche Theorie und behauptete, daß ein größeres Angebot eine größere Nachfrage schaffe. Say bemerkte, »daß jedes Product vom Augenblick seiner Erzeugung an für den ganzen Betrag seines Werthes anderen Producten einen Absatzweg eröffnet. [...] Folglich sieht man, daß die bloße Thatsache der Bildung eines Productes, sogleich wie sie erfolgt ist, für andere

Producte einen Absatz herbeyführt.« (Say 1818: 244f.) Diese Vorstellung ging später unter der Bezeichnung »Saysches Theorem« in die neoklassische Ökonomie ein. Nach deren Ansicht erhöhen neue, arbeitssparende Technologien die Produktivität und erlauben es den Anbietern, bei geringeren Kosten mehr Güter herzustellen. Dieses erhöhte Angebot an billigeren Waren schafft, so das neoklassische Argument, seine eigene Nachfrage. Mit anderen Worten, die auf Grund der erhöhten Produktivität sinkenden Preise würden eine erhöhte Nachfrage der Konsumenten erzeugen. Größere Nachfrage würde wiederum eine erhöhte Produktion nach sich ziehen, diese wiederum eine erhöhte Nachfrage, usw. usw. in einem unendlichen Kreislauf von Produktion und Konsumtion. Der gestiegene Güterumsatz würde jeden anfänglichen, aufgrund der technischen Verbesserungen eingetretenen Verlust an Arbeitsplätzen wieder wettmachen, da mehr Leute eingestellt würden, um die erhöhte Nachfrage befriedigen zu können. Außerdem hätten die Konsumenten dank der gesunkenen Preise Geld übrig, um andere Produkte zu kaufen und so auch in anderen Wirtschaftsbereichen für eine erhöhte Nachfrage zu sorgen.

Aus der Angebotstheorie läßt sich der Schluß ziehen, daß das Problem der Arbeitslosigkeit sich trotz technisch bedingter Entlassungen letztlich von selbst lösen wird. Steigende Arbeitslosenzahlen würden zu niedrigeren Löhnen führen, und diese wiederum würden die Unternehmer veranlassen, mehr Leute einzustellen, anstatt ihr Geld in neue Anlagen zu investieren. Auf diese Weise würden die negativen Beschäftigungseffekte neuer Technologien abgeschwächt (Jones 1990: 23; *International Labor Review* März/April 1984: 131).

Die Annahme, daß technische Neuerungen andauerndes Wachstum und Vollbeschäftigung nach sich zögen, hat seit langem heftigen Widerspruch ausgelöst. Karl Marx vertritt im ersten Band des *Kapital* von 1867 die These, daß die Unternehmer immer bestrebt seien, die Lohnkosten zu senken und die Produktionsmittel soweit als möglich in ihre Verfügungsgewalt zu bekommen. Sie ersetzten daher, wo immer möglich, Menschen durch Maschinen und profitierten so nicht nur von der steigenden Produktivität und den sinkenden Kosten, sondern auch noch von der Entstehung einer großen Reservearmee von Arbeitslosen, deren Arbeitskraft in anderen Wirtschaftszweigen ausgebeutet werden könne.

Marx sagte voraus, daß die wachsende Automatisierung schließlich alle Arbeiter überflüssig machen würde: »In den Produktionsprozeß des Kapitals aufgenommen, durchläuft das Arbeitsmittel [...] verschiedne Metamorphosen, deren letzte die Maschine ist oder vielmehr ein automatisches System der Maschinerie [...].« (Marx 1974: 584) Mit jeder technischen Erfindung verfeinere sich

»die Teilung der Arbeit, die die Operationen der Arbeiter schon mehr und mehr in mechanische verwandelt, so daß auf einem gewissen Punkt der Mechanismus an ihre Stelle treten kann [...]. Es erscheint hier also direkt die bestimmte Arbeitsweise übertragen von dem Arbeiter auf das Kapital in der Form der Maschine, und durch diese Transposition sein eignes Arbeitsvermögen entwertet. Daher der Kampf der Arbeiter gegen die Maschinerie. Was Tätigkeit des lebendigen Arbeiters war, wird Tätigkeit der Maschine.« (Ebd.: 591f.)

Nach Marx' Theorie graben sich die Unternehmer aber ihr eigenes Grab, wenn sie fortdauernd menschliche durch maschinelle Arbeitskraft ersetzen. Auf diese Weise entstünde eine Reservearmee von Arbeitern, deren Löhne immer weiter gedrückt würden und die bald nicht mehr genug Kaufkraft hätten, um sich noch irgendwelche Produkte leisten zu können.

Viele orthodoxe Ökonomen stimmten der Marxschen Analyse in Teilen zu. Auch sie sahen, daß die Steigerung der Produktivität und die Ersetzung von Menschen durch Maschinen zur Entstehung einer Reservearmee von Arbeitslosen führen würden. Sie betrachteten dies allerdings als notwendiges Übel, wenn die Wirtschaft florieren sollte. Durch die »Freisetzungen« würde die menschliche Arbeitskraft billiger und könnte in neuen Industrien eingesetzt werden. Deren Profite würden dann in neue arbeitssparende Technologien investiert, erneut würden die Kosten gesenkt und der Absatz gesteigert. Ein stetiger Kreislauf von Wirtschaftswachstum und Wohlstand sei die Folge. Nach John Bates Clark, einem der Begründer der American Economic Association, gibt es »immer ein gewisses Angebot an Arbeitssuchenden, und es ist weder möglich noch wünschenswert, es zum Verschwinden zu bringen. Der Wohlstand der arbeitenden Bevölkerung hängt vom Fortschritt ab, und dieser wiederum bringt eine zeitweilige Freisetzung von Arbeitskräften mit sich.« (Clark 1907: 251)

Ein anderer US-amerikanischer Ökonom, William Leiserson, teilte Clarks Zuversicht und meinte, »das Heer der Arbeitslosen ist genausowenig arbeitslos wie Feuerwehrleute oder Polizisten, die auf der Wache auf den nächsten Einsatz warten« (zit. n. *Political Science Quarterly* 31, März 1916: 12).

Die wilden Zwanziger

Die Frage, ob moderne Maschinen und Technologien mehr Arbeitsplätze und größeren Wohlstand mit sich bringen oder ob sie zu höherer Arbeitslosigkeit und zu wirtschaftlichem Abschwung führen, wurde in den 20er Jahren unseres Jahrhunderts in eindeutiger Weise beantwortet. Damals wurden – ähnlich wie heute – in der ganzen Wirtschaft die Arbeitsabläufe weitgehend umstrukturiert oder durch neue Technologien ganz wegrationalisiert. Das Fließband von Ford und die revolutionären Umstrukturierungen bei General Motors veränderten die Güterproduktion von Grund auf. Der Verbrennungsmotor und das Auto beschleunigten den Transport, die Elektrizität wurde zur billigen und unerschöpflichen Energiequelle. Seit der Jahrhundertwende hatte die Produktivität stetig zugenommen: 1912 waren noch 4.664 Arbeitsstunden für den Bau eines Autos notwendig gewesen, Mitte der 20er Jahre waren es weniger als 813 (*Monthly Labor Review* Oktober 1924: 3ff.). In vielen anderen Industriezweigen wurden ähnliche Produktivitätszuwächse erzielt.

Von 1920 bis 1927 steigerte die US-amerikanische Industrie ihre Produktivität um 40%. Allein im verarbeitenden Gewerbe stieg die Leistung pro Arbeitsstunde zwischen 1919 und 1929 um jährlich 5,6%. Im selben Zeitraum wurden mehr als 2,5 Millionen Arbeitsplätze vernichtet, allein im verarbeitenden Gewerbe wurden 825.000 Beschäftigte entlassen (*Technology and Culture* April 1991: 274f.). Die hohe Arbeitslosigkeit zog einen dramatischen Rückgang des Konsums nach sich. Die Presse sprach von »Kaufstreiks« und »schrumpfenden Märkten«; die Wirtschaft versuchte angesichts der riesigen Überproduktion, die Käufer mit einer großen PR-Kampagne zum Geldausgeben zu bewegen. »Ihre Einkäufe bringen Amerika Arbeit«, lautete die überall im Land von den lokalen Handelskammern verbreitete Botschaft. Wer noch Lohn und Brot hatte, sollte sein Geld nicht sparen, sondern mithelfen, die Regale der Warenhäuser zu leeren und die Wirtschaft anzukurbeln.

Die Konsumpredigt

Die US-Amerikaner konsumieren heute durchschnittlich doppelt soviele Güter wie gegen Ende des Zweiten Weltkriegs (Schor 1991: 109). Dieser Anstieg ist weder ganz von alleine zustande gekommen, noch war er das Resultat menschlicher Unersättlichkeit. Ganz im Gegenteil: Noch um die Jahrhundertwende vermerkten Ökonomen wie Stanley Trevor und John Bates Clark, daß die meisten arbeitenden Menschen zufrieden waren, wenn ihr Lohn für ihre Grundbedürfnisse und ein paar Luxusdinge genügte. Ansonsten wollten sie lieber mehr Freizeit haben, statt länger zu arbeiten und mehr zu verdienen. Die Wissenschaftler stellten daher die These auf, daß mit wachsendem Einkommen und Wohlstand der Nutzen jeder Einkommenssteigerung abnehme und sie damit weniger erstrebenswert würde. Die Tatsache, daß die Menschen mehr Freizeit einem höheren Einkommen vorzogen, wurde bald zum Fluch für die Geschäftsleute, deren Waren sich in den Lagern und Kaufhäusern stapelten.

Um hier Abhilfe zu schaffen, mußten die Menschen dazu gebracht werden, Dinge haben zu wollen, nach denen es sie vorher nie verlangt hatte. Einige Wirtschaftsbosse verfielen auf die Idee, den »unbefriedigten Konsumenten« zu schaffen. Charles Kettering von General Motors war einer der ersten, die das neue Konsumevangelium predigten. Seine Firma hatte schon damit begonnen, jedes Jahr neue Automodelle auf den Markt zu bringen, und startete nun eine großangelegte Werbekampagne, um den Käufern ihr altes Auto zu verleiden. »Der Schlüssel zum wirtschaftlichen Wohlstand ist die organisierte Unzufriedenheit«, meinte Kettering (zit. n. *Nation's Business*

Januar 1929). Und der Ökonom John Kenneth Galbraith brachte es später auf die Formel, daß »die Produktion die Bedürfnisse erzeugt, die sie zu befriedigen sucht« (Galbraith 1968: 138).

Bislang hatten die Wirtschaftswissenschaftler sich hauptsächlich mit der Seite der Produktion befaßt. In den 20er Jahren nun nahmen sie sich auch der Konsumtion an, und es entstand das neue Feld der »Konsumtheorie«. Zugleich gewann in der Geschäftswelt das vorher eher randständige Marketing an Bedeutung, und fast über Nacht verwandelte sich die US-amerikanische Industriegesellschaft in eine Konsumgesellschaft (Dorfman 1949: 593f.).

Die Werbeleute priesen nicht mehr die Nützlichkeit ihrer Produkte an, sondern sie appellierten an das Statusbewußtsein der Kunden. Der gewöhnliche Mann und die gewöhnliche Frau sollten es den Reichen gleichtun und sich mit den Insignien des Wohlstands versehen, die zuvor für die Geschäftsaristokratie und die oberen Zehntausend reserviert gewesen waren. »Modisch« hieß nun die Losung und jedes Unternehmen versuchte, seine Produkte mit dem entsprechenden Flair zu versehen.

Eine ganze Nation arbeitender Menschen wurde zu statusbewußten Verbrauchern gemacht, und Konsumtheoretiker wie Hazel Kyrk beeilten sich, die wirtschaftlichen Vorteile dieser Wandlung aufzulisten. Eine wachsende Wirtschaft, so erklärte sie, bedürfe einer höheren Nachfrage seitens der Konsumenten: »Auch für die ärmeren Schichten muß der Luxus der Wohlhabenden lebensnotwendig werden.« Überproduktion und technologische Arbeitslosigkeit könnten gemindert, ja sogar ganz beseitigt werden, wenn nur die arbeitenden Schichten zum »Luxuskonsum« erzogen würden (Kyrk 1923: 278).

Um den US-amerikanischen Arbeiter in einen statusbewußten Konsumenten zu verwandeln, bedurfte es großer Anstrengungen. Viele Dinge wurden damals noch im eigenen Haushalt hergestellt, und die Werber nutzten nun jedes Mittel und jede Gelegenheit, »Hausgemachtes« herabzustufen und ihre »überall erhältlichen« »Fabrikerzeugnisse« anzupreisen. Mit speziellen Anzeigen sollten vor allem junge Leute dazu gebracht werden, sich selbstgemachter Produkte oder Kleidung zu schämen. »Modern« statt »altmodisch« zu sein, wurde zur alles entscheidenden Frage gemacht. Die Angst davor, nicht auf der Höhe der Zeit zu sein, wurde zum unwiderstehlichen Kaufanreiz. Der Historiker Harry Braverman beschrieb den damaligen kommerziellen Zeitgeist mit dem Satz: »Die Quelle für Status [ist] nicht mehr die Fähigkeit, viele Dinge herzustellen, sondern einfach die Fähigkeit, sie zu kaufen.« (Braverman 1977: 210)

Neue Marketing- und Werbemethoden, die in den vorhergehenden Jahrzehnten aufgekommen waren, setzten sich in den 20er Jahren in den USA voll durch. Hatten noch um 1900 die Läden Dinge wie Zucker, Mehl, Essig, Nägel oder Nadeln lose verkauft, so prangten nun überall Markenetiketten, die kurz zuvor noch eine Kuriosität gewesen waren. Hersteller, die ihre Produkte möglichst schnell losschlagen wollten, umgingen die Groß- und Zwischenhändler und belieferten unter einem Markennamen ihre Kundschaft direkt. Sie führten neuartige Produkte ein, die von den Konsumenten eine Änderung ihres Lebensstils und ihrer Eßgewohnheiten verlangten. Die Autorin Susan Strasser beschreibt das Vorgehen der Unternehmen: »Den Menschen, die niemals zuvor Corn Flakes gekauft hatten, wurde ein Bedürfnis danach eingeimpft. Hatten sie früher ihre Haferflocken lose beim Kaufmann geholt, so lernten sie nun, daß Markenhaferflocken aus der Packung viel besser waren. Man brachte ihnen bei, daß abgepackte Getreideerzeugnisse zum bequemen und modernen städtischen Lebensstil dazugehören.« (Strasser 1989: 88)

Viele Unternehmen suchten nach neuen Anwendungsbereichen für ihre Produkte, um den Verkauf anzukurbeln. Aus dem Kopfschmerzmittel Coca-Cola wurde ein beliebtes Getränk gemacht. Asa Candler, der damals einem Apotheker aus Atlanta das Rezept abkaufte, überlegte sich: »Wer an chronischen Kopfschmerzen leidet, hat vielleicht einmal jede Woche einen Anfall. Manche Leute haben nur einmal im Jahr Kopfschmerzen. Aber es gab ein anderes, schlimmeres Leiden, das jedermann jeden Tag ereilt, das ständig behandelt werden muß und doch immer wieder auftritt. Dieses Leiden war der Durst.« (Zit. n. *Printers Ink* 4.11.1908: 3f.)

Einige Unternehmen versuchten es mit direkteren Verkaufsmethoden wie Prämien, Rabattmarken und anderen Vergünstigungen. In den Lokalzeitungen wurden große Anzeigen geschaltet. Nichts aber war so erfolgreich wie die Einführung des Kundenkredits, als es darum ging, die Kaufgewohnheiten US-amerikanischer Lohnempfänger zu verändern. Etwas auf Raten kaufen zu können, war sehr verführerisch, und viele Menschen wurden richtiggehend süchtig danach. Aus einer Nation hart arbeitender, genügsamer Menschen wurde in weniger als einem Jahrzehnt ein hedonistisches Land, das ständig auf der Suche nach der allerneuesten Befriedigung war. Zur Zeit des großen Börsenkrachs waren in den USA 60% aller Radios, Autos und Möbel auf Pump gekauft (Marchand 1985: 4f.).

Gegen Ende der 20er Jahre hatte sich der Konsumdrang vollständig durchgesetzt. Die traditionellen Werte, die Genügsamkeit der Yankees und der Aufopferungsgeist der Pioniere verschwanden. 1929 veröffentlichte ein von Präsident Herbert Hoover eingesetztes Komitee seinen Abschlußbericht, in dem es den tiefen psychologischen Wandel der letzten zehn Jahre resümierte. Der Bericht sagte goldene Zeiten voraus:

»Die Untersuchung hat eindeutig bewiesen, was seit längerem vermutet wurde, daß nämlich die menschlichen Bedürfnisse unerschöpflich sind; ist eines befriedigt, erwacht ein neues. Wir können daraus schließen, daß der Wirtschaft keine Grenzen gesetzt sind; daß es stets Bedürfnisse geben wird, die die bereits befriedigten ersetzen [...]. Durch die Werbung und andere fördernde Maßnahmen [...] hat die Produktion einen deutlichen Anschub erfahren, [...] es scheint, daß wir hier mit noch größerem Einsatz weitermachen können, [...] die Ausgangslage ist günstig, und die Wirtschaft hat genügend Schwung.« (Committee on Recent Economic Changes 1929: XV)

Nur wenige Monate später krachte es an der New Yorker Börse, die USA und mit ihr die ganze Welt stürzten in die tiefste Wirtschaftskrise der Neuzeit.

Das Hoover-Komitee war, wie die meisten Politiker und Geschäftsleute der Zeit, fixiert auf die Vorstellung, daß ein größeres Angebot eine größere Nachfrage schaffen würde. Niemand sah die negative Dynamik, die die Wirtschaft direkt in die Krise führte. Angesichts der steigenden Arbeitslosigkeit, hervorgerufen durch neue arbeitssparende Technologien, hatten die US-amerikanischen Unternehmen Millionen Dollar in Werbung und Marketing-Kampagnen gesteckt, um die Noch-Beschäftigten zu einer Kauforgie anzuregen. Aber leider hielten die Einkommenszuwächse nicht mit der Steigerung von Produktivität und Produktion mit. Die meisten Arbeitgeber steckten die zusätzlichen Gewinne, die sie aus dem Produktivitätszuwachs zogen, lieber in die eigene Tasche als sie in Form höherer Löhne weiterzugeben. Einzig Henry Ford verlangte, daß man den Arbeitern genug zahlte, damit sie die produzierten Güter auch erwerben könnten. »Wer kauft sonst meine Autos?«, fragte er (zit. n. Harrison/Bluestone 1988: 38). Seine Kollegen ignorierten diese Warnung.

Die Unternehmer waren überzeugt, daß sie weiterhin die ihnen in den Schoß fallenden Profite einfach einsammeln, weiter die Löhne drücken und zugleich die Konsumenten melken könnten. Aber der Kuh ging die Milch aus. Die neuen Werbe- und Marketingmethoden stimulierten zwar einen noch nicht dagewesenen Massenkonsum, aber zugleich hatte die arbeitende Bevölkerung nicht genug Geld, um die den Markt überflutenden Güter zu erwerben, und so kaufte sie auf Kredit. Einige kritische Beobachter sahen, daß »die Waren schneller im Pfandhaus landen, als sie hergestellt werden können« (zit. n. Akin 1977: 77). Doch auch diese Warnung verhallte ungehört, bis es zu spät war.

Die Geschäftswelt hatte nicht begriffen, daß ihr eigener Erfolg sie in die Krise stürzen würde. Indem sie Arbeiter durch Maschinen ersetzten, erhöhten die Unternehmer zwar die Produktivität, aber um den Preis einer stetig wachsenden Zahl von Unterbeschäftigten oder Arbeitslosen, die nicht mehr über genügend Kaufkraft verfügten, um die hergestellten Güter abzunehmen. Noch während der Weltwirtschaftskrise führten Produktivitätssteigerungen zur Freisetzung von Arbeitskräften und zu einer weiteren Vertiefung der Depression. In einer Untersuchung über das produzierende Gewerbe vermerkte Frederick Mills 1938, daß der Rückgang der Produktion nur für 51% der wegfallenden Arbeitsstunden verantwortlich war, während erstaunliche 49% durch arbeitssparende Technologien verloren gingen (Mills 1938: 10-15). Die Wirtschaft schien in einer Falle gefangen, aus der es kein Entkommen gab. Angetrieben durch die sich verschlimmernde Krise, versuchten viele Unternehmen ihre Kosten zu senken und ersetzten weiter menschliche durch maschinelle Arbeitskräfte – was nichts anderes hieß, als Öl ins Feuer zu gießen.

Auf dem Höhepunkt der Krise veröffentlichte der britische Ökonom John Maynard Keynes seine *Allgemeine Theorie der Beschäftigung, des Zinses und des Geldes*, die die Wirtschaftspolitik von Grund auf verändern sollte. Schon 1930 hatte er in einem vorausschauenden Aufsatz vor einem Phänomen gewarnt, das in Zukunft sehr weitgehende Wirkungen entfalten würde:

»Wir sind von einer neuen Krankheit befallen, deren Namen einige Leser noch nicht gehört haben mögen, von der sie aber in den nächsten Jahren noch recht viel hören werden, nämlich technologischer Arbeitslosigkeit. Das bedeutet Arbeitslosigkeit, weil unsere Entdeckung von Mitteln zur Ersparung von Arbeit schneller voranschreitet als unsere Fähigkeit, neue Verwendung für die Arbeit zu finden.« (Keynes 1956: 267)

Die Arbeit wird verteilt

Im Oktober 1929 waren in den USA knapp eine Million Menschen arbeitslos – nur zwei Jahre später, im Dezember 1931, waren es zehn Millionen. Im Juni 1932 standen 13 Millionen Menschen auf der Straße, auf dem Höhepunkt der Krise im März 1933 waren es 15 Millionen (Roedinger/Foner 1989: 243).

Unter den Ökonomen verbreitete sich zusehends die Einsicht, daß die technologische Revolution der 20er Jahre die Krise herbeigeführt hatte. Produktivität und Produktion seien schneller gewachsen als die Nachfrage nach Gütern und Dienstleistungen. Nun war wahr geworden, was Friedrich Engels mehr als fünfzig Jahre zuvor prophezeit hatte, daß nämlich

»die aufs höchste gesteigerte Verbesserungsfähigkeit der modernen Maschinerie [...] sich verwandelt in ein Zwangsgebot für den einzelnen industriellen Kapitalisten, seine Maschinerie stets zu verbessern, ihre Produktionskraft stets zu erhöhn. [...] Aber die Ausdehnungsfähigkeit der Märkte, extensive wie intensive, wird beherrscht zunächst durch ganz andre, weit weniger energisch wirkende Gesetze. Die Ausdehung der Märkte kann nicht Schritt halten mit der Ausdehnung der Produktion. Die Kollision wird unvermeidlich [...].« (Engels 1970: 89; orig. 1883)

Die Ansicht Engels', die einst als viel zu pessimistisch oder gar verbohrt gegolten hatte, wurde jetzt auch von der traditionellen Wirtschaftswissenschaft geteilt. Dexter Kimball, Dekan an der Cornell University, erkannte wie viele andere den unlösbaren Zusammenhang zwischen arbeits- und zeitsparenden Technologien, größerer Effizienz und steigender Arbeitslosigkeit: »Zum ersten Mal stellt sich mit aller Schärfe die Frage, ob unsere Produktionsmethoden und -anlagen so leistungsfähig geworden sind, daß wir es mit einer permanenten Überproduktion zu tun bekommen werden und in deren Gefolge mit einer permanenten technologischen Arbeitslosigkeit.« (*Science* 77, 6.1.1933: 1)

Auch die US-amerikanischen Gewerkschaften sahen in der Arbeitslosigkeit eine logische Folge der gestiegenen Effizienz, überschüssiger Profite und geschrumpfter Märkte. Sollte eine ständige Massenarbeitslosigkeit vermieden werden, so mußten nach ihrer Ansicht die Unternehmer die Produktivitätszuwächse mit den Arbeitern teilen und ihnen kürzere Arbeitszeiten zugestehen. Die Gewerkschaften machten die Umverteilung der Arbeit zur Überlebensfrage, und sie fanden Unterstützung etwa bei Bertrand Russell, dem großen englischen Mathematiker und Philosophen: »Wenn der normale Lohnempfänger vier Stunden täglich arbeitete, hätte jedermann genug zum Leben und es gäbe keine Arbeitslosigkeit [...].« (Russell 1957: 19f.; orig. 1935)

Im Juli 1932 forderten die Gewerkschaften Präsident Hoover auf, eine Konferenz mit Arbeitnehmer- und Arbeitgebervertretern einzuberufen, die die 30-Stunden-Woche durchsetzen und so »Arbeit für Millionen unbeschäftigter Menschen schaffen« sollte (zit. n. Bergson 1933: 7f.). Viele Unternehmer schlossen sich dem Appell an, da sie keine andere Möglichkeit sahen, um die Kaufkraft der Konsumenten wieder zu erhöhen. Einige große Unternehmen, darunter Kellog's, Sears Roebuck, Standard Oil und Hudson Motors, führten von sich aus die 30-Stunden-Woche ein, um ihre Beschäftigten halten zu können (Hunnicutt 1988: 148).

Am weitesten wagte sich Kellog's vor. W.K.Kellog, der Firmenbesitzer, rechnete vor, daß »wir mit vier Sechs-Stunden-Schichten [...] anstelle von drei Acht-Stunden-Schichten dreihundert Familienvätern mehr Arbeit und Lohn geben können« (zit. n. Hunnicutt o. J.: 9). Um das Lohnniveau und so die Kaufkraft der Beschäftigten zu erhalten, wurde das Mindesteinkommen der männlichen Arbeiter auf vier Dollar am Tag angehoben, die Stundenlöhne wurden um 12,5% erhöht (ebd.).

In den Erfahrungsberichten, die Kellog's in den folgenden Jahren veröffentlichte, hieß es, daß die verkürzten Schichten die Arbeitsfreude und die Leistungsfähigkeit der Beschäftigten erhöht hätten. In einer Studie von 1935 wurde aufgezählt, daß durch den Sechs-Stunden-Tag innerhalb von fünf Jahren die Gemeinkosten um 25% und die Stückkosten um 10% gesenkt werden konnten. Die Zahl der Arbeitsunfälle war um 40% zurückgegangen, und gegenüber 1929 arbeiteten 39% mehr Beschäftigte bei Kellog's (zit. n. ebd.: 22). Die Firma war darauf sehr stolz und wollte ihre Erfahrungen anderen Unternehmen mitteilen: »Das alles ist nicht nur Theorie. Wir haben es in den letzten fünf Jahren in die Praxis umgesetzt. Wir haben gesehen, daß die kürzeren Arbeitstage die Leistungsfähigkeit und die Moral unserer Beschäftigten gesteigert haben. Die Unfall- und Versicherungsraten sowie die Lohnkosten konnten gesenkt werden, so daß wir es uns jetzt leisten können, für sechs Stunden genausoviel zu bezahlen wie früher für acht.« (Zit. n. ebd.: 23)

Der Staat greift ein

Nur wenige Monate nach seiner Wahl zum Präsidenten der USA setzte Franklin Delano Roosevelt 1933 den National Industrial Recovery Act in Kraft, der Millionen Menschen zu einer Beschäftigung im öffentlichen Dienst verhelfen sollte. Die Roosevelt-Regierung sah in staatlichen Programmen ein letztes Rettungsmittel, eine Art Starthilfe für die schwache Wirtschaft. Noch im selben Jahr wurde die Civil Works Administration eingerichtet, die mehr als vier Millionen Arbeitslose von der Straße holte (Walker 1979: 31, 39). 1935 unternahm Roosevelt seine größte Anstrengung im Kampf gegen die Arbeitslosigkeit, die Schaffung der Works Progress Administration (WPA). Das Ziel war es, möglichst schnell den Konsumenten zu einer gewissen Kaufkraft zu verhelfen. Sogenannte »leichte Projekte« wurden initiiert, die sehr arbeitsintensiv waren, wenig Startkapital verlangten und möglichst schnell abgeschlossen werden konnten. Mehr menschliche als maschinelle Arbeitskraft sollte zum Einsatz kommen, um möglichst schnell möglichst vielen Arbeitnehmern zu einem Einkommen zu verhelfen. Vor allem un- und angelernte Arbeiter wurden angestellt, denn das Geld sollte denjenigen Gruppen zukommen, die es am schnellsten wieder ausgeben und so dem darbenden Einzelhandel wieder aufhelfen würden.

Die Regierung ließ außerdem Dämme und Kraftwerke bauen, sie schuf die National Youth Administration, die Jugendliche ausbildete, und sie verhalf durch staatliche Theater- und Literaturprogramme vielen Künstlern wieder zu Arbeit. Eine staatliche Baubehörde wurde installiert, die Hausbesitzern finanziell unter die Arme griff und so die Bauindustrie ankurbelte. Schließlich wurden auch die notleidenden Farmer unterstützt.

Eine Sozialgesetzgebung wurde in Angriff genommen, um den Älteren im Lande zu mehr Kaufkraft zu verhelfen, ebenso wurden ein Arbeitslosengeld und ein gesetzlich geregelter Mindestlohn eingeführt. Den Gewerkschaften wurden mehr Rechte eingeräumt, damit sie den Arbeitgebern höhere Löhne abhandeln konnten.

Auch mit ihrer Steuerpolitik versuchte die Roosevelt-Regierung, die Kaufkraft zu erhöhen. Einige Ökonomen setzten sich für eine Senkung der Verbrauchsteuern ein, die immerhin fast 60% der Staatseinnahmen ausmachten, und für eine Erhöhung der Einkommen- und Vermögensteuern. Auf diese Weise sollte das Geld von den Wohlhabenden, die es eher auf die hohe Kante legen würden, zu den Mittel- und Unterschichten umverteilt werden, die es eher ausgeben und so die Wirtschaft ankurbeln würden (Hunnicutt 1988: 206).

Roosevelts »New Deal« war nur ein Teilerfolg: 1940 lag die Arbeitslosenrate der USA immer noch bei 15%. Auch wenn dies deutlich weniger war als die 25% von 1933, so war die Wirtschaft noch nicht aus der Krise heraus. Andererseits war mit den vielen Reformprogrammen Roosevelts dem Staat eine neue Rolle zugewachsen. Die Regierung greift seither in den Wirtschaftskreislauf ein und versucht, das Niveau von Beschäftigung und Einkommen so hoch zu halten, daß die Wirtschaft nicht ins Stocken gerät.

Trotz der Programme, die die Regierungen der USA und vieler anderer Länder während der 30er Jahre aufgelegt hatten, überwand die Weltwirtschaft ihre Schwäche nicht. Erst mit dem Weltkrieg erholte sich die US-amerikanische Wirtschaft wieder, als die Staatsausgaben binnen eines Jahres von 16,9 Milliarden Dollar auf über 51,9 Milliarden Dollar stiegen. Bis 1943 betrugen die Kriegsausgaben der USA über 81,1 Milliarden Dollar, und die Zahl der Arbeitslosen sank 1942 und 1943 jeweils um die Hälfte (*The Atlantic Monthly* April 1993: 102).

Die Nachkriegswirtschaft

Auch nach dem Ende des Zweiten Weltkriegs blieb die US-amerikanische Wirtschaft von einem gewaltigen militärisch-industriellen Komplex beherrscht. In der zweiten Hälfte der 80er Jahre waren mehr als 20.000 Unternehmen und weitere 100.000 Zulieferfirmen finanziell vom Verteidigungsministerium abhängig (Renner 1989: 8). Mehr als 10% aller während der Reagan/Bush-Ära in den USA hergestellten Güter waren für militärische Zwecke bestimmt. Der militärisch-industrielle Komplex hatte derart monströse Ausmaße angenommen, daß er – als separates Land genommen – die dreizehntgrößte Wirtschaftsmacht der Welt darstellte. Insgesamt beliefen sich die Verteidigungsausgaben der USA in den 80er Jahren auf mehr als 2,3 Billionen Dollar. Von je 100 Dollar investierten Kapitals flossen 46 in die Rüstungsindustrie (*Defense Monitor* 3, 1987: 1; U.S. Office of Management and Budget 1989: Tabelle 3-2).

Trotz der Existenz des militärisch-industriellen Komplexes war der Nachkriegsaufschwung ständig durch eine technologische Arbeitslosigkeit bedroht, da die Automation in den 50er und 60er Jahren weiter vorangetrieben wurde. Nur die Einführung neuer Produkte – vor allem des Fernsehens und der Unterhaltungselektronik – verhinderte eine größere Krise und verhalf vielen Arbeitskräften, die in anderen Industriezweigen freigesetzt worden waren, zu neuen Jobs. Zugleich wuchs der Dienstleistungssektor kräftig an, zum Teil übernahm er die Hausarbeiten der Frauen, die jetzt in großer Zahl einer Erwerbsarbeit nachgingen. Auch die Regierung schuf neue Arbeitsplätze: Der Anteil der Staatsausgaben am Bruttosozialprodukt, der 1929 noch ganze 12% betragen hatte, wuchs bis 1975 auf mehr als 33%. Über 19% aller Arbeitskräfte der USA waren nun öffentliche Bedienstete, die Regierung war zum größten Arbeitgeber des Landes aufgestiegen (*The Progressive* 18.6.1993: 20; U.S. Department of Labor 1975).

Zukunftsbranchen?

Im 21. Jahrhundert werden weder der freie Markt noch der öffentliche Sektor in der Lage sein, die steigende technologische Arbeitslosigkeit aufzufangen und das Absinken der Kaufkraft zu verhindern. Millionen von Arbeitsplätzen sind durch die neuen Informations- und Telekommunikationstechnologien bedroht, in vielen Wirtschaftszweigen wird die Beschäftigung stetig zurückgehen. Die Technikgläubigen meinen, daß die neuen High-Tech-Produkte und -Dienstleistungen zusätzliche Jobs mit sich bringen werden; auch zu Beginn unseres Jahrhunderts, als das Pferd und der Einspänner vom Automobil verdrängt wurden, seien schließlich Millionen neuer Arbeitsplätze geschaffen worden. Nun werden zwar heute ebenfalls viele herkömmliche Produkte und Dienstleistungen durch die Neuerungen des Informationszeitalters verdrängt, aber zu deren Herstellung und Ausführung werden eben weit weniger Arbeitskräfte gebraucht als vorher. Nehmen wir z.B. die vielgepriesene Datenautobahn, jenen revolutionären Kommunikationsweg, der Informationen und Dienstleistungen direkt zum Konsumenten bringen kann und traditionelle Transport- und Verteilungswege umgeht. Eine steigende Anzahl von Informatikern, Technikern, Produzenten, Autoren und Moderatoren werden nötig sein, um die neuen Netzwerke zu programmieren, zu überwachen und zu bespielen. Auf der anderen Seite aber werden Millionen von Arbeitsplätzen im Transport- und Handelsgewerbe durch das neue Medium überflüssig werden.

Ein anderes Beispiel ist die Biotechnologie-Industrie, ebenfalls eine der Wachstumsbranchen der High-Tech-Revolution. Die Regierung Clinton verweist gerne darauf, daß in diesem Wirtschaftszweig viele neuartige Arbeitsplätze entstanden sind, von denen man sich vor einem Jahrzehnt noch nicht einmal eine Vorstellung hätte machen können. Nun sind zwar tatsächlich neue Berufe entstanden, aber die Anzahl der Arbeitsplätze ist in dieser kapitalintensiven Industrie eher gering. Knapp 97.000 Jobs hat die US-amerikanische Biotech-Industrie in den letzten zehn Jahren geschaffen. Der Gewerkschafter Dennis Chamot führt an, daß allein 1993 »die doppelte Anzahl von Arbeitsplätzen abgebaut wurde«. Um die Arbeitslosigkeit in den USA um auch nur einen Prozentpunkt zu senken, bedürfte es »elf solcher neuen Industriezweige«, eine Ausweitung, die über die wissenschaftlichen, technologischen und ökonomischen Kapazitäten weit hinausgeht (*Biotechnology Industry Organization* 1994: 4; persönliches Gespräch).

Wenn in der Vergangenheit in einem Wirtschaftssektor durch eine technologische Revolution die Mehrzahl der Arbeitsplätze verlorenzugehen drohte, entstand immer rechtzeitig ein neuer Sektor, der die überschüssigen Arbeitskräfte aufnahm. Viele Millionen Menschen, die durch die schnelle Mechanisierung der Landwirtschaft arbeitslos geworden waren, fanden Unterschlupf in der aufblühenden Industrie. Als diese von der Automatisierung erfaßt wurde, wanderten die Arbeiter in den schnell wachsenden Dienstleistungsbereich ab. Heute aber, da alle diese Sektoren neuerlichen Umstrukturierungen und einer weiteren Automation ausgesetzt sind, gibt es keinen Bereich mehr, der die Abermillionen Arbeitslosen aufnehmen könnte.

Der schrumpfende öffentliche Sektor

Erhöhte Staatsausgaben haben sich in den letzten sechzig Jahren als das einzig wirksame Mittel erwiesen, um »den Teufel der geringen Nachfrage auszutreiben«, wie es der Ökonom Paul Samuelson ausdrückt (zit. n. *Technology and Culture* April 1991: 265). Seit den 50er Jahren wird die US-amerikanische Wirtschaft von technologischen Neuerungen, einer steigenden Produktivität, einer wachsenden technologischen Arbeitslosigkeit und einer ungenügenden Nachfrage heimgesucht. Alle Präsidenten seit Kennedy haben daher eine Politik des *deficit spending* betrieben, um Jobs zu schaffen, die Kaufkraft zu erhöhen und das wirtschaftliche Wachstum anzukurbeln. Der Preis dafür war ein stets defizitärer Staatshaushalt (*The New Republic* 15.3.1993: 22). Mittlerweile haben, in den USA wie in vielen anderen Ländern, die Staatsschulden astronomische Höhen erreicht und die öffentliche Aufmerksamkeit auf die Notwendigkeit einschneidender Sparmaßnahmen gelenkt.

Neben einer drastischen Einschränkung der Militärausgaben setzt man in den USA vor allem auf einen Abbau der Staatsangestellten. Betrug zu Beginn der 80er Jahre der Anteil der beim Staat Beschäftigten noch 17,9% aller Arbeitskräfte, so waren es am Ende des Jahrzehnts nur noch 16,4% (Strobel 1993: 68, 70). Die Clinton-Administration hat sich vorgenommen, den Regierungsapparat mit Hilfe derselben Managementmethoden und Informationstechnologien umzustrukturieren, die schon die Produktivität der Privatwirtschaft merklich haben ansteigen lassen. In einer ersten Umbauphase sollen mehr als 250.000 Beschäftigte entlassen werden, das sind mehr als 12% der Staatsangestellten. Auch die Einführung leistungsfähiger Computersysteme ist vorgesehen, um Beschaffungsmaßnahmen zu beschleunigen. Des weiteren will die Regierung vor allem in den mittleren Rängen Personal abbauen und so insgesamt mehr als 108 Milliarden Dollar einsparen (*The Wall Street Journal* 8.9.1993: A14).

Der Eifer, mit dem man an die Reduzierung der Staatsausgaben geht, verdankt sich auch der Überzeugung, daß in der Folge die Zinsen sinken würden, was wiederum einen Anstieg von Konsumausgaben und Investitionen bewirken würde. Nun werden niedrigere Zinsen tatsächlich die Bautätigkeit und den Autohandel anregen, aber die infolge der staatlichen Einsparungen gestiegene Arbeitslosigkeit und die gesunkene Kaufkraft werden die positiven Auswirkungen wieder zunichte machen. Und was die Investitionen anbelangt, so sind nicht wenige Ökonomen der Meinung, daß »beschäftigungswirksame Investitionen eher von der Nachfrage am Markt und von den Profitaussichten bestimmt werden als von der Höhe der Zinsen« (*New York Times* 8.8.1993: E15). Wenn die Kundschaft nicht über genügend Kaufkraft verfügt, können auch niedrige Zinsen nicht viel bewirken.

Eine Reihe von Wirtschaftswissenschaftlern vertritt auch die Meinung, daß weitere Kürzungen der Staatsausgaben die Wirtschaft eher in noch größere Schwierigkeiten bringen werden, von denen sie sich vielleicht nicht mehr erholt. In einer neueren Studie über unsere langfristigen wirtschaftlichen Aussichten heißt es, daß »in diesem Jahrhundert alle Wachstumsphasen mit einem schnellen Anstieg der Staatsausgaben einhergingen« (*The Progressive* 18.6.1993: 18). Der Autor der Studie, der Ökonom Gar Alperovitz, verweist darauf, daß das momentane Defizit der USA bei 4,8% des Bruttosozialprodukts liegt, während es im Zuge des Ersten Weltkriegs auf 27,7% und im Zuge des Zweiten Weltkriegs auf 39% gestiegen war. Nach Alperovitz' Meinung ist ein hohes Defizit keineswegs so gefährlich, wie es in der gegenwärtigen politischen Debatte gerne behauptet wird. Mit Blick auf den wirtschaftlichen Aufschwung, der beiden Kriegen folgte, schreibt er: »Eine substantielle (anstatt einer nur symbolischen) Erhöhung der kurzfristigen Staatsschulden, die ein kräftiges Wirtschaftswachstum bewirken würde, kann in den folgenden Jahren, wenn die Geschäfte gut gehen und die Menschen voll arbeiten, durch erhöhte Steuereinnahmen wieder ausgeglichen werden.« Alperovitz meint allerdings, »daß eine solche Politik zwar von vielen Fachleuten gutgeheißen wird, daß sie aber politisch im Moment nicht durchsetzbar scheint« (ebd. 18f.).

Zur Zeit genießt in den USA, in Europa und in Japan die Senkung der Staatsausgaben und -schulden höchste politische Priorität. Dies läßt den Regierungen wenig Spielraum, um den technologischen Umwälzungen zu begegnen, und so klammern sich die Politiker weiter an die Vorstellung, daß technische Neuerungen, Produktivitätszuwächse und fallende Preise eine ausreichende Nachfrage und neue Arbeitsplätze mit sich bringen würden. Aber diese Annahme wird zunehmend brüchig, und sie hat gefährliche Auswirkungen. In einer Situation, in der der technische Fortschritt die Produktion dramatisch anwachsen läßt, aber zugleich Millionen von Arbeitnehmern an den Rand drängt oder gar aus dem Wirtschaftskreislauf ausschließt – was die Kaufkraft entscheidend schwächt –, in einer solchen Situation mutet die Angebotstheorie naiv, wenn nicht sogar dumm an. In einer neuen, postindustriellen Zeit an einem alten und überholten ökonomischen Paradigma festzuhalten, könnte sich als katastrophal für die Weltwirtschaft und für die Zivilisation des 21. Jahrhunderts erweisen.

II

Die Dritte Industrielle Revolution

I
Vom Dampf zur Denkmaschine

Mit der Herankunft einer Informationsgesellschaft ohne Arbeit erreicht das menschliche Wirtschaften die dritte und letzte Stufe seiner Entwicklung. Der Übergang von erneuerbaren zu nichterneuerbaren und von biologischen zu mechanischen Energiequellen ist abgeschlossen. Über weite Strecken ihrer Geschichte hinweg war das Überleben der Menschheit an die Fruchtbarkeit des Bodens und an die Jahreszeiten gebunden. Sonneneinstrahlung, Klima und Fruchtfolge bestimmten alles Wirtschaften; Wind, Wasser, Tier und Mensch wurden als Energiequellen genutzt.

Das späte Mittelalter legte dann die Grundlagen für den Übergang zum Maschinenzeitalter: In England wurden neue Handelsrouten eröffnet, die Bevölkerung und die Städte wuchsen, die Marktwirtschaft weitete sich aus, und das Wirtschaftsleben erblühte. Die Folge war ein starker Raubbau an den natürlichen Vorräten. Ganze Wälder wurden für den Schiffs- und den Hausbau sowie für die Gewinnung von Heizmaterial abgeholzt. Eine allgemeine Energiekrise war die Folge, und man machte sich daran, eine neue Energiequelle anzuzapfen – die Kohle. Der Engländer Thomas Savory erfand eine dampfbetriebene Pumpe, mit deren Hilfe das Wasser aus den Minen unter Tage entfernt werden konnte. Die Kohle und die Maschinen zur »Dampfherstellung« stehen am Beginn des modernen Wirtschaftslebens; sie leiten die Ersetzung von menschlicher Arbeit durch maschinelle Arbeit ein.

Seit der Ersten Industriellen Revolution wurde die Dampfenergie zur Erzgewinnung, zur Textilherstellung und zur Produktion einer ganzen Palette von Gütern eingesetzt, die zuvor in Handarbeit hergestellt worden waren. Der Dampfer ersetzte das Segelschiff, die Lokomotive den Pferdewagen. Der Transport von Rohstoffen und Fertigprodukten wurde wesentlich erleichtert, der Dampfmotor wurde zum neuen Arbeitssklaven – und seine Kraft übertraf die von Tieren oder Menschen um ein Vielfaches.

Die Zweite Industrielle Revolution spielte sich in den Jahren zwischen 1860 und 1914 ab. Das Öl trat in Konkurrenz zur Kohle, und man begann, die Elektrizität effektiv zu nutzen. Elektromotoren wurden entwickelt, die Städte wurden elektrisch beleuchtet, und der Strom beschleunigte die Kommunikation der Menschen untereinander. Die neuen Energiequellen und die Erfindungen der Zweiten Industriellen Revolution führten dazu, daß der Mensch noch weiter von der Maschine beiseite gedrängt wurde.

Die Dritte Industrielle Revolution nahm ihren Anfang gleich nach dem Zweiten Weltkrieg, und ihre Auswirkungen auf das Wirtschaftsleben beginnen sich heute bemerkbar zu machen. Rechnergesteuerte Roboter und hochentwickelte Computer dringen in die letzte Domäne des Menschen ein – in das Reich des Verstandes. Mit den richtigen Programmen versehen, können diese »Denkmaschinen« alle möglichen Planungs-, Steuerungs- und Verwaltungsaufgaben übernehmen, und sie können Produktionsabläufe von der Gewinnung der Rohstoffe bis hin zur Vermarktung und Verteilung der Endprodukte und Dienstleistungen überwachen.

Künstliche Intelligenz

Viele Computerwissenschaftler sprechen von ihren Maschinen-Schöpfungen in einer fast schon mystischen Sprache. Edward Fredkin, einer der prominenteren Forscher, versteigt sich sogar zu der Behauptung, die Computertechnologie sei der dritte Wendepunkt in der Geschichte des Kosmos: »Ereignis Nr. 1 ist die Erschaffung des Universums, [...] Ereignis Nr. 2 die Entstehung von Leben. [...] Und das dritte, das ist die Entstehung künstlicher Intelligenz.« (Zit. n. Kurzweil 1993: 189)

Der Ausdruck »Künstliche Intelligenz« (KI) wurde 1956 auf einer Konferenz am englischen Dartmouth College geprägt. Wenn heute Wissenschaftler von Künstlicher Intelligenz sprechen, dann meinen sie in der Regel »die Kunst, Maschinen zu schaffen, die Aufgaben lösen, zu deren Lösung Intelligenz notwendig ist, wenn sie von Menschen ausgeführt werden« (ebd.: 14). Obwohl sich Wissenschaftler, Philosophen und Gesellschaftskritiker nicht darüber einig sind, was denn nun die »wirkliche« Intelligenz – im Gegensatz zu rein mechanischen Rechenprozessen – auszeichnet, so gibt es doch keinen Zweifel, daß die Computer immer schwierigere Aufgaben übernehmen können und damit unsere althergebrachten Auffassungen von Mensch und Gesellschaft ins Wanken bringen.

Auch wenn die meisten Computerwissenschaftler die Künstliche Intelligenz nicht auf eine Stufe mit der Erschaffung des Universums und der Entstehung des Lebens stellen würden, so glauben sie doch alle daran, daß irgendwann im nächsten Jahrhundert diese Technologie mehr leisten kann als der menschliche Verstand. Die japanische Regierung fördert derzeit ein auf zehn Jahre angelegtes Forschungsprojekt, in dem Computer entwickelt werden sollen, die auch die subtilsten Funktionen des menschlichen Gehirns nachahmen können. Ziel dieses ehrgeizigen Unternehmens ist die Entwicklung einer »flexiblen Informationsverarbeitung« oder »weichen Logik«, wie sie auch der Mensch bei seinen intuitiven Entscheidungsprozessen benutzt (*New York Times* 8.8.1992: C1). Mit Hilfe von Parallelverarbeitungsprozessen, neuronalen Netzwerken und optischen Signalen hoffen die Japaner, eine neue Generation intelligenter Maschinen herstellen zu können, die in der Lage sein sollen, Texte zu lesen, komplexe sprachliche Äußerungen zu verstehen, menschliche Mimik und Gestik zu interpretieren und sogar menschliches Verhalten vorherzusagen. Denkmaschinen, die in Ansätzen Sprache verstehen, gibt es längst; einige verfügen sogar schon über ein Vokabular von fast 30.000 Wörtern (*Washington Post* 3.5.1993). Manche dieser Apparate können umgangssprachliche Äußerungen verstehen, sinnvolle Unterhaltungen führen und sogar Informationen weitergeben, Ratschläge erteilen und Fragen beantworten.

Gegenwärtig gibt es auf der ganzen Welt mehr als 100 Millionen

Computer, und ihre Zahl wird nach Ansicht der Computerfirmen bis zum Jahr 2000 auf mehr als eine Milliarde steigen (*Technological Forecasting and Social Change* 1993: 69). Viele Wissenschaftler rechnen damit, daß die Denkmaschinen schon bald intelligent genug sein werden, um ein eigenes Bewußtsein zu entwickeln und sich selbst zu verbessern. Daniel Hillis von der Thinking Machines Corporation sagt voraus, daß »die Maschinen so gut im Umgang mit Komplexität werden, daß sie beginnen können, sich mit ihrer eigenen Komplexität zu befassen«. Sie werden zu Systemen, die »sich selbst weiterentwickeln« (zit. n. Brand 1990: 223). Nicholas Negroponte vom Media Lab des Massachusetts Institute of Technology spricht von einem Computer, der in seinem Verhalten und Denken dem Menschen so ähnlich ist, daß man ihn eher als einen Freund oder Mitarbeiter denn als eine Maschine wahrnehmen wird. »Stellen Sie sich eine Maschine vor, die Ihrer Denkweise folgen kann, die im Laufe der gegenseitigen Verständigung Ihre persönlichen Eigenheiten erkennen und sich ihnen anpassen kann. Ein solcher Apparat könnte Sie beobachten und ein Modell Ihres Gesprächsverhaltens entwerfen. […] Eine Unterhaltung mit dieser Maschine wäre so persönlich, daß durch das Eingehen auf den anderen neue Ideen entstehen würden; Ideen, auf die einer der Gesprächspartner alleine nie gekommen wäre.« (Negroponte 1970: 11ff.)

Die Forscher wollen ihre Maschinen noch weiter vermenschlichen, indem sie ihnen computergenerierte Gesichter aufsetzen, die auf einem Videoschirm erscheinen und mit dem Benutzer sprechen. Gegen Mitte des nächsten Jahrhunderts wird es möglich sein, holographische Bilder von computergenerierten Menschen zu schaffen, die mit den wirklichen Menschen in deren Zeit und Raum interagieren können. Einige der führenden Wissenschaftler sehen ihre Schöpfungen weniger als Maschinen im althergebrachten Sinne an denn als eine neue Art intelligenter Wesen, die Respekt und Achtung verdienen. Negroponte meint, die Beziehung zwischen Mensch und Computer sei »nicht eine zwischen Herr und Sklave, sondern eher eine zwischen zwei Verbündeten, die beide von einem Potential und einer Sehnsucht nach Selbstverwirklichung bestimmt sind« (zit. n. Brand 1990: 185). Hillis geht sogar noch weiter, wenn er sagt: »Ich möchte eine Maschine bauen, die stolz auf mich sein kann.« (Zit. n. Fjermedal 1986: 94)

Menschenautomaten und Rechenmaschinen

Der Traum von einer Maschine, die dem Menschen gleicht, ist uralt. Schon vor mehr als zweitausend Jahren beschrieb der Alexandriner Herodianos Apparate, die Vögeln und anderen Tieren oder gar dem Menschen nachgebildet waren. Zu Beginn des Industriezeitalters, als europäische Philosophen und Kunsthandwerker sich gleichermaßen für die Phänomene der Mechanik zu interessieren begannen, machte man sich daran, solche Automaten tatsächlich zu bauen. Kleine mechanische Jungen wurden konstruiert, die Gedichte schrieben, zierliche mechanische Mädchen, die tanzten, und mechanische Tiere aller Art, die alle möglichen Dinge anstellen konnten. Diese Apparate avancierten schnell zum Lieblingsspielzeug des Adels und wurden in ganz Europa vorgeführt. Die kompliziertesten ersann der geniale französische Ingenieur Jacques de Vaucanson. 1738 überraschte er seine Landsleute mit einem mechanischen Flötisten, der bewegliche Lippen und eine bewegliche Zunge hatte, die als Luftventil diente; mit seinen ledernen Fingerspitzen öffnete und schloß er die Grifflöcher seines Instruments (Simons 1992: 52f.).

Die erste automatische Rechenmaschine hatte bereits 1642 der Mathematiker und Philosoph Blaise Pascal erfunden. Sein Apparat wurde bald in ganz Europa bekannt, und Pascal stellte fest: »Die Rechenmaschine zeigt Wirkungen, die dem Denken näher kommen, als alles, was Tiere vollbringen [...].« Allerdings deute nichts darauf hin, so räumte der Philosoph und Erfinder trotz seiner Begeisterung ein, »daß sie Willen habe wie die Tiere« (Pascal 1978: 166).

Gottfried Wilhelm Leibniz entwickelte den Apparat Pascals weiter und brachte ihm das Multiplizieren bei. Im Jahre 1821 schrieb dann der Mathematiker Charles Babbage einen Aufsatz mit dem Titel »Beobachtungen zur Anwendung von Automaten für die Berechnung mathematischer Tabellen«, der heute als das erste Werk zur Theorie der Rechenmaschine gilt. Babbage entwarf auch einen »Universalkalkulator«, der programmierbar sein und logische oder mathematische Aufgaben lösen sollte. Obwohl sein Apparat nie vollständig gebaut wurde, zum Teil weil die entsprechende Technik noch nicht vorhanden war, ist es doch fast unheimlich, wie Babbage einige der wesentlichen Eigenschaften moderner Rechenmaschinen vorausahnte. Sogar Lochkarten und ein Drucker fanden sich in seinem Entwurf – fünfzig Jahre vor Erfindung des Schriftsatzes und der Schreibmaschine. Auch einen Speicher für Programme hatte er vorgesehen und eine Maschinensprache entwickelt, die von den heutigen nicht sehr weit entfernt ist (Babbage 1982: 220ff.; Bernstein 1981: 47-57).

Die erste voll funktionsfähige Rechenmaschine im modernen Sinne wurde von William Burroughs im späten 19. Jahrhundert entwickelt; wenig später erfand Herman Hollerith, ein Ingenieur der US-amerikanischen Volkszählungsbehörde, die Lochkartenmaschine. Mit ihrer Hilfe konnte der Zensus von 1890 innerhalb von zweieinhalb Jahren ausgezählt werden – anstatt der bei vorherigen Zählungen notwendigen sieben bis acht Jahre. Hollerith machte bald eine eigene Firma auf, die Tabulating Machine Company, die 1924 in International Business Machines, abgekürzt IBM, umbenannt wurde (Austrian 1982: 312).

Den ersten programmierbaren digitalen Computer erfand 1941 der deutsche Ingenieur Konrad Zuse für zivile Zwecke. Zur gleichen Zeit entwickelte der britische Geheimdienst einen eigenen, nicht programmierbaren Rechner, mit dem später der Code des deutschen Militärs entschlüsselt wurde (Kurzweil 1993: 176ff.). 1944 nahmen Wissenschaftler der Harvard University und des MIT den Mark I in Betrieb, einen Computer, der mehr als fünfzehn Meter lang und knapp zweieinhalb Meter hoch war und von seinen Schöpfern als »das Monster« tituliert wurde (Zientara 1981: 52). Zwei Jahre später wurden sie von den Ingenieuren der University of Pennsylvania übertroffen, deren »Electric Numerical Integrator and Computer« zwölf Meter lang und mehr als sechs Meter hoch war, bei einem Gewicht von mehr als 30 Tonnen (Noble 1984: 50). Im Jahre 1951 gab es dann insgesamt sechs funktionsfähige elektronische Rechner.

Bei IBM hatte man anfangs der neuen Technologie kein sonderlich großes Potential eingeräumt und den weltweiten Bedarf an Computern auf lediglich 25 Stück geschätzt. 1953 aber sprang die Firma auf den Zug auf und brachte ihr Modell 650 auf den Markt, das für 3.000 Dollar im Monat vermietet wurde. Abermals schätzte IBM den Bedarf zu niedrig ein; statt der erwarteten wenigen hundert Stück orderte die US-amerikanische Wirtschaft in den folgenden Jahren einige tausend Rechner (Corn 1986: 190f.).

Die ersten Computer brauchten viel Platz und Energie, und sie strahlten eine große Hitze ab. Sie waren aufwendig und teuer in der Herstellung, brachen aber trotzdem ständig zusammen. In der zweiten Generation wurden dann die teuren Vakuumröhren durch Halbleiter und Transistoren ersetzt, was die Computer wesentlich billiger, kleiner und leistungsfähiger machte. Gegen Ende der 50er Jahre wurde die dritte Generation entwickelt, deren integrierte Schaltkreise in einem einzigen Arbeitsgang hergestellt wurden. In den frühen 70er Jahren schließlich ließ der Mikrochip die Computer noch billiger und handlicher werden; seither sind sie in den Industriestaaten aus dem Alltag nicht mehr wegzudenken (Jones 1990: 104f.).

Arbeitskraft Computer

Die Erfindung des programmierbaren Computers erwies sich als Glücksfall für die Industrie, die sich schon seit den 40er Jahren nach Kräften bemühte, einen möglichst großen Teil ihrer Produktionsabläufe zu automatisieren. Im April 1947 hatte Del Harder, Vizepräsident der Ford Motor Company, eine »Automatisierungsabteilung« eingerichtet und damit den Begriff in die Wirtschaft eingeführt (*American Machinist* Dezember 1990: 6; Noble 1984: 67). Harder hatte nicht ahnen können, daß die Entwicklung der Elektronikindustrie schon bald Automation und Computerisierung zu Synonymen machen würde. Er hatte noch auf die herkömmlichen Technologien der Hydraulik, Elektromechanik und Pneumatik gesetzt, mit deren Hilfe die Arbeit am Fließband schneller und produktiver gemacht werden sollte.

Die »automatische Fabrik« war damals bereits in aller Munde. Nur wenige Monate zuvor hatte die Zeitschrift *Fortune* einen provokativen Artikel mit dem Titel »Maschinen ohne Menschen« veröffentlicht. Die kanadischen Autoren J.J. Brown und E.W. Leaver beschrieben darin die Fabrik der Zukunft, die dank der Durchbrüche der Mechanisierung und der Elektronik ohne Arbeiter auskommen würde. Menschliche Arbeit hielten sie nur für einen Notbehelf, der Mensch hätte schließlich Grenzen, die für die neuen Maschinen nicht gelten: »Sie arbeiten rund um die Uhr, sie sind nie hungrig oder müde. Sie beklagen sich nie über die Arbeitsbedingungen, und sie verlangen nie höhere Löhne, wenn die Umsätze steigen. Sie machen nicht nur weniger Ärger als die Menschen, die dieselbe Arbeit verrichten, man kann sie auch noch dazu bringen, daß sie Alarm schlagen, wenn sie nicht richtig funktionieren.« (*Fortune* November 1946: 204)

In Artikeln wie diesem wurde die Kunde von der Dritten Industriellen Revolution verbreitet, und sie traf in den USA auf offene Ohren. Seit dem Ende des Zweiten Weltkriegs war die Lage in der Wirtschaft angespannt. Ungehalten über den Lohnstopp und das Streikverbot, die während des Krieges verhängt worden waren, versuchten die Gewerkschaften Boden gutzumachen und gingen auf Konfrontationskurs zu den Unternehmern. Zwischen 1945 und 1955 gab es die breiteste Streikwelle, die die moderne Industrie je erlebt hatte: Über 43.000 mal traten die US-amerikanischen Arbeiter in den Ausstand (Noble 1984: 25). Es ging dabei nicht nur um die Personalpolitik der Unternehmen, auch Beförderungsmöglichkeiten, Disziplinarmaßnahmen sowie Gesundheits- und Sicherheitsfragen wurden zum Gegenstand der Auseinandersetzung. Prompt hielten die Unternehmer »die Zeit für gekommen, den unberechtigten Eingriffen in die Belange des Managements Einhalt zu gebieten« (*Business Week* Januar 1946, zit. n. *Radical America* Juli/August 1975).

Angesichts der massiven Forderungen der Arbeiterschaft suchten die großen Unternehmen, die entschlossen waren, die Kontrolle über die Produktionsmittel nicht aus der Hand zu geben, ihre Rettung bei den neuen Automatisierungstechnologien. Nicht nur konnten sie sich so der aufrührerischen Arbeiter entledigen, auch die Produktivität und der Profit ließen sich auf diese Weise erfolgreich steigern. 1961 veröffentlichte ein Ausschuß des Repräsentantenhauses einen Bericht über die Auswirkungen der Automation: Innerhalb von fünf Jahren waren in der Stahlindustrie 95.000 Arbeiter entlassen worden, bei einem gleichzeitigen Produktivitätszuwachs von 121%. In der Automobilindustrie hatten 160.000 ihre Arbeit verloren, und in der Elektroindustrie waren bei einem Produktivitätszuwachs von mehr als 20% 80.000 Jobs gestrichen worden. Insgesamt waren in den USA zwischen 1956 und 1962 mehr als anderthalb Millionen Menschen durch die Automatisierung der Industrie arbeitslos geworden (Noble 1984: 249; Philipson 1962: 89).

Die Vision der Manager von der arbeiterlosen Fabrik rückte ihrer Verwirklichung ein Stück näher, als in den frühen 60er Jahren der Computer Einzug in die Produktion hielt. Die neuen »denkenden« Maschinen konnten wesentlich mehr Aufgaben übernehmen, als man es sich in den ersten Automatisierungsabteilungen nach dem Krieg hatte träumen lassen. Es war nun möglich, in einem Computerprogramm sämtliche Vorgaben für die Bearbeitung eines Werkstücks zu speichern: wie es gewalzt, gedreht, geschweißt, verschraubt oder gestrichen werden sollte. Die sogenannte »numerische Steuerung« gab die Daten an die Werkzeugmaschine weiter, die das Teil herstellte, und sie steuerte die Roboter, die am Fließband mehrere Teile zum Endprodukt zusammensetzten.

All die Fertigkeiten, die Kenntnisse und das Wissen, die zuvor in den Köpfen der Arbeiter gespeichert waren, wurden auf ein Magnetband übertragen; der Produktionsprozeß konnte nun aus der Ferne überwacht werden, eine direkte Kontrolle war nicht mehr nötig. Nicht mehr die Arbeiter bestimmten den Herstellungsprozeß, sondern die Manager und Programmierer. Die Unternehmer waren begeistert von den revolutionären Möglichkeiten der Automation. Alan A. Smith von der Firma Arthur D. Little Inc. sprach für viele seiner Kollegen, als er nach der ersten Vorführung der numerischen Steuerung am MIT an einen der Leiter des Projekts schrieb, daß diese neuen Apparate für ihn »die Befreiung vom menschlichen Arbeiter« bedeuteten (Brief an J.O. McDonough vom 18.9.1952, N/C Project Files, MIT-Archiv).

Die Automatisierung erfaßte bald alle Industriezweige im ganzen Land. Schon bald wurde deutlich, welche Folgen sie für die Bevölkerung haben würde. Als erstes traf es die Afro-Amerikaner. Ihre wenig bekannte Geschichte, ihre bitteren Erfahrungen aus jener Zeit führen uns vor Augen, was die neuerliche Welle der Umstrukturierung und der Automation für die Werktätigen der Welt bedeuten könnte.

2
Automation und Verelendung

Zu Beginn des 20. Jahrhunderts lebten noch mehr als 90% der schwarzen US-Amerikaner in den Südstaaten. Der Bürgerkrieg hatte ihnen zwar die rechtliche Gleichstellung gebracht, aber wirtschaftlich waren sie noch immer unterjocht. Die weißen Plantagenbesitzer hatten schon bald nach dem Bürgerkrieg wieder die Oberhand über ihre ehemaligen Sklaven gewonnen, die sich – dem Verhungern nahe, ohne eigenen Landbesitz und auf der Suche nach Arbeit – in ein Pachtsystem zwingen ließen. Die alten Herren liehen ihnen Ackerland, Hütten, Saatgut, Werkzeuge und Maultiere, dafür verlangten sie 40% der Ernte. Eigentlich gehörte also der größere Teil der Ernte dem Pächter, trotzdem behielt er selten etwas davon übrig. Der monatliche Vorschuß der Landbesitzer, mit dem die Pächter ihre Ausgaben bestreiten sollten, war stets zu niedrig, so daß die Pächter das Lebensnotwendige auf Pump kaufen mußten. In den Läden der Plantagen wurden die Waren ständig teurer, und die Kreditzinsen waren astronomisch hoch. Nachdem die Ernte eingeholt und gewogen worden war, stellte sich unweigerlich heraus, daß der Pächter dem Landbesitzer mehr Geld schuldete, als sein Ernteanteil wert war. Weitere Verschuldung und tiefere Abhängigkeit waren die Folge, noch dazu fälschten die Plantagenbesitzer oft die Bücher zu ihren Gunsten. Mit strengen Rassentrennungsgesetzen und mit blankem Terror untermauerten die Weißen ihre Herrschaft und machten aus der schwarzen Bevölkerung eine folgsame Arbeiterschaft. Die Arbeit auf den Baumwollfeldern war hart, die Behausung auf den Plantagen primitiv. Die Kinder der Pächter sahen kaum jemals eine Schule von innen und mußten meist auf den Feldern mitarbeiten. Das Pachtsystem war nichts anderes als eine Erneuerung der Sklaverei unter einem anderen Namen.

Um der Armut des Südens zu entkommen, wanderten in den Jahren des Ersten Weltkriegs viele Schwarze in die Städte des Nordens. Die Einwanderung in die USA war während der Kriegsjahre praktisch gestoppt worden, und die Unternehmer brauchten dringend ungelernte Arbeiter. Für viele Afro-Amerikaner war die Aussicht, in einer Fabrik des Nordens ihren Lebensunterhalt verdienen zu können, Anlaß genug, ihre Habseligkeiten zusammenzupacken, Freunde und Familie hinter sich zu lassen und sich auf die Suche nach ihrem Glück zu machen. Die meisten Schwarzen allerdings fürchteten die Risiken des städtischen Lebens und zogen es vor zu bleiben.

Dann ereignete sich etwas, das die Lage der Afro-Amerikaner für immer verändern sollte: Am 2. Oktober 1944 versammelten sich ungefähr 3.000 Menschen auf einem Baumwollfeld bei Clarksdale im Staate Mississippi, um der ersten Vorführung einer Baumwollpflückmaschine beizuwohnen. Mehrere mechanische Pflücker, angestrichen in schönstem Rot, fuhren die weißen Reihen der Baumwollpflanzen entlang. Jeder hatte an der Vorderseite eine Reihe von Spindeln, die aussah wie ein großer Mund mit metallenen Zähnen, den man in die Vertikale gedreht hatte. Die Spindeln, etwa fingergroß, drehten sich und zogen die Baumwolle von den Pflanzen ab. Durch einen Unterdruck wurde die Baumwolle in ein Rohr gezogen und landete dann in einem großen Drahtkorb auf der Oberseite des Pflückers. Die schaulustige Menge erstarrte in Ehrfurcht. Ein Mensch konnte in der Stunde zwanzig Pfund Baumwolle pflücken, die Maschinen schafften tausend Pfund. Jede von ihnen konnte die Arbeit von fünfzig menschlichen Pflückern übernehmen (Lemann 1992: 5).

Praktisch über Nacht war das Pachtsystem durch den technischen Fortschritt überflüssig geworden, die schwarzen Hände und Rücken wurden nicht mehr gebraucht. Die Plantagenbesitzer vertrieben Millionen von Pächtern von ihrem Land, nahmen ihnen Arbeit und Unterkunft. Diese Entwicklung wurde noch beschleunigt durch staatliche Programme, die im Laufe der 50er Jahre 40% des Baumwollanbaulandes umwandelten in Nutzwald oder Weideland. Außerdem wurden die kriegsbedingten Einschränkungen bei der Traktorenherstellung aufgehoben, was die Ersetzung von Menschen durch Maschinen weiter vorantrieb. Auch die Einführung chemischer Entlaubungsmittel zur Bekämpfung von Unkraut ließ viele Arbeiter überflüssig werden. Schließlich hob auch noch die Regierung den Mindestlohn für Landarbeiter an, was zu einem weiteren Anreiz für die Plantagenbesitzer wurde, ihre schwarzen Arbeitskräfte durch Chemikalien zu ersetzen und ihnen damit die Lebensgrundlage zu nehmen (Lemann 1992: 50, 287).

Der Mechanisierungsschub im Süden und die höheren Löhne in den Industriestädten des Nordens wurden zum Auslöser für eine der größten und schnellsten Binnenwanderungen in der Menschheitsgeschichte: Mehr als fünf Millionen Afro-Amerikaner wanderten zwischen 1940 und 1970 in den Norden der USA (ebd.: 6).

Die Schwarzen werden ausgesperrt

Die Afro-Amerikaner konnten nicht wissen, daß schon zur Zeit ihrer Massenwanderung in den Norden in der dortigen Industrie eine weitere technologische Revolution ihren Anfang genommen hatte, die sie abermals um ihre Jobs bringen sollte. Diesmal führte die Freisetzung zur Entstehung einer städtischen Unterschicht, deren Lebensbedingungen sie für den Rest des Jahrhunderts zu sozialen Unruhen und zur Gewalt verurteilten.

Die Schwarzen kamen in der Auto-, Stahl-, Gummi-, Chemie- und Fleischverpackungsindustrie als ungelernte Arbeiter unter. Häufig wurden sie von den Unternehmern als Streikbrecher oder als Ersatz für die ausbleibenden Einwanderer eingesetzt. Ihr Wohlstand begann langsam zu wachsen. Dann setzte ab 1954 ein vier Jahrzehnte dauernder Abstieg ein.

Ab der Mitte der 50er Jahre forderte die Automatisierung auch im Produktionssektor ihren Tribut. Am stärksten betroffen waren Arbeitsplätze für Ungelernte, vornehmlich in jenen Industriezweigen, in denen die meisten Schwarzen beschäftigt waren. Zwischen 1953 und 1962 gingen 1,6 Millionen Industriearbeitsplätze verloren (*Dissent* Winter 1964: 115). Zwischen 1947 und 1953 hatte die Arbeitslosenrate der schwarzen Bevölkerung höchstens 8,5% und die der weißen Bevölkerung höchstens 4,6% betragen. Nun stieg bis 1964 die Rate unter den Schwarzen auf 12,4%, die der Weißen aber nur auf 5,9%. Seit 1954 ist die Arbeitslosigkeit unter den Schwarzen stets doppelt so hoch wie unter den Weißen (Wilson 1987: 30). Der Bürgerrechtler Tom Kahn schrieb 1964: »Es ist, als ob der Rassismus, der dem Neger seinen Platz in der Wirtschaft angewiesen hat, beiseite getreten wäre, damit die Technik den Neger wieder vertreiben kann.« (*Dissent* Winter 1964: 115).

Die Unternehmen begannen ab Mitte der 50er Jahre, ihre Produktionsstätten in die neuentstandenen Gewerbegebiete außerhalb der Städte zu verlegen. Zum einen war dort das Land billiger und die Steuern waren niedriger, zum anderen wollten sie der zunehmenden Militanz der gewerkschaftlich organisierten Arbeiterschaft aus dem Wege gehen. Vor allem die Automobilhersteller setzten voll auf Automatisierungs- und Abwanderungsstrategien. Der River-Rouge-Komplex in Detroit war lange Zeit das Flaggschiff des Ford-Konzerns gewesen. Die Gewerkschaft der Automobilarbeiter hatte hier ihren stärksten und militantesten Lokalverband, dessen Mitglieder zu 30% Schwarze waren. Mit einer einzigen Streikaktion konnte hier die Gewerkschaft die gesamte Produktion von Ford lahmlegen (Katz 1993: 103).

Obwohl auf dem Firmengelände noch genug Platz für Erweiterungen vorhanden war, beschloß das Ford-Management, die Produktion in neugebaute, automatisierte Fabriken außerhalb der Stadt zu verlagern, vor allem auch um die Gewerkschaft zu schwächen. 1945 waren in der River-Rouge-Fabrik noch 85.000 Arbeiter beschäftigt gewesen; fünfzehn Jahre später standen nur noch knapp 30.000 auf der Lohnliste. Bis 1957 hatte das Unternehmen mehr als zweieinhalb Milliarden Dollar für die Automatisierung und Erweiterung seiner Fabriken ausgegeben. Ford und die beiden anderen großen Automobilhersteller, General Motors und Chrysler, bauten in den Außenbezirken von Detroit zusammen 25 neue, automatisierte Fabriken (ebd.).

Die Zahl der Arbeitsplätze schrumpfte rapide zusammen. Die schwarzen Arbeiter, die nur wenige Jahre zuvor durch die mechanischen Pflücker von den Baumwollfeldern des Südens vertrieben worden waren, wurden ein weiteres Mal zu den Leidtragenden der Mechanisierung.

Die Einführung der numerischen Steuerung Mitte der 60er Jahre beschleunigte diesen Prozeß noch. In den vier größten Städten der USA – New York, Chicago, Philadelphia und Detroit –, wo die Schwarzen einen großen Teil der ungelernten Arbeiter stellten, gingen mehr als eine Million Jobs in der Produktion und im Handel verloren.

Die weiße Mittelschicht und die weiße Arbeiterschaft folgten den Unternehmen in die Vorstädte. Die Innenstädte mit ihrer mehrheitlich schwarzen Bevölkerung verarmten in den 60er und 70er Jahren zusehends. Das Steueraufkommen wurde deutlich geringer, die öffentlichen Leistungen wurden gekürzt, und Millionen schwarzer Amerikaner waren in einem Teufelskreis von Dauerarbeitslosigkeit und staatlicher Unterstützung gefangen. Mitte der 70er Jahre waren in New York mehr als 15% der Einwohner auf öffentliche Hilfe angewiesen, in Chicago waren es knapp 19% (Wilson 1980: 111f.).

Einzig im öffentlichen Sektor hat in den letzten 25 Jahren die Beschäftigung schwarzer US-Amerikaner zugenommen. Viele schwarze Akademiker wurden für die von Präsident Johnson initiierten Regierungsprogramme angestellt. Andere bekamen Stellen bei den Gemeinden oder den Bundesstaaten, wo sie die Unterstützungsprogramme für die afro-amerikanische Bevölkerung verwalten durften. 1960 arbeiteten 13% aller Schwarzen, die überhaupt einen Job hatten, für den Staat, 1970 waren es über 21% (ebd.: 103). Von allen männlichen schwarzen Collegeabsolventen gingen 1970 57% in den öffentlichen Dienst, bei den Absolventinnen waren es sogar 72% (Lemann 1992: 201).

Die Entstehung einer städtischen Unterschicht

Die Entwicklung in der Industrie spaltete die schwarze Bevölkerung in zwei getrennte wirtschaftliche Gruppen. Millionen ungelernter

Arbeiter und ihre Familien wurden zu dem, was die Sozialwissenschaftler als deklassierte Unterschicht bezeichnen – ihre Arbeitskraft wurde nicht mehr gebraucht, und sie mußten mehr schlecht als recht von staatlicher Unterstützung leben. Eine zweite, wesentlich kleinere Gruppe von schwarzen Akademikern der Mittelschicht wurde vom Staat angestellt, um die vielen Unterstützungsprogramme für die neuentstandene Unterschicht zu verwalten. Man kann dieses System durchaus als einen »Wohlfahrtskolonialismus« bezeichnen, »in dem die Schwarzen ihre eigene Abhängigkeit verwalten« (*Public Policy* Sommer 1981: 305).

Vor mehr als 40 Jahren schon warnte Norbert Wiener, einer der Väter der Kybernetik, vor den Folgen der neuen Automatisierungstechnologien: »Erinnern wir uns, daß der Automat [...] das genaue wirtschaftliche Äquivalent des Sklaven ist. Jede Arbeit, die sich mit Sklavenarbeit mißt, muß sich an die wirtschaftlichen Bedingungen von Sklavenarbeit angleichen.« (Wiener 1952: 172) Kein Wunder also, daß als erstes die Afro-Amerikaner die Auswirkungen der kybernetischen Revolution zu spüren bekamen. Die unbelebten Automaten kosteten weniger als sie, die lange ganz unten auf der wirtschaftlichen Leiter gestanden hatten und erst als Plantagensklaven, dann als Pächter und schließlich als ungelernte Arbeiter in den Fabriken und Gießereien des Nordens geschuftet hatten. Zum ersten Mal in der Geschichte der USA wurden sie jetzt nicht mehr gebraucht.

Aus seiner Gefängniszelle in Birmingham heraus beklagte Martin Luther King, daß die Schwarzen immer mehr ihr Selbstwertgefühl verlören, daß »sie ständig gegen das zerstörerische Gefühl angehen müssen, ein Niemand zu sein« (zit. n. Wilhelm 1970: 163). Aus der Marxschen Reservearmee von ausgebeuteten Arbeitern war das Gespenst des *invisible man* geworden, wie ihn Ralph Ellison beschrieben hat. Die Automation hatte viele schwarze Arbeiter überflüssig gemacht. Die wirtschaftlichen Zwänge, die sie bislang »an ihrem Platz«, in Abhängigkeit von der Macht der Weißen gehalten hatten, verschwanden mit einem Mal. Erniedrigt und vergessen, ließen Tausende Schwarzer in den Ghettoaufständen der 60er Jahre ihrer Wut freien Lauf. Heute gehören Millionen von ihnen einer deklassierten

Unterschicht an, deren Lage hoffnungslos ist. Ungelernt und unnütz, ist ihre Arbeitskraft nichts mehr wert, und in der automatisierten High-Tech-Wirtschaft gibt es keinen Platz mehr für sie.

Die bitteren Erfahrungen der schwarzen US-Amerikaner und der gesamten Industriearbeiterschaft zeigen nur allzu deutlich, wie die Zukunft von Millionen Menschen aussehen wird, die heute noch einen Arbeitsplatz haben. Warnungen wie die von Norbert Wiener, daß die neuen Technologien »die größte Arbeitslosigkeit, die wir je gesehen haben, nach sich ziehen werden« (zit. n. Noble 1984: 75), werden mittlerweile in allen Industrieländern öffentlich diskutiert. In allen Wirtschaftszweigen und in allen Ländern setzen neue, leistungsfähigere Informations- und Kommunikationstechnologien Arbeitskräfte frei. Die Dritte Industrielle Revolution wird zu einer weltweiten Wirtschaftskrise gigantischen Ausmaßes führen, wenn Millionen Menschen ihren Job verlieren und die Kaufkraft weltweit einbricht. Wie in den 20er Jahren stehen wir kurz vor einer Katastrophe, aber kein Politiker scheint wahrhaben zu wollen, daß die Weltwirtschaft unausweichlich auf ein Zeitalter ohne Arbeit zusteuert und daß das weitreichende Konsequenzen für unsere Zivilisation haben wird.

Kein Politiker scheint zu begreifen, daß sich in den Vorstandsetagen, in den Fabrikhallen und in den Kaufhäusern der Welt eine heimliche Revolution abspielt. Die Unternehmen sind damit beschäftigt, ihre Organisationsstrukturen umzubauen, sich gänzlich zu erneuern, ihr Management und ihr Marketing so umzustrukturieren, daß sie zu den neuen Informations- und Telekommunikationstechnologien passen. Das Wirtschaftsleben wird radikal verändert, und es stellt sich die Frage, ob wir im nächsten Jahrhundert überhaupt noch arbeitende Menschen brauchen werden.

3
Schlanke Unternehmen

Moderne Managementmethoden wurden in den USA erstmals Mitte des 19. Jahrhunderts eingeführt. Zu jener Zeit verfügten die meisten privaten Eisenbahnlinien nur über ein einziges Gleis, was es unabdingbar machte, jederzeit über den genauen Standort der Züge Bescheid zu wissen. Als sich auf der Hudson-River-Linie der Western Railroad eine Serie von Unfällen ereignete, deren schwerster 1841 einen Passagier und einen Lokführer das Leben kostete, beschloß das Unternehmen, seine interne Organisation umzustellen. Vor allem wurden nun die Zugbewegungen schneller von den Stationsvorstehern gemeldet und an die Zugführer weitergegeben. Die Neuerungen machten Western Railroad zum »ersten nach modernen Maßstäben gegliederten und organisierten Unternehmen der USA« (Chandler 1977: 97, zit. n. Beniger 1986: 224).

1844 wurde der Telegraph eingeführt, der die Informationsweitergabe wesentlich erleichterte und es auch den Eisenbahnen erlaubte, ihre Netze über den ganzen Kontinent auszudehnen. Dank dieser neuen Transport- und Kommunikationsnetze konnte sich der Binnenmarkt der USA über Tausende von Kilometern ausdehnen. Um den Anforderungen dieses Marktes gerecht zu werden, begannen auch andere Unternehmen damit, leistungsfähigere Organisationssysteme einzuführen. 1920 teilte Alfred Sloan das Riesenunternehmen General Motors in voneinander unabhängige ökonomische Einheiten auf, die von einer gemeinsamen Konzernspitze geleitet wurden. Damit hatten sich die modernen Managementmethoden endgültig durchgesetzt und waren zur treibenden Kraft der US-amerikanischen Wirtschaft geworden.

Das entscheidende Charakteristikum eines modernen Unternehmens ist seine hierarchische Organisation. Es ist aufgebaut wie eine Pyramide: an der Basis die Außendienstmitarbeiter und die in der Herstellung Beschäftigten, darüber verschiedene Stufen von Verwaltungsangestellten und schließlich ein leitender Angestellter an der Spitze. Die Mitarbeiter haben klar abgegrenzte Aufgaben und sind jeweils ihrem direkten Vorgesetzten verantwortlich. Sämtliche Informationen über die Herstellung, den Vertrieb und das Marketing werden von unten nach oben weitergegeben und auf jeder Stufe der Hierarchie neu verarbeitet. Irgendwann erreichen sie die Unternehmensspitze und werden dort in Entscheidungen umgesetzt, die ihrerseits wieder über alle Stufen nach unten weitergegeben und umgesetzt werden. Das Organigramm eines modernen Großunternehmens läßt außerdem Hierarchien innerhalb der Hierarchien erkennen. So haben etwa die Abteilungen für Finanzen und Buchführung, für Forschung und Entwicklung, für Marketing und Werbung jeweils eigene Befehlswege, die in die Organisation des Gesamtunternehmens eingebettet sind.

Diese Art des »Direktorialkapitalismus« hat im 20. Jahrhundert die Volkswirtschaften in Europa und Amerika weitgehend geformt. Er stützte sich vor allem auf die stark besetzten mittleren Ränge des Managements, die den Informationsfluß in den Unternehmen steuerten und die verschiedenen Abteilungen koordinierten und kontrollierten.

Robert Reich, Arbeitsminister der USA, vergleicht das moderne Unternehmen mit einer militärischen Bürokratie, in der ebenfalls der Befehlsweg von oben nach unten verläuft und auf den unteren Hierarchieebenen kaum eigenständige Entscheidungen getroffen werden können: »Absolute Kontrolle war unerläßlich«, wenn im Zeitalter der Massenproduktion, der zunehmenden Arbeitsteilung und der Standardisierung »Pläne in genau der vorgesehenen Weise durchgeführt werden sollten« (Reich 1993:60).

Ein Unternehmen, das auf diese Weise geführt wird, gleicht einem schwerfälligen Riesen. Es kann zwar gigantische Mengen normierter Produkte fabrizieren, ist aber nicht in der Lage, sich auf plötzliche Marktveränderungen schnell einzustellen. In den USA wurde in den 50er und 60er Jahren die Hälfte aller Industrieprodukte von nur 500 solchen Großunternehmen hergestellt. Mehr als 12% aller Beschäftigten waren bei diesen Firmen angestellt. Allein die Umsätze von General Motors, seinerzeit das größte Unternehmen der Welt, betrugen 1955 3% des Bruttosozialproduktes der USA (ebd.: 55).

In den 80er Jahren aber traten auf dem Weltmarkt auf einmal Wettbewerber auf, die dank einer gänzlich anderen Unternehmensstruktur viel besser in der Lage waren, die Vorteile der neuen Informationstechnologien zu nutzen. Es waren die japanischen Automobilhersteller, und sie arbeiteten mit Managementmethoden, die sich radikal von den in Detroit angewandten unterschieden und deshalb bald als postfordistische Produktion bezeichnet wurden.

In ihrem Buch *Die Zweite Revolution in der Autoindustrie* untersuchen James P. Womack, Daniel T. Jones und Daniel Roos die revolutionären Veränderungen, die die Automobilproduktion in diesem Jahrhundert durchlaufen hat. Sie erzählen noch einmal die Geschichte des Honorable Evelyn Henry Ellis, der ein wohlhabendes Mitglied des britischen Parlaments war und 1894 der Pariser Werkzeugmaschinenfabrik von Panhard und Levassor einen Besuch abstattete, um ein Auto zu »bestellen«. Die Besitzer der Fabrik ließen sich genau erklären, wie das Auto aussehen sollte, und ihre Handwerker machten dann einen Entwurf. Die Einzelteile wurden bei anderen Pariser Werkstätten in Auftrag gegeben und dann zu Panhard und Levassor gebracht, wo sie von Hand zusammengesetzt wurden. Das Auto, das Ellis schließlich bekam, war ein genau auf die Wünsche des Kunden zugeschnittenes Einzelstück, ebenso wie die einige hundert anderen Wagen, die Panhard und Levassor jährlich herstellten. Ellis war übrigens der erste Engländer, der ein Automobil besaß (Womack/Jones/Roos 1994: 25ff.).

Kaum zwanzig Jahre später rollten in der Fabrik von Henry Ford jeden Tag Tausende identischer Autos vom Band, die nur einen Bruchteil dessen kosteten, was Ellis für sein handgemachtes Gefährt bezahlt hatte. Ford war der erste Autohersteller, der ein standardisiertes Produkt aus austauschbaren Teilen herstellte. Da die Einzelteile immer genau gleich waren, bedurfte es keines besonders ausgebildeten Handwerkers mehr, um sie zusammenzusetzen. Und um die Arbeit noch mehr zu beschleunigen, ließ Ford in seiner Fabrik ein Fließband installieren, wie er es in den Schlachthöfen von Chicago gesehen hatte. Die Autos wurden so direkt zu den einzelnen Arbeitsplätzen transportiert, was enorm viel Zeit sparte und die Kontrolle über den Produktionsablauf erheblich erleichterte.

In den 20er Jahren wurden bei Ford jährlich mehr als zwei Millionen Automobile produziert, die sich wie ein Ei dem anderen glichen (ebd.: 34). Wie Ford einmal spitzfindig bemerkte, konnten sich seine Kunden die Farbe ihres Wagens durchaus aussuchen – solange sie einen schwarzen wollten. Seine massengefertigten, standardisierten Produkte wurden für das nächste halbe Jahrhundert zum Vorbild für die gesamte Industrie.

Wie andere Großunternehmen auch, waren die Detroiter Automobilhersteller streng hierarchisch organisiert, die Führungsstruktur von der Managementspitze bis zur Fertigung in der Fabrik war klar vorgegeben. Wie von Taylor vorgesehen, benötigten die Arbeiter am Fließband keinerlei Ausbildung und hatten auf die Produktion keinerlei Einfluß. Alle Entscheidungen bezüglich der Planung und Ausführung der Produktion lagen in den Händen des Managements. Das Unternehmen war in Abteilungen unterteilt, die jede für einen bestimmten Bereich zuständig und der jeweils nächsthöheren Führungsebene verantwortlich waren. Die letzte Entscheidung blieb aber immer dem Topmanagement vorbehalten.

Von der amerikanischen zur japanischen Methode

Nach dem Vorbild der Automobilhersteller führten auch andere Industriezweige das System der Massenfertigung ein und machten es zum weltweiten Standard. Zur gleichen Zeit aber, als die »amerikanische Methode« ihren Siegeszug auf den Märkten der Welt antrat, begann eine japanische Autofirma, die sich noch von den Folgen des Zweiten Weltkriegs erholen mußte, mit der Erprobung einer neuen Produktionsweise – die in ihren Grundlinien von der Massenproduktion genausoweit entfernt war wie diese von der handwerklichen

Fertigung. Das Unternehmen trug den Namen Toyota, und die neue Managementmethode wurde später als »schlanke Produktion« bezeichnet.

Das Prinzip der schlanken Produktion besteht in der Kombination neuer Managementtechniken mit leistungsfähigeren Maschinen, so daß mehr Güter aus weniger Rohstoffen und mit weniger Arbeitskräften hergestellt werden können. Dies unterscheidet sie deutlich von früheren Produktionsweisen. Bei der handwerklichen Produktion sind es sehr gut ausgebildete Arbeiter, die mit Handwerkzeugen Einzelerzeugnisse nach den Entwürfen des Kunden herstellen. Ein Produkt wird fertiggestellt, ehe das nächste in Angriff genommen wird. Der Massenproduzent hingegen »setzt spezialisierte Fachleute ein, um Produkte zu konstruieren, die von ungelernten oder angelernten Arbeitern hergestellt werden, wobei sie teure Spezialmaschinen bedienen. Diese produzieren Standardprodukte in sehr großen Mengen.« (Ebd.: 19) Die maschinellen Anlagen sind so teuer, daß sie um jeden Preis voll ausgelastet werden müssen. Man stellt daher »Puffer« in Form von zusätzlichen Lagerbeständen und Arbeitskräften bereit, um Nachschubprobleme oder Verzögerungen zu vermeiden. Die hohen Kosten für die Investitionsgüter verhindern zugleich die schnelle Umsetzung neuer Produktentwürfe. Der Kunde profitiert von den billigeren Preisen, hat aber dafür keine große Auswahl.

Ein schlankes Unternehmen dagegen »kombiniert [...] die Vorteile der handwerklichen und der Massenfertigung, während es die hohen Kosten der ersteren und die Starrheit der letzteren vermeidet« (ebd.). Um dieses Ziel zu erreichen, stellt das Management Teams aus vielseitig ausgebildeten Arbeitskräften zusammen, die auf jeder Stufe der Produktion mit Hilfe automatisierter Maschinen unterschiedliche Produkte in jeweils großer Menge herstellen. Schlanke Produktion ist nach Womack, Jones und Roos »schlank«, weil »sie von allem weniger einsetzt als die Massenfertigung – die Hälfte des Personals in der Fabrik, die Hälfte der Produktionsfläche, die Hälfte der Investition in Werkzeuge, die Hälfte der Zeit für die Entwicklung eines neuen Produktes. Sie erfordert auch weit weniger als die Hälfte des notwendigen Lagerbestands, führt zu viel weniger Fehlern und produziert eine größere und noch wachsende Palette von Produkten.« (Ebd.)

Die schlanke Produktion, wie sie in Japan praktiziert wird, ersetzt die herkömmliche Managementhierarchie durch vielseitig ausgebildete Mannschaften, die direkt am Produktionsort eingesetzt werden. Arbeiter, Ingenieure und Programmierer arbeiten eng zusammen, entwickeln gemeinsam neue Ideen und setzen sie direkt in der Fertigung um. Die klassische tayloristische Methode, die geistige und körperliche Arbeit voneinander trennt und alle Entscheidungen einzig den Managern überläßt, mußte zugunsten einer Methode abdanken, die durch Teamarbeit die Fähigkeiten und Erfahrungen aller am Produktionsprozeß Beteiligten ausschöpft. So sind z.B. in der Massenproduktion Forschung und Entwicklung von der Fertigung getrennt und in einem eigenen Labor untergebracht. Wissenschaftler und Ingenieure entwerfen hier neue Modelle und auch die Maschinen zu ihrer Herstellung; dann werden ihre Planungen in der Fabrik mit Hilfe von detaillierten Vorgaben und Zeitplänen umgesetzt. Bei der schlanken Produktion wird dagegen die Fertigung selbst zum Forschungslabor, wo das versammelte Fachwissen aller an der Produktion Beteiligten genutzt wird, um immerzu Verbesserungen am Produkt wie am Produktionsprozeß anzubringen.

Die Arbeiter sämtlicher Bereiche sind sogar dazu angehalten, an den Entwürfen neuer Automodelle mitzuwirken, die in den älteren US-amerikanischen Unternehmen von den oberen Ingenieursabteilungen streng unter Verschluß gehalten werden. Die »simultane Entwicklung« beruht auf der Annahme, daß jeder, der mit der Fertigung, dem Vertrieb, dem Marketing oder dem Verkauf des neuen Modells zu tun hat, so früh wie möglich beteiligt werden muß, um die spezifischen Anforderungen jeder Abteilung berücksichtigen und mögliche Problemstellen schon im vorhinein beseitigen zu können. Langzeitstudien haben gezeigt, daß bis zu 75% der Kosten für ein neues Produkt in der Entwicklungsphase entstehen. Eine Verspätung von nur sechs Monaten bei der Markteinführung kann zu Profiteinbußen von bis zu einem Drittel führen (*Design News* 17.9.1990: 36f.). Den japanischen Unternehmen ist es gelungen, durch die breite Beteiligung die Fixkosten auf ein Minimum zu begrenzen.

Die Methode der ständigen Verbesserungen wird als *kaizen* bezeichnet und gilt als der Schlüssel zum Erfolg der japanischen Produktionsmethoden. Im Gegensatz zum amerikanischen Modell, wo Verbesserungen unregelmäßig vorgenommen werden und oft gewartet wird, bis mehrere Änderungen auf einmal angebracht werden können, setzt die japanische Methode auf kontinuierliche Veränderungen und Verbesserungen als Teil der täglichen Arbeit. Das Management bedient sich dabei der gesammelten Erfahrung aller Mitarbeiter und legt großen Wert darauf, Probleme gemeinsam zu lösen.

Die Arbeitsteams in der Fertigung haben relativ große Eingriffsmöglichkeiten. Wenn eine Maschine oder ein Band aussetzt, führen die Arbeiter die fälligen Reparaturen oft selbst aus und beseitigen alle Engpässe – ein ganz anderes Verfahren als in Detroit, wo Maschinenschäden an die Aufsicht gemeldet werden müssen, die wiederum Techniker für die Reparatur schickt. Im Ergebnis steht das Band in japanischen Fabriken wesentlich weniger oft still, da die unmittelbar an der Fertigung beteiligten Arbeiter drohende Probleme besser erkennen und im Bedarfsfall schneller und effizienter lösen können. Auch hier sprechen die Daten wieder Bände: Nach einer Studie von James Harbour standen die Anlagen in US-amerikanischen Automobilfabriken während 50%, in japanischen Fabriken nur während 15% der Arbeitszeit still (*Automotive Industries* 1985: 32).

Das teamorientierte Modell ist viel effizienter, weil es vielseitig ausgebildete Arbeitskräfte hervorbringt. Die Arbeiter sind in der Lage, eine ganze Reihe von Aufgaben zu übernehmen, und können so den Gesamtablauf der Produktion besser einschätzen; auf diese Weise können sie mit ihrem Wissen innerhalb eines Teams optimal zur Lösung von Problemen beitragen und Verbesserungsvorschläge machen. Japanische Firmen gewähren ihren Angestellten auch Zugang zu allen computergespeicherten Daten des Unternehmens, um ihnen einen besseren Überblick über den gesamten Betriebsablauf zu ermöglichen.

Im Gegensatz zu den älteren Organisationsmodellen, wo die Entscheidungen auf immer höhere Stufen der Managementpyramide verlagert wurden, versucht man im japanischen Modell, die Entscheidungsbefugnis möglichst weit unten und möglichst nahe an der Fertigung anzusiedeln. Dadurch entsteht im Unternehmen eine Atmosphäre der Zusammenarbeit, und es gibt wesentlich weniger Konflikte zwischen Arbeitern und Management. In den meisten japanischen Automobilunternehmen gibt es auch nur eine Kantine und einen Parkplatz für Arbeiter und Manager. Alle Mitarbeiter tragen die Firmenuniform. Um die Beziehung zu den Arbeitern offener zu gestalten, stehen die Schreibtische der Manager direkt neben den Fertigungsanlagen. Ohnehin sind die meisten von ihnen direkt aus der Arbeiterschaft rekrutiert worden und haben von daher ein größeres Verständnis für deren Probleme. Auch die persönliche Bindung zwischen den Teammitarbeitern und ihren Leitern wird dadurch erleichtert. Japanische Arbeiter treffen sich zusätzlich vor oder nach der Arbeit in speziellen »Qualitätszirkeln«, um über mögliche Verbesserungen zu diskutieren. Einer neueren Studie zufolge nehmen 76% aller japanischen Arbeiter an solchen Zirkeln teil (*Administrative Science Quarterly* 31, 1986: 338-364; Kenney/Florida 1993: 42, 105, 107).

Im japanischen Modell wird auch großer Wert auf eine Produktion *just in time* gelegt, die keine Lagerhaltung mehr erfordert. Taiichi Ohno brachte diese Idee in den 50er Jahren von einer USA-Reise mit, auf der ihn weniger die Automobilfabriken als die riesigen Supermärkte beeindruckt hatten, die es mit großer Geschwindigkeit und Effizienz schafften, ihre Regale mit genau der nötigen Menge genau der Waren aufzufüllen, die die Kundschaft verlangte: »In einem Supermarkt kann ein Kunde bekommen, (1) was er braucht, (2) wann er es braucht, und (3) in der Menge, die er braucht. [...] Wir hatten die Hoffnung, daß diese Abfolge uns helfen würde, unserem Just-in-Time-Ziel näher zu kommen, und schon 1953 haben wir das darauf beruhende System in der Werkshalle unseres Hauptwerks angewandt.« (Ohno 1993: 53)

Womack, Jones und Roos beschreiben, welch unterschiedlichen Eindruck eine US-amerikanische Fabrik von General Motors und eine japanische von Toyota auf sie machten. Bei General Motors lagen Teile der Produktionsanlagen still, manche Arbeiter hatten nichts zu tun, in den Gängen stapelten sich – oftmals für Wochen im voraus – Teile, die auf ihre Verarbeitung warteten, und die Abfallbehälter quollen von Ausschußteilen über. Ganz anders bei Toyota: Die Gänge waren frei, und »jeder Arbeiter [hatte] einen Teilebestand von weniger als einer Stunde. Die Teile ließen sich reibungsloser befestigen, und die Aufgaben waren gleichmäßiger verteilt, so daß jeder Arbeiter ungefähr im gleichen Tempo arbeitete. Wenn ein Arbeiter ein defektes Teil fand, etikettierte er [...] es sorgfältig und schickte es zur Qualitätskontrolle zurück, um ein Ersatzteil zu erhalten.« (Womack/Jones/Roos 1994: 83)

Die US-amerikanische Unternehmensphilosophie beruht auf einer Produktion *just in case*, man will auf alles vorbereitet sein. Die Firmen häufen riesige und unnütze Bestände an Maschinen und Rohstoffen entlang ihrer Fertigungsstrecken an, um schadhafte Teile oder Anlagen sofort auswechseln zu können. Die Japaner halten dies für zu teuer und für unnötig. Ihr System der Just-in-time-Produktion beruht auf exakter Qualitätskontrolle und auf einem Krisenmanagement, das mögliche Probleme aufspürt, ehe sie zu einem längeren Produktionsstillstand führen können.

Die Ergebnisse sind eindeutig: Nach einer Studie des MIT über die beiden erwähnten Fabriken brauchte Toyota 16 Arbeitsstunden und weniger als 0,5 m^2 Montagefläche pro Auto und Jahr, dabei wurden 45 Montagefehler pro 100 Autos gemacht. Bei General Motors waren 31 Arbeitsstunden und 0,75 m^2 Montagefläche nötig, die Zahl der Fehler betrug 135 (ebd.: 88).

In den letzten Jahren haben die japanischen Firmen die Methoden der schlanken Produktion mit Computer- und Informationstechnologien kombiniert, um die »Fabrik der Zukunft« zu bauen – eine automatisierte Produktionsanlage mit wenigen Arbeitskräften, die eher einem Labor als einer Fabrik ähnelt. Die Ausrichtung der schlanken Produktion auf »Prozesse« anstatt auf »Strukturen und Funktionen« bot eine ideale Grundlage für diese Anwendung der neuen Technologien.

Eingeebnete Hierarchien

Womack, Jones und Roos sagten 1990 voraus, daß die schlanke Produktion »durch ihre unvermeidliche Ausbreitung über die Autoindustrie hinaus alles in fast jeder Industrie ändern wird« (ebd.: 18). Wie sich jetzt zeigt, hatten sie recht. Dem japanischen Vorbild nacheifernd, haben US-amerikanische und europäische Unternehmen mit Strukturanpassungen begonnen, um die neuen Computertechnologien optimal nutzen zu können. Die überkommenen Organisationshierarchien werden eingeebnet, mehr und mehr Entscheidungsbefugnisse gehen an Netzwerke und Teams über. Diese Generalüberholung aller Unternehmensabläufe ist mit tiefen Einschnitten bei den Beschäftigten verbunden. Millionen Arbeitsplätze und Hunderte Berufszweige werden verschwinden. Nicht nur un- und angelernte Arbeitskräfte, sondern auch höhere Ebenen der Unternehmenshierarchie sind bedroht. Vor allem das mittlere Management, bisher verantwortlich für den Informationsfluß in den Unternehmen, wird überflüssig und zu teuer.

Die neuen Informationstechnologien haben in allen möglichen Bereichen der Gesellschaft zu einer Intensivierung und Beschleunigung geführt. Wer angesichts dessen noch wettbewerbsfähig bleiben will, muß seine Entscheidungen schneller als bisher treffen und weiterleiten. Das herkömmliche Management ist viel zu langsam, um die immer größer werdenden Informationsmengen zu verarbeiten und seine Kontroll- und Koordinationsaufgaben auch in der Nanosekunden-Gesellschaft noch erfüllen zu können. Zeit wird zum alles entscheidenden Kriterium, und Unternehmen mit altertümlichen hierarchischen Strukturen werden da nicht mithalten können. Immer mehr Firmen brechen daher ihre Hierarchien auf, fassen verschiedene Aufgaben zu einem Arbeitsablauf zusammen und umgehen das mittlere Management. Der Computer übernimmt Koordinationsaufgaben, zu deren Erledigung früher mehrere Leute in verschiedenen Abteilungen nötig waren.

Abteilungen zu schaffen, heißt Grenzen zu ziehen, die den Entscheidungsprozeß automatisch verlangsamen. Die Unternehmen gehen heute dazu über, ihre Mitarbeiter in Netzwerken und Teams zusammenzufassen, die gemeinsam Informationen verarbeiten und wichtige Entscheidungen treffen. Die Verzögerung, die die Übermittlung von Papieren in andere Abteilungen und auf andere Ebenen mit sich bringt, wird so umgangen. Dank des Computers hat jeder Angestellte von jeder Position im Unternehmen aus Zugang zu allen Informationen.

Dieser schnelle Zugang erleichtert die Kontrolle und die Koordination im Unternehmen wesentlich und macht es möglich, bestimmte Aufgaben auch auf den unteren Ebenen der Hierarchie – »vor Ort« – anzusiedeln. Der Informationsfluß ist kein vertikaler mehr, sondern ein horizontaler; die herkömmliche Unternehmenspyramide fällt in sich zusammen und macht Platz für Netzwerke, die jeweils auf einer gemeinsamen Ebene arbeiten. Informationen können mit einer Geschwindigkeit verarbeitet werden, die der der neuen Computertechnologien entspricht.

Die Autoren Michael Hammer und James Champy beschreiben diesen Umstrukturierungsprozeß am Beispiel der IBM Credit Corporation, einem Tochterunternehmen von IBM, das den Käufern bei der Finanzierung ihrer Computeranlage hilft. Vor der Umstrukturierung mußten die Kundenanfragen eine Reihe von Abteilungen und Entscheidungsebenen passieren, was manchmal mehrere Tage in Anspruch nahm. Es fing damit an, daß ein IBM-Außendienstmitarbeiter die Anfrage telefonisch durchgab und einer oder eine von 14 Angestellten sie schriftlich niederlegte. Die Notiz wurde dann einen Stock höher in die Kreditabteilung gebracht, wo eine zweite Person sie in den Computer eingab und zugleich die Kreditwürdigkeit des Kunden überprüfte. Die entsprechende Information wurde dem ersten Formular beigeheftet, und beides ging dann an die Vertragsabteilung. Hier wurden die Standardvertragsbedingungen auf den Kunden abgestimmt und ein entsprechender Vermerk auf dem Antragsformular angebracht. Dieses ging dann an einen Finanzsachbearbeiter, der die Zinshöhe für den Kundenkredit bestimmte. Das neuerlich ergänzte Formular erreichte schließlich die Verwaltung, die alle bisher erstellten Daten aufnahm und in ein schriftliches Angebot einarbeitete, das dem IBM-Vertreter per Post zugeschickt wurde (Hammer/Champy 1994: 53f.).

Die Vertreter draußen beklagten sich ständig über die lange Bearbeitungszeit für ihre Anfragen, die manche ihrer Kunden veranlaßte, ihre Bestellung zurückzuziehen oder sich andere Finanzierungsmöglichkeiten zu suchen. Daraufhin verfolgten zwei IBM-Manager den Weg einer Anfrage durch alle fünf Abteilungen und ließen sie überall ohne die übliche Verzögerung bearbeiten, die entstand, wenn die Formulare tagelang auf den Schreibtischen liegenblieben. Die tatsächlich notwendige Bearbeitungszeit betrug ganze neunzig Minuten, der Rest der üblichen sieben Tage wurde für den Transport der Papiere von einer Abteilung in die nächste aufgewendet (ebd.: 55). Das IBM-Management löste alsbald die fünf getrennten Büros auf und übertrug die Bearbeitung der Kundenanfragen an einzelne »Deal Structurer« – Generalisten, die mit Hilfe eines Computers die ganze Prozedur alleine abwickelten. Laut Hammer und Champy entdeckten die IBM-Leute im bisherigen Ablauf vor allem Arbeiten, die »kaum mehr als Routinebürotätigkeiten waren: Überprüfung der Bonität in einer Datenbank, Eingabe von Zahlen in ein Standardmodell, Zusammenführen vorgegebener Vertragsklauseln aus einer Datei. Diese Aufgaben konnte durchaus ein einzelner mit Unterstützung eines benutzerfreundlichen Computerprogramms erledigen, das Zugriff auf alle Daten und Werkzeuge gewährte, die auch die Spezialisten verwendeten.« (Ebd.: 56)

IBM Credit konnte die Bearbeitungszeit für eine Kreditanfrage von sieben Tagen auf vier Stunden senken – und den Arbeitsaufwand verringern. Eine Gruppe von Fallbearbeitern ist, egal ob sie allein oder im Team arbeiten, zehnmal schneller als die alte Managementhierarchie mit ihren diversen Abteilungen und ihrer vertikalen Befehlskette (ebd. 56).

Michael Hammer, der früher Professor am MIT war, meint, daß solche Umstrukturierungen in den nächsten Jahrzehnten massive Auswirkungen auf den Arbeitsmarkt haben werden; auch in der derzeitigen Phase seien die »Möglichkeiten der Produktivitätssteigerung noch längst nicht ausgeschöpft«. Hammer rechnet mit einer inoffiziellen Arbeitslosenrate von 20% am Ende dieser ersten Umstrukturierungswelle (persönliches Gespräch 6.5.1994).

Vor allem im Einzelhandel hat das Reengineering dramatische Auswirkungen gezeitigt. Schnellabruf-Systeme sparen Zeit und Arbeitskraft. Codenummern gewähren jederzeit genaue Übersicht über den Abverkauf der Waren. Preisauszeichnung wird unnötig, Irrtümer der Kassiererinnen entfallen. Dank der Strichcodekennzeichnung von Transportbehältern kann der Empfänger sich einfach einloggen und den Inhalt überprüfen, ohne die Behälter öffnen zu müssen. Auftragsbestätigungen, Rechnungen und Zahlungen können per elektronischem Datenaustausch erledigt werden, was den Aufwand an Papier und an Boten- und Bürotätigkeiten wesentlich verringert. Herkömmliche Vertriebs- und Kommunikationskanäle werden umgangen, so daß eine Firma Händler und Lieferanten direkt ansprechen und ihren Bestand jederzeit genau kontrollieren kann, um auf alle Kundenwünsche vorbereitet zu sein.

Zunehmend wird auch direkt auf Bestellung gearbeitet. So werden z.B. bei der japanischen Nationalen Fahrradgesellschaft die Kunden mit Hilfe einer Apparatur im Ausstellungsraum vermessen, und ein Computerdesignprogramm erstellt ihnen ein Fahrrad, dessen Größe und Form individuell auf sie abgestimmt sind. Dann suchen sich die Käufer Bremsen, Kette, Reifen, Schaltung und Farbe aus und entscheiden, ob sie einen Schriftzug mit ihrem Namen auf dem Rahmen haben möchten. Alle diese Informationen werden elektronisch an die Fabrik übermittelt, und das maßgefertigte Fahrrad kann binnen dreier Stunden zusammengebaut, bearbeitet und angeliefert werden. Ironischerweise hat die Firma bei ihren Marktuntersuchungen herausgefunden, daß die Kundschaft von der schnellen Arbeit gar nicht so begeistert ist, und verzögert nun die Lieferung um eine Woche, um den Käufern nicht die Vorfreude zu nehmen (Bradley 1993: 129).

In den USA entdecken die Unternehmen immer neue Möglichkeiten, Zeit und Arbeitskosten zu sparen. In immer stärkerem Maße werden Computer zur Informationsverarbeitung und Koordinierung eingesetzt. Verkäuferinnen und Verkäufer, Kundenbetreuer, Fahrer, Transportarbeiter und das Personal in Auslieferungs- und Rechnungsabteilungen werden überflüssig. Besonders hart wird es das mittlere Management treffen: Bei der Firma Franklin Mint wurden bei verdoppelten Umsätzen aus sechs Managementebenen vier gemacht, bei Eastman Kodak aus dreizehn ebenfalls vier und bei Intel in einigen Abteilungen aus zehn Ebenen fünf (Davidow/Malone 1993: 185). In Japan schätzt man die Zahl der »überflüssigen« Angestellten auf über eine Million (*Financial Times* 1.9.1993: 5).

Noch steht die Umstrukturierung unserer Unternehmen erst am Anfang, aber schon jetzt steigt die Arbeitslosigkeit an, die Kaufkraft sinkt und die heimischen Volkswirtschaften leiden an den Folgen der Entschlackung. All diese Probleme werden sich in den nächsten Jahren noch wesentlich verschärfen, wenn die Firmen einem stärkeren globalen Wettbewerbsdruck ausgesetzt sein werden und mit Hilfe immer leistungsfähigerer Informations- und Telekommunikationstechnologien ihre Produktivität weiter steigern und den Bedarf an Arbeitskräften vermindern werden. In der Landwirtschaft, in der Industrie und im Dienstleistungsbereich werden immer mehr Produkte von immer weniger Menschen hergestellt, vermarktet und verkauft. Im nächsten Kapitel werden wir sehen, daß die technologische Entwicklung uns einer Welt ohne Arbeit ständig näherbringt, und dies, ehe wir noch die Gelegenheit hatten, uns über die tiefgreifenden gesellschaftlichen Folgen Gedanken zu machen und entsprechende Maßnahmen zu treffen.

III
Die arbeitslose Zukunft

I
Von der Landarbeit zur Gewebekultur

Landwirtschaft und High-Tech haben in unserer Vorstellung nicht viel miteinander zu tun. Und doch sind gerade in diesem Wirtschaftssektor einige der erstaunlichsten Fortschritte gemacht worden. Während die technologisch bedingten Entlassungen in der Industrie und im Dienstleistungsbereich im Zentrum der öffentlichen Aufmerksamkeit stehen, verändert sich auch die moderne Landwirtschaft grundlegend, und auf der ganzen Welt stellt sich die Frage nach der Zukunft der Landarbeit.

Fast die Hälfte der Weltbevölkerung betreibt Landwirtschaft, und die meisten dieser Menschen leben noch fast genauso wie die Menschen der Jungsteinzeit vor über 6.000 Jahren. Jetzt aber droht – dank des wissenschaftlichen Fortschritts – das Ende der traditionellen Landwirtschaft. Bis zur Mitte des nächsten Jahrhunderts werden neue Techniken der Lebensmittelherstellung die bäuerliche Arbeit überflüssig machen. Die Konsequenzen für die 2,4 Milliarden Menschen, die auf ihr Land angewiesen sind, um überleben zu können, sind noch gar nicht abzusehen (Food and Agriculture Organization 1993: 332).

Die Mechanisierung der Landwirtschaft nahm ihren Anfang vor über hundert Jahren. 1880 brauchte es noch mehr als zwanzig Arbeitsstunden, um ein *acre* (oder 40,5 Ar) Getreide abzuernten, 1916 12,7 und weitere zwanzig Jahre später nur noch 6,1 Stunden (U.S. Department on Agriculture 1940: 63). Seit den 20er Jahren wurden Wirtschaftskrisen nicht mehr durch Mißernten, sondern durch die landwirtschaftliche Überproduktion ausgelöst. Die Mechanisierung wurde als ein Triumph der Industriegesellschaft gefeiert, und einer der führenden Landwirtschaftsexperten der Zeit brüstete sich: »Wir bauen das Getreide hier nicht mehr an, wir stellen es her. [...] Wir sind keine Bauern oder Farmer mehr, sondern Produzenten.« (McWilliams 1942: 301-330)

Begonnen hatte es mit dem massengefertigten Eisenpflug, der den handgefertigten Holzpflug verdrängte. Der US-Amerikaner John Deere baute 1837 als erster einen Eisenpflug mit Stahlkante. Der schwere, feuchte Boden seines Heimatstaates Illinois ließ sich mit dem Gerät so leicht umpflügen, daß es bald als »singender Pflug« bezeichnet wurde. Während der 1850er Jahre stellte die John Deere Company mehr als 10.000 Pflüge jährlich her. Die leichteren Modelle machten es möglich, mit Pferden statt mit Ochsen zu pflügen, was die Arbeit der Farmer wesentlich beschleunigte (Cochrane 1993: 190, 195).

Ungefähr zur gleichen Zeit wurde in den USA die mechanische Mähmaschine eingeführt. Noch in den 1840er Jahren hatten die Farmer für die Ernte Sicheln und Sensen benutzt. Die von einem Pferd gezogene mechanische Mähmaschine verkürzte nun die Erntezeit um mehr als die Hälfte. Der Name des Erfinders, Cyrus McCormick, wurde bald zum Synonym für landwirtschaftliche Maschinen. Auch die Dreschmaschine fand große Verbreitung, und im Westen der USA gab es riesige Mähdrescher, die bis zu fünfzehn Tonnen schwer waren. Sie wurden von vierzig Pferden gezogen und schnitten das Getreide auf über zehn Metern Breite ab (ebd.: 195f.).

Den ersten benzingetriebenen Traktor baute John Froehlich 1892, und im Jahre 1910 waren in den USA schon 25.000 Traktoren in Gebrauch. Als Henry Ford 1917 seinen Fordson, einen billigen, massengefertigten Traktor, auf den Markt brachte, schnellten die Verkaufszahlen in die Höhe: 1920 standen auf den US-amerikanischen Farmen 246.000 Traktoren, zwei Jahrzehnte später waren es mehr als 1,6 Millionen und 1960 über 4,7 Millionen. In den 50er Jahren hatte der Verbrennungsmotor die Zugtiere Pferd, Maultier und Ochse vollständig verdrängt. Ihre Arbeit wurde nun von Lastwagen, Traktoren und Mähdreschern übernommen (ebd.: 126, 197).

Parallel zur Mechanisierung der Landwirtschaft wurden neue Pflanzensorten gezüchtet, die einen einheitlicheren Wuchs hatten und leichter maschinell bearbeitet werden konnten. So erwies sich z.B. der mechanische Baumwollpflücker zunächst als nicht sehr effektiv, da die Samenkapseln der Baumwolle sich nicht alle zum selben Zeitpunkt öffneten und die Felder immer nur zum Teil abgeerntet werden konnten. Schließlich gelang es aber, eine Sorte zu züchten, bei der die Kapseln weiter oben am Stengel saßen und schneller aufgingen, was den Einsatz des Pflückers wesentlich erleichterte (*Journal of Agricultural History* 1980, 54).

Die neuen Züchtungen der Pflanzenbiologen waren nicht nur von einheitlicherem Wuchs, es waren auch Hochleistungssorten, die den Ertrag oftmals verdreifachten (Cochrane 1993: 127). Als dann auch noch im industriellen Maßstab Stickstoffdünger auf die Felder gebracht wurde, steigerte sich der Ertrag weiter. Der Boden mußte nun nicht mehr brachliegen, sondern konnte mit Hilfe immer größerer Mengen künstlichen Düngers noch intensiver bewirtschaftet werden. Dieser Produktivitätszuwachs hatte zur Folge, daß in immer weniger Betrieben und mit immer weniger Landarbeitern immer mehr landwirtschaftliche Produkte erzeugt wurden.

Da die Hochleistungs-Monokulturen sich als sehr empfindlich erwiesen, wurden nun auch chemische Schädlings- und Unkrautbekämpfungsmittel in großem Maßstab eingesetzt. Wieder verloren zahlreiche Landarbeiter, die zuvor für die Pflege der Felder gebraucht worden waren, ihre Beschäftigung.

Auch die Tierhaltung wurde im Verlauf unseres Jahrhunderts immer weiter mechanisiert und industrialisiert. Neue Zuchttechniken, Spezialfuttermittel und neue Medikamente verbesserten Wachstum und Leistung der Tiere. Rinder-, Schweine- und Geflügelzucht wurden im industriellen Maßstab aufgezogen, der Ertrag an Fleisch- und Milchprodukten wuchs in Rekordhöhen. Die Zahl der Beschäftigten dagegen nahm stetig ab.

In den letzten hundert Jahren ist die Produktivität der Landwirtschaft schneller gewachsen als jemals zuvor in der Geschichte. 1850 erzeugte ein einzelner Farmarbeiter genug Lebensmittel für vier Menschen, heute ernährt in den USA jeder Farmer mehr als 78 Personen (*Scientific American* September 1982: 77). Allein in den 40er Jahren wuchs der Ertrag um 25%, in den 50ern um 20%, in den 60ern um 17%. In den 80er Jahren betrug die Steigerung gar 28% (Cochrane 1993: 137, 158f.).

Die Auswirkungen dieser Entwicklung auf die landwirtschaftlichen Familienbetriebe waren katastrophal. Die höheren Erträge führten zu einer ständigen Überproduktion und ließen die Preise sinken. Der Preisverfall wiederum zwang die Farmer zu erhöhter Produktion, um ihre Fixkosten decken zu können, was den Kreislauf von Überproduktion und sinkenden Preisen ein weiteres Mal in Gang setzte. Seit der Weltwirtschaftskrise der 30er Jahre mußte der Preis für landwirtschaftliche Produkte vom Staat künstlich gestützt werden, und die Farmer bekamen Geld, wenn sie weniger erzeugten. Einmal mehr hat sich das Saysche Theorem, nach dem ein erhöhtes Angebot eine erhöhte Nachfrage schafft, als falsch erwiesen. Noch mehr als die Industrie und der Dienstleistungssektor litt die Landwirtschaft unter den fatalen Folgen des Mißverhältnisses zwischen einer stetig wachsenden Produktion und einer ungenügenden Nachfrage.

Programmierte Landwirtschaft

Die Zahl der landwirtschaftlichen Betriebe wird in den nächsten Jahren noch weiter abnehmen, wenn Computer und Roboter ihren Einzug halten. Schon jetzt gibt es Computerprogramme, die die Umweltbedingungen überwachen, mögliche Probleme aufspüren und konkrete Vorschläge machen. Bald wird es dem Landwirt möglich sein, mit Hilfe von computergestützten Sensoren Informationen über Wetterumschwünge, Bodenbeschaffenheiten und andere Variablen zu sammeln und sich dann aufgrund dieser Daten von einem Expertensystem genaue Anweisungen geben zu lassen. Hochspezialisierte Roboter werden die vom Computer erarbeiteten Pläne ausführen.

In den USA werden zur Zeit mehrere solcher Systeme getestet. Die Firma Virginia Tech hat ein Programm namens CROPS (Crop Rotation Planning System) entwickelt, das den Farmern hilft, eine drohende Erosion oder Auslaugung des Bodens zu verhindern und die Verteilung von Pestiziden zu kontrollieren. Der Farmer gibt die Daten über Bodenbeschaffenheit, Topographie, Nutzung des Bodens und Größe des Feldes ein, und der Computer errechnet ihm einen umfassenden Anbauplan mit möglichst hohen Erträgen und Profitmargen bei möglichst geringen Umweltbelastungen (Office of Technology Assessment 1992). Das US-Landwirtschaftsministerium betreibt ein Expertensystem für den Baumwollanbau, das mit einem Simulationsmodell arbeitet und mit Hilfe aktueller Wetterdaten den optimalen Zeitpunkt für Bewässerung und Düngung berechnet. Mehr als 500 Baumwollplantagen sind bereits angeschlossen. Die Forschungsabteilung des Ministeriums hat ein eigenes System entwickelt, das die Gefahr eines Insektenbefalls in Weizenspeichern berechnet und mögliche Vorbeugemaßnahmen empfiehlt. Die Pennsylvania State University hat ein ähnliches System für den Weinanbau entworfen, und an der University of Manitoba wurde ein System entwickelt, das den Farmern je nach Beschaffenheit und Feuchtigkeitsgehalt ihres Bodens die richtige Düngermischung berechnet (ebd.: 104f.).

Auch für die Tierhaltung gibt es mittlerweile Expertensysteme. So hat die University of Minnesota ein Programm zur Erkennung von Mastitis (einer Entzündung des Euters bei Kühen) entwickelt, das aufgrund von Zellanalysen auch geeignete Gegenmittel empfehlen kann. Dieselbe Universität stellt noch andere Programme für die Milchviehhaltung zur Verfügung, darunter eines für die Verwaltung des anfallenden Dungs. Auch der richtige Zeitpunkt für die Schlachtung von Rindern, Schweinen oder Schafen kann mit Hilfe dieser Programme bestimmt werden. Ein weiteres System gibt Antwort auf mehr als 80 Probleme, die bei der Geflügelaufzucht auftreten können (ebd.: 103).

Des weiteren beginnen einige Softwarefirmen mit dem Aufbau von Dokumentationssystemen, die dem Farmer Zugang zu Artikeln aus Fachzeitschriften und zu anderen landwirtschaftlichen Daten aus aller Welt verschaffen sollen. Gegen Ende des Jahrzehnts hofft man, durch eine Vernetzung dieser verschiedenen Systeme die Farmer bei allen möglichen Entscheidungen mit Informationen über die richtige Produktionsweise und die aktuelle Marktlage unterstützen zu können.

Momentan bedienen sich nur 15 bis 27% aller landwirtschaftlichen Betriebe der Hilfe von Computern. Die Wissenschaft geht aber davon aus, daß spätestens in zwanzig Jahren die gesamte landwirtschaftliche Produktion durch Computer überwacht, analysiert und ständig verbessert werden wird (ebd.: 109).

Daneben wird eine neue Generation von hochentwickelten Robotern schon bald auch die letzten Handarbeiten in der Landwirtschaft übernehmen und die Betriebe in automatisierte Freiluft-Fabriken verwandeln. In Israel ist diese Entwicklung besonders weit vorangeschritten: Besorgt über die Sicherheitsrisiken, die die Beschäftigung palästinensischer Wanderarbeiter mit sich bringt, entwickelte man hier »mechanische Landarbeiter«, die in einer wachsenden Zahl von Kibbuzim eingesetzt werden. Sie laufen auf Schienen zwischen den Pflanzenreihen und versprühen Pestizide. »Wir stellen sie an, und dann gehen wir essen«, meinte ein israelischer Farmer zum *Wall Street Journal* (9.6.1993).

Die Israelis experimentieren außerdem mit einem automatischen Melonenpflücker, der auch alle möglichen anderen runden Früchte wie Kürbisse, Kohl oder Kopfsalat umpflanzen, pflegen und abernten kann. Der auf einem Anhänger montierte Roboter ist ausgestattet mit Kameras, die die Pflanzen erfassen, und mit einem Gebläse, das die unter den Blättern verborgenen Früchte freilegt. Ein eingebauter Computer analysiert die Kamerabilder und hält nach runden hellen Flecken Ausschau, die er als die gesuchten Früchte identifiziert. Zu allem Überfluß kann der Roboter sogar »riechen«, ob die Früchte reif zur Ernte sind: Spezielle Sensoren messen den Gehalt an Äthylen (das ist das natürliche Hormon, das die Reife herbeiführt) und können so den richtigen Zeitpunkt für die Ernte auf den Tag genau bestimmen (*The Futurist* Juli/August 1993: 54).

Während der Erntezeit beschäftigen die israelischen Landwirte mehr als 30.000 Palästinenser. Die Einführung des automatischen Pflückers verschlechtert deren wirtschaftliche Aussichten dramatisch. »Wenn wir die Mechanisierung in die Tat umsetzen«, so Ezra Sadan, Chef des verantwortlichen Volcani Research Center, »müssen wir in Kauf nehmen, daß viele Palästinenser Hunger leiden werden.« (Zit. n. *Wall Street Journal* 9.6.1993)

Auch in der Viehzucht sollen bald Roboter eingesetzt werden. Die Australian Wool Corporation hat bereits Versuche mit einer automatisierten Schermaschine angestellt, die die teuren Berufsscherer ersetzen soll. Das Schaf wird von der Maschine hochgehoben und in ein Gestell gesteckt, das einem eisernen Käfig gleicht. Dann wird es vom Computer des Roboters vermessen, und die Daten werden in ein spezielles Programm eingegeben, das die Scheren genau dem Umriß des Tieres folgen läßt. Ein Beobachter schildert den Vorgang so: »Das Schaf ist ziemlich aufgeregt, es atmet schnell und windet sich. Der Schervorgang beginnt mit zwei Bahnen auf dem Rücken, dann folgen Streifen an der Seite bis zum Bauch. Die Robotarme passen die Scheren dem beweglichen Ziel an, und die Schnitte sind so sauber, daß das Schaf nicht verwundet wird und auch keinen Punker-Haarschnitt verpaßt bekommt.« (Engelberger 1989: 157) Noch vor dem Ende unseres Jahrzehnts wird der automatische Schafscherer voll einsatzfähig sein.

Computergesteuerte Roboter werden schon heute zur Fütterung von Milchkühen eingesetzt. Dabei trägt jede Kuh zur Identifikation eine Halskette mit einem Anhänger, und der Landwirt gibt die Nummer der Kuh und ihre tägliche Futterportion in einen Computer ein. Wenn nun das Tier an die Futterstation kommt, berührt ihr Anhänger eine Metallplatte. Der Computer identifiziert die Kuh und überprüft, ob sie schon ihr tägliches Futter bekommen hat. Wenn nicht, wird eine Schnecke in Gang gesetzt, die das Getreide freigibt (*Dairy Report* 1981/82: 28).

Die Wissenschaft arbeitet bereits an noch raffinierteren Kontrollsystemen. Eines Tages wird man den Tieren Sensoren unter die Haut pflanzen, die die Veränderungen der äußeren Umwelt registrieren und dann mit Hilfe automatischer Systeme für mehr oder weniger Licht, Luft oder Wasser sorgen. Auch Veränderungen im Blut, im Urin oder in der Milch der Tiere könnten so überwacht werden, und beim nächsten Besuch des Tieres an der Futterstation würde ein Computer dem Getreide die richtigen Mittel zusetzen (American Society of Agricultural Engineers 1992: 174).

Der Weg in die Biotechnologie

Die neuen Informations- und Robottechnologien verändern die herkömmliche Landwirtschaft, indem sie überall Menschen durch Maschinen ersetzen. Die neuen Gentechnologien werden noch viel weitgehendere Veränderungen mit sich bringen, da sie direkt in die Aufzucht von Pflanzen und Tieren eingreifen. Deren Gene werden in Zukunft nach technischen Maßstäben bearbeitet werden, sie werden auf ihre Qualität, ihre Paßgenauigkeit, Wirksamkeit und Brauchbarkeit geprüft werden. Die Biotechnologien werden langfristig genauso weitreichende Folgen haben, wie sie die »Pyrotechnologien« im Verlauf der letzten fünftausend Jahre unserer Geschichte gezeitigt haben. Mit Hilfe des Feuers hat die Menschheit Metalle gebrannt, gelötet, zusammengeschweißt oder geschmolzen und unzählige nützliche Stoffe hergestellt. Jetzt sind die Molekularbiologen in der Lage, genetisches Material zu löschen, zu ergänzen, herauszuschneiden und neu zu kombinieren. Über die biologischen Grenzen hinweg können neue Mikroorganismen, Pflanzensorten und Tierarten geschaffen werden, wie sie in der Natur nicht vorkommen. Mit dem Übergang von den Pyro- zu den Biotechnologien wird eine neue Epoche beginnen; künftige Generationen werden ein gänzlich anderes Verhältnis zur natürlichen Umwelt haben als wir.

Obwohl man auch mit traditionellen Züchtungsmethoden manche biologischen Arten miteinander kreuzen kann – zum Beispiel ein Pferd und ein Esel zu einem Maultier –, setzt die Natur hier doch enge Grenzen. Die neuen Techniken des Gensplittings und der Zellfusion erlauben es jetzt den Wissenschaftlern, auch Arten genetisch zu kombinieren, die in keiner Weise miteinander verwandt sind. Eine Spezies gilt nicht mehr als unteilbare organische Einheit, sondern eher als Trägerin eines genetischen Programms, das im Labor mit Hilfe geeigneter Methoden umgeschrieben, in eine andere Reihenfolge gebracht und neu zusammengesetzt werden kann.

Die Bedeutung des Gensplittings liegt darin, daß damit lebende Organismen erstmals auf der Ebene ihrer Bestandteile verändert werden können. Das Leben wird als bloße Kombination verschiedener genetischer Eigenschaften behandelt. Indem sie die biologischen Grenzen aufheben und Mikroorganismen, Pflanzen und Tiere auf ihre Grundbestandteile reduzieren, können die Wissenschaftler das Leben zu einem gesteuerten Prozeß machen.

Das enorme wirtschaftliche Potential der Biotechnologie hat chemische, pharmazeutische und medizinische Unternehmen zu einem »lebenswissenschaftlichen« Komplex zusammengeführt, dessen kommerzielle Bedeutung die des petrochemischen Komplexes des 19. Jahrhunderts vielleicht noch übertreffen wird. 1980 gestattete das Oberste Gericht der USA die erste Patentierung eines gentechnisch erzeugten Lebewesens – eines Bakteriums, das in den Laboratorien der Firma General Electric hergestellt worden war und Ölrückstände auf hoher See vertilgen sollte (Kimbrell 1994: 166-169). 1987 weitete die zuständige US-amerikanische Behörde den Patentschutz auf alle »von Menschen hergestellte« Lebewesen aus und machte damit das Leben zu einer Ware (ebd.: 172f.). Mittlerweile sind Tausende Mikroorganismen und Pflanzen patentiert, ebenso sechs Tiere. Mehr als 200 gentechnisch umgebaute Tiere warten beim US-amerikanischen Patentamt auf ihre Anerkennung. Mit dieser Politik eines breitangelegten Patentschutzes für gentechnisch manipulierte Lebensformen stützt die US-Regierung die Tendenz, Lebewesen auf den Status von Erfindungen zu reduzieren und sie genauso wie die unbelebte Materie zur industriellen Bearbeitung und ökonomischen Verwertung freizugeben.

Wissenschaftler und Agrikulturunternehmen hoffen, im nächsten Jahrhundert den Übergang von der petrochemischen zur gentechnischen Landwirtschaft vollziehen zu können. Zu diesem Zweck stellen sie in ihren Labors Tausende neuer Pflanzensorten und Tierarten her. Wie in anderen Wirtschaftsbereichen auch heißt das Ziel: Erhöhung der Produktivität und Verminderung der notwendigen Arbeit.

Um z.B. die Kosten für die Schädlingsbekämpfung zu sparen, stellen die Forscher schädlingsresistente Pflanzen her, in deren Erbgut sie fremde Gene eingebracht haben. So wurde etwa ein bestimmtes Gen, welches das sporenbildende *Bacillus thuringiensis* zur Produktion eines Giftstoffes veranlaßt, isoliert, durch Klonung vermehrt und auf Tabak-, Tomaten-, Baumwoll- und andere Pflanzen übertragen. Diese transgenen Pflanzen produzieren nun ständig ein Gift, das Schädlinge abtötet (Office of Technological Assessment 1992: 4, 45, 86).

Es gibt auch Pflanzen, die mit Hilfe fremder Gene resistent gegen Herbizide gemacht wurden. So hat die Firma Monsanto Pflanzen entwickelt, denen das von ihr hergestellte Unkrautbekämpfungsmittel Roundup nichts anhaben kann, und will nun die patentierten Samen und das Herbizid im Paket verkaufen (ebd.: 4; Busch et al. 1991: 8).

Andere Unternehmen wollen transgene Pflanzen herstellen, die gegen Dürre, extreme Hitze oder Kälte gefeit sind. So wurde etwa in Tomatenpflanzen ein Gen eingebaut, das sonst Fische resistent gegen Frost macht. Sollte es gelingen, derartige Pflanzen herzustellen, würden die hohen Ausgaben für Bewässerungssysteme und Frostschutzanlagen überflüssig. Auch Gene, die die Bindung von Stickstoff fördern, wurden schon übertragen. Die Molekularbiologen hoffen, auf diese Weise den Düngerverbrauch in der Landwirtschaft ebenso wie den Arbeitsaufwand für die Herstellung, den Transport und die Aufbringung des Düngers vermindern zu können (Office of Technological Assessment 1992: 49; Busch et al. 1991: 9).

Auch in der Viehzucht wird die Gentechnik eingesetzt, um die Produktivität der Tiere zu erhöhen und den Arbeitsaufwand zu vermindern. Kühe produzieren von Natur aus ein bestimmtes Hormon, Bovines Somatotropin (BST), das ihre Milchproduktion anregt. Das Schlüsselgen dieses Wachstumshormons wurde im Labor erfolgreich isoliert und im industriellen Maßstab geklont. Spritzt man einer Kuh das gentechnisch hergestellte Hormon, so gibt sie zwischen 10 und 20% mehr Milch. Vier US-amerikanische Unternehmen – Monsanto, Cyanamid, Eli Lilly und Upjohn – haben mehr als eine Milliarde Dollar ausgegeben, um das umstrittene Produkt zur Marktreife zu entwickeln.

Indem es die Leistung der Milchkühe steigert, bedroht das BST die Existenz Tausender Landwirte in Nordamerika, Europa und der übrigen Welt. In den meisten Industrieländern wird ohnehin zuviel Milch produziert. Die Nachfrage ist geringer als das Angebot, und die Preise müssen vom Staat gestützt werden, um den Landwirten ihr Auskommen zu sichern. Durch die Einführung des BST wird in den USA das Angebot noch größer werden, die notwendigen Preissubventionen werden ansteigen, und mehr als ein Drittel der Milchfarmer werden pleite gehen (*Issues in Science and Technology*, Herbst 1985: 128).

Viele Marktanalysten meinen, die großen Milchfarmen würden durch das BST gegenüber den kleinen Familienfarmen in Vorteil gesetzt, da sie bereits hochautomatisiert sind und nun mehr Milch mit weniger Kühen und weniger Arbeitskräften produzieren können. Um die Produktivität noch weiter zu steigern, experimentieren die Wissenschaftler zur Zeit mit einem verbesserten Wachstumshormon, das direkt während des embryonalen Stadiums der Tiere in das Erbgut eingebracht wird, so daß sich die Injektionen beim ausgewachsenen Tier erübrigen.

In der Schweinezucht wird ebenfalls mit einem Wachstumshormon experimentiert, das die Futterverwertung und die Gewichtszunahme der Tiere verbessern soll. Einer Studie zufolge erhöht sich bei »Tieren, denen das Schweine-Somatotropin über einen Zeitraum von 30 bis 77 Tagen verabreicht wurde, die tägliche Gewichtszunahme um 10 bis 20%, die Futterverwertung um 15 bis 35%, während die Fettgewebemasse und die Lipoidbildung um 50 bis 80% abnahmen [...], ohne daß es zu einer Beeinträchtigung der Fleischqualität gekommen wäre« (Office of Technology Assessment 1992: 4).

Australische Wissenschaftler der University of Adelaide haben Schweine gentechnisch so manipuliert, daß sie jetzt 30% wirtschaftlicher sind. Sie können sieben Wochen eher als normale Schweine vermarktet werden und brauchen somit zu ihrer Aufzucht deutlich weniger Arbeitskräfte. Auch Schafe wurden in Australien gentechnisch so umgebaut, daß sie 30% schneller wachsen. Jetzt sollen ihnen noch Gene ins Erbgut eingepflanzt werden, die ihre Wolle schneller wachsen lassen würden (*New Scientist* 28.4.1988: 27). Einige Forscher haben sogar menschliche und Rindergene in Lachse, Karpfen und Forellen verpflanzt, um ihr Wachstum zu beschleunigen. Die Übertragung des Somatotropin-Gens der Forelle auf andere Fischarten ließ diese bis zu 22% größer als normal werden (Office of Technology Assessment 1992: 87).

US-amerikanischen Forschern der University of Wisconsin gelang es 1993, die Produktivität von Bruthennen zu erhöhen, indem sie ein Gen unterdrückten, das die Produktion von Prolaktin auslöst. Mutterhennen verwenden viel Zeit auf das Ausbrüten ihrer Eier und legen ein Viertel bis ein Drittel weniger Eier als andere Hennen. Da bis zu 20% der Hennen brüten, so die Überlegung der Wissenschaftler, »vermindert sich die Produktion, und die Produzenten verlieren viel Geld«. Durch die gentechnische Beseitigung des Prolaktins konnten die Forscher den natürlichen Brutinstinkt der Hennen aussschalten und sie zu einer erhöhten Eierproduktion veranlassen (*American Scientist* Juli 1993: 329).

All diese Fortschritte der Gentechnik beruhen auf dem Einsatz von Computern und Informationstechnologien. Mit ihrer Hilfe können genetische Informationen entziffert, isoliert und analysiert sowie neue transgene Nutztierarten und -pflanzensorten entwickelt werden. Der Computer ist das entscheidende Werkzeug für die Manipulation »lebender Systeme« auf der Mikro- wie auf der Makroebene, und er wird sowohl in der landwirtschaftlichen Produktion wie in der Forschung immer unentbehrlicher werden.

Vom Boden ins Labor

Die Verschmelzung von Computer- und Biotechnologie kündet vom Beginn einer neuen Epoche der Nahrungsproduktion, in der Boden, Klima und Jahreszeiten keine große Rolle mehr spielen werden. Bis zur Mitte des nächsten Jahrhunderts wird der traditionelle Ackerbau vollständig durch die Manipulation von Molekülen im Labor verdrängt werden. Während die erste technologische Revolution in der Landwirtschaft Tiere und Menschen durch Maschinen ersetzte, wird die zweite die Kultivierung des Bodens durch Laborkulturen ersetzen. Damit wird sich die Produktion von Nahrungsmitteln von Grund auf ändern.

Die chemische Industrie investiert große Summen in die Gewebekulturen-Produktion und hofft, schon in den nächsten Jahrzehnten eine Landwirtschaft ohne Boden schaffen zu können. Zwei US-amerikanischen Firmen ist es gelungen, im Labor mit Hilfe von Zellkulturen Vanille herzustellen. In den USA ist Vanille eines der beliebtesten Aromen; ein Drittel der gesamten in den USA verkauften Eiscreme ist mit diesem Geschmack versehen. Die Hauptlieferanten für Vanille sind Madagaskar, Réunion und die Komoren – 98% aller auf der Welt hergestellten Vanille kommt von dort. Allein auf Madagaskar, das 70% der Welternte liefert, leben mehr als 70.000 Menschen von dieser Pflanze (Rural Advancement Fund International 1991). Der Anbau von Vanille ist sehr kostspielig. Die Vanille-Orchidee muß von Hand bestäubt werden und ist schwierig zu ernten und weiterzuverarbeiten. Die Gentechnik nun erlaubt es, Vanille in kommerziell lohnender Menge im Labor herzustellen. Das für die Produktion des Vanille-Proteins verantwortliche Gen wird isoliert und in einem Bakterienbad geklont – womit die Schote, die Pflanze, der Boden, der Anbau, die Ernte und der Anbauer überflüssig werden.

Die aus Zellkulturen hergestellte Vanille der kalifornischen Biotechfirma Escagenetics ist bei einem Preis von 25$ pro Pfund wesentlich billiger als die natürliche Vanille, die auf dem Weltmarkt 1.200$ kostet. Die Firma hat bereits ein Patent für ihre Laborvanille beantragt und will damit die landwirtschaftlich produzierte Vanille vom Weltmarkt, auf dem fast 200 Millionen Dollar umgesetzt werden, verdrängen (*Bioprocessing Technology* Januar 1991: 7).

Für die kleinen Inseln des Indischen Ozeans wird dies katastrophale wirtschaftliche Folgen haben. Der Export von Vanilleschoten macht mehr als 10% der Exporteinnahmen Madagaskars aus, für die Komoren liegt der Anteil bei zwei Dritteln der Exporterlöse. Insgesamt werden mehr als 100.000 Bauern der drei vanilleproduzierenden Länder in den nächsten Jahrzehnten ihre Lebensgrundlage verlieren (Rural Advancement Fund International 1989).

Die Vanille ist erst der Anfang. Der Weltmarkt für Lebensmittelaromen bewegt sich auf einen Umsatz von drei Milliarden Dollar zu und wird in nächster Zukunft um jährlich 30% oder mehr wachsen (ebd.: 1). Viele Unternehmen wollen an den neuen Biotechnologien mitverdienen, die die Herstellung verbilligen und die Profite vergrößern. Einige Firmen versuchen sich jetzt an der Herstellung von Thaumatin – einem Süßmittel, das aus der gleichnamigen westafrikanischen Staude gewonnen wird. Thaumatin ist der süßeste natürlich vorkommende Stoff und in seiner reinsten Form hunderttausend mal süßer als Zucker. Mitte der 80er Jahre gelang es Wissenschaftlern der Firmen Unilever in Holland und Ingene in den USA, das für die Thaumatin-Produktion verantwortliche Gen zu klonen (Rural Advancement Fund International 1987: 1).

Die künstliche Herstellung von Thaumatin und anderen Süßstoffen wird den Weltzuckermarkt weiter schrumpfen lassen, der schon durch die Einführung von Süßstoffen aus Getreide und von künstlichen Süßstoffen schwer getroffen wurde. Mehr als zehn Millionen Bauern der Dritten Welt könnten dadurch ihrer Lebensgrundlage beraubt werden (*Trends in Biotechnology* April 1986: 89).

Die Wissenschaftler sind gerade erst dabei, das große Potential der Zellkulturproduktion im Labor zu entdecken. So wurde z.B. Orangen- und Zitronenfruchtfleisch aus Gewebekulturen gezogen, und einige Beobachter meinen, daß schon bald Orangensaft im Labor hergestellt werden kann und die Plantagen in der freien Natur überflüssig werden (Busch et al. 1991: 173; *BioScience* Dezember 1987: 800-807).

Die Produktion mit Hilfe von Gewebekulturen wird den Marktanteil der Landwirtschaft an der Lebensmittelherstellung noch weiter zurückgehen lassen. Damit setzt sich eine Entwicklung fort, die während des 20. Jahrhunderts immer mehr landwirtschaftliche Tätigkeiten hat verschwinden lassen. Der Kunstdünger hat den natürlichen verdrängt. Pestizide haben die Fruchtfolge und das manuelle Unkrautjäten überflüssig gemacht. Die Traktoren haben die Pferde und die Handarbeit abgelöst. Und nur noch wenige Produkte werden von den Landwirten selbst verpackt und auf den Markt gebracht, meist wird dies von großen Agrarunternehmen erledigt.

Jetzt wollen die Chemieunternehmen die Landwirtschaft ganz durch die Gentechnik ersetzen. Die Lebensmittelherstellung soll vollständig industrialisiert, natürliche Organismen und die Arbeit im Freien sollen überflüssig gemacht werden. »Angebaut« wird nur noch im Labor. Die Biologen Martin H. Rogoff und Stephen L. Rawlins stellen sich ein Produktionssystem vor, in dem auf den Feldern nur noch mehrjährige Pflanzensorten angebaut werden, die möglichst viel Biomasse hervorbringen. Nach der Ernte würden die Pflanzen mit Hilfe von Enzymen in eine Zuckerlösung verwandelt, die dann in Fabriken gepumpt als Nährlösung für die Herstellung großer Mengen von Zellkulturbrei diente. Dieser Brei würde dann zu verschiedenen Erzeugnissen weiterverarbeitet, die in Aussehen und Konsistenz den herkömmlichen, auf dem Feld gewachsenen Früchten ähneln. Rawlins zufolge würden die entsprechenden Produktionsanlagen hochautomatisiert sein und bedürften nur noch weniger Arbeitskräfte (*BioScience* Dezember 1987: 800-807; persönliches Gespräch Mai 1994).

Die fabrikmäßige Lebensmittelherstellung auf der Basis von Gewebekulturen wird Millionen von Arbeitsplätzen vernichten. Nicht nur wird man keine Landwirte mehr brauchen – bis auf die wenigen, die den Anbau der Biomasse übernehmen –, auch sämtliche Zulieferindustrien werden verschwinden, etwa die Hersteller von landwirtschaftlichen Geräten und Fahrzeugen.

Wenn man ihren Verfechtern glauben will, dann liegen die Vorteile der neuen Produktionsweise vor allem darin, daß sie weniger Boden beansprucht und die Bodenerosion, den Einsatz von chemischen Mitteln und die Energie- und Transportkosten vermindert. Darüber hinaus kann die Laborproduktion schneller auf die Bedürfnisse des Marktes reagieren, und sie ist unabhängig von Wetter, Jahreszeiten und politischen Veränderungen. Die multinationalen Unternehmen werden die Weltmärkte noch mehr unter ihre Kontrolle bekommen, ihre unternehmerischen Risiken werden sich deutlich vermindern. Der Umgang mit den Genen im Labor ist wesentlich einfacher als der mit dem Wetter, dem Boden und den Arbeitern in einem Drittweltland. Eine US-amerikanische Fachzeitschrift faßt die wirtschaftlichen und politischen Vorteile der neuen Produktionsweise zusammen: »Viele unserer Aromen und viele andere Produkte kommen aus entfernten Winkeln der Erde, wo die Regierungen und das Wetter nicht unbedingt stabil sind und wo die Angebotsmenge, der Preis und die Qualität der Produkte sich von Jahr zu Jahr ändern. Bei einer fabrikmäßigen Gewebekulturproduktion hätte man all dies unter Kontrolle.« (*Food Technology* April 1986: 122)

Die Epoche des »ganzen Produktes« in der Lebensmittelherstellung geht ihrem Ende entgegen. Statt dessen wird eine Gewebekulturproduktion entstehen, mit deren Hilfe die Chemie- und Biotechunternehmen die Preise für Lebensmittel auf den Weltmärkten drükken können. Für die Bauern der Dritten Welt wäre dies eine Katastrophe. Viele Drittweltländer bestreiten ihren Export vor allem mit einer oder zwei Pflanzensorten. Wenn diese durch Gewebekulturen ersetzt werden, könnten ganze Volkswirtschaften zusammenbrechen. Die Arbeitslosigkeit würde in ungeahnte Höhen steigen und die Rückzahlung der internationalen Anleihen würde eingestellt, was wiederum in der Ersten Welt zu einer Destabilisierung des Finanzmarktes führen könnte (Busch et al. 1991: 183).

Die technologischen Durchbrüche der letzten Zeit versprechen für die landwirtschaftliche Produktion Produktivitätszuwächse und Arbeitseinsparungen historischen Ausmaßes. Der Preis, den die Menschen dafür werden zahlen müssen, wird all unsere Vorstellungen noch übertreffen. Hunderte Millionen von Bauern auf der ganzen Welt werden vom wirtschaftlichen Kreislauf für immer ausgeschlossen werden. Diese Marginalisierung könnte im nächsten Jahrhundert zu weltweiten sozialen Unruhen führen und die gesellschaftlichen und politischen Strukturen von Grund auf verändern.

2
Wer steht am Fließband?

In seiner Autobiographie erzählt Samuel Gompers, der erste große Arbeiterführer der USA, von den Erfahrungen seiner Kindheit, die ihn dazu veranlaßten, sich ein Leben lang für die Belange der Arbeiter und Arbeiterinnen einzusetzen: »Eine meiner lebhaftesten Erinnerungen ist die an das Unglück der Seidenweber, die durch die Maschinisierung ihren Beruf und ihre Arbeit verloren. Niemand verschwendete einen Gedanken an diese Menschen, denen man die Lebensgrundlage genommen hatte. Trauer und Unruhe erfüllten die Nachbarschaft, Beklemmung lag in der Luft. Die Gassen hallten wider von den Schritten der Männer, die nichts mehr zu tun hatten.« (Gompers 1925: 3f.)

Seit den Anfängen der Industriellen Revolution werden mit Hilfe von Maschinen und anorganischen Energiequellen immer mehr Produkte in immer kürzerer Zeit hergestellt. Schon in den 1880er Jahren begannen die großen US-amerikanischen Unternehmen mit »Fließ«-Maschinen zu experimentieren, die fast keiner menschlichen Aufsicht mehr bedurften und ein bestimmtes Produkt in großer Menge mehr oder minder automatisch herstellten. Die Arbeiter fütterten lediglich die Maschine mit Rohstoffen, alles andere bis zur Verpackung des Produkts machte sie selbst.

1881 ließ sich James Bonsack eine Maschine patentieren, die automatisch Zigaretten rollte. Der Tabak kam auf ein Endlosband, wurde in eine runde Form gepresst und mit Papier umwickelt. In einer Röhre wurde schließlich die Zigarette geformt, geklebt und in der gewünschten Länge abgeschnitten. Am Ende der 1880er Jahre konnte die Maschine 120.000 Zigaretten am Tag herstellen, während die besten Handarbeiter nur 3.000 schafften. Mit weniger als dreißig solcher Maschinen und dazu einer Handvoll Arbeiter konnte 1885 der gesamte US-amerikanische Bedarf an Zigaretten gedeckt werden (Chandler 1977: 249ff.).

Die Diamond Match Company installierte 1881 ähnliche Produktionsanlagen und stellte bald Milliarden von Streichhölzern automatisch her. Ungefähr zur gleichen Zeit automatisierten Procter & Gamble die Seifenproduktion und George Eastman die Herstellung von Negativfilmen. Pillsbury und andere Agrarunternehmen führten die Fließfertigung in ihren Mühlen ein und konnten nun hochwertiges Mehl billig in großer Menge herstellen. Auch sie benötigten viel weniger Arbeitskräfte als vorher (ebd.).

Die neuen Technologien veränderten die Güterproduktion von Grund auf. Die Utopie von Maschinen, die fast ohne menschliche Beteiligung Dinge produzieren, war Realität geworden. Und heute nun können wir mit Hilfe der neuen Informations- und Kommunikationstechnologien noch leistungsfähigere Produktionsanlagen bauen.

Die Automatisierung des Automobils

Die Branche, die derzeit am heftigsten von Umstrukturierungen und technologisch bedingten Freisetzungen erschüttert wird, ist die Automobilindustrie. Weltweit wird sie vom Postfordismus erfaßt, und Hunderttausende Arbeiter verlieren ihren Job. Der weltgrößte Industriezweig stellt jedes Jahr mehr als 50 Millionen PKWs her, und Peter Drucker bezeichnete ihn einmal als die »Paradeindustrie« (Drukker 1966). Ein anderer Beobachter war schon in den 30er Jahren ganz enthusiastisch: »Stellen Sie sich vor, was passiert, wenn die Industrie ein Produkt auf den Markt bringt, das den Verbrauch an Schmiedeeisen verdoppelt, den Verbrauch an Fensterglas verdreifacht und den Verbrauch an Gummi vervierfacht. [...] Das Auto verschlingt so viel Rohstoffe wie kein anderes Erzeugnis vor ihm in der Menschheitsgeschichte.« (Zit. n. Clark 1975: 170)

Tatsächlich kann die Bedeutung des Automobils für die Weltwirtschaft gar nicht überschätzt werden. Seit Henry Ford sein erstes Fließband installierte, haben die Autohersteller Tausende von Erfindungen gemacht, um die Produktion zu erhöhen und den Arbeitsaufwand zu verringern. Ford selbst war sehr stolz darauf, daß in seinem Unternehmen die meiste physische Arbeit von Maschinen erledigt wurde, und er versuchte ständig, die trotzdem noch notwendigen Handgriffe möglichst wenig anstrengend zu gestalten. In seiner Autobiographie gibt er an, daß die Herstellung eines *Model T* 7.882 verschiedene Arbeitsgänge erforderte, von denen ganze 949 »als Schwerarbeit bezeichnet [werden konnten], die absolut gesunde, kräftige Männer erforderte«. Von den restlichen Tätigkeiten ließen sich »670 Arbeiten [...] von Beinlosen, 2.637 von Einbeinigen, 2 von Armlosen, 715 von Einarmigen, 10 von Blinden verrichten« (Ford 1923: 126).

Das Fordsche Fließband wurde im Laufe der Zeit immer weiter perfektioniert. Die Japaner haben mittlerweile die Führung übernommen, und nach Meinung der Experten werden sie gegen Ende dieses Jahrzehnts ein Auto in weniger als acht Stunden produzieren können (Reich 1993: 239). Dies hat zur Folge, daß viel weniger Arbeiter gebraucht werden. Kenichi Ohmae, einer der führenden japanischen Unternehmensberater, verweist darauf, daß die neun Autoproduzenten Japans mit weniger als 600.000 Arbeitern jährlich mehr als 12 Millionen Autos herstellen. Die Detroiter Autofirmen stellen mit über 2,5 Millionen Arbeitern dieselbe Menge an Fahrzeugen her.

Auch in anderen Ländern werden die Unternehmen reorganisiert, und eine große Anzahl von Arbeitskräften wird freigesetzt. Mercedes-Benz kündigte im Herbst 1993 massive Produktivitätssteigerungen und gleichzeitige Massenentlassungen an.* Für 1995 zeichnet sich den Industrieanalysten zufolge der Verlust jedes siebten Arbeitsplatzes in der deutschen Automobilindustrie ab. Und das in einem Land, in dem ein Zehntel der in der Industrie Beschäftigten direkt oder indirekt mit der Herstellung von Autos zu tun hat (*Wall Street Journal* 2.9.1993: A7; *New York Times* 16.8.1993: D5).

---

* Europaweit baute Mercedes-Benz 1994 10.000 Arbeitsplätze ab, bei einer Produktivitätssteigerung von 21% und einer Umsatzsteigerung von 9%. (A.d.Ü.)

Die Automobilhersteller sehen in der Wegrationalisierung von Arbeitsplätzen vor allem ein Mittel zur Kostendämpfung und zur Profitmaximierung. Die Lohnkosten machen 10 bis 15% der Gesamtkosten aus, ihr prozentualer Anteil am Umsatz ist höher als der der Profite, und sie sind dank der neuen Informationstechnologien leicht zu drücken. Die Internationale Organisation für Arbeit der Vereinten Nationen (ILO) schätzt, daß die Autoindustrie durch eine Halbierung der Lohnkosten ihre Profite verdreifachen könnte (Liemt 1992: 76).

So wächst der Anreiz für die Unternehmen, menschliche Arbeiter durch billigere Roboter zu ersetzen. Allen voran haben die Japaner einen großen Teil ihrer Produktionsanlagen bereits automatisiert. Mazda kündigte 1993 den Bau einer neuen Fabrik an, in der die Endmontage zu 30% automatisiert werden soll. Das Unternehmen hofft, den Automatisierungsgrad bis zum Jahre 2000 auf 50% steigern zu können (*Automotive News* 14.4.1993: 24). Und wenn erst die neuen »intelligenten« Roboter auf den Markt kommen, dann wird der Anreiz zur Rationalisierung noch größer, da diese Robotergeneration noch wesentlich kostengünstiger arbeitet. Eine Branchenzeitschrift drückt dies unverblümt so aus: »Einem Arbeiter höhere Löhne zu zahlen, der in keiner Weise einem Maschinenwesen überlegen ist, wird zusehends unattraktiv. Und wo jemand nur dafür gebraucht wird, eine Maschine zu entleeren und eine andere neu zu bestücken, da ist es nicht nur naheliegend, sondern auch ein Gebot der finanziellen Vernunft, ihn durch einen Roboter zu ersetzen. Außerdem führt dieser seine Arbeit gleichmäßiger aus […] und am Ende der Schicht hat er noch immer genausoviel Kraft und ist er noch genauso konzentriert bei der Sache wie am Anfang.« (Zit. n. James o. J.: 44).

Die Ingenieure sind momentan dabei, noch bessere Maschinen zu entwickeln, »die einer Allzweckprogrammiersprache folgen und mit denen man sich unterhalten kann«. Außerdem sollen sie »aus Erfahrungen lernen können und in der Lage sein, dreidimensionale Formen und Farben zu erfassen, mehrere Greifwerkzeuge miteinander zu koordinieren, sich fortzubewegen und selbständig ihren Weg zu finden. Schließlich sollen sie zur Selbstdiagnose und -korrektur fähig sein.« Das Ziel der Ingenieure, so der Soziologe Michael Wallace, sei es, »so gut wie möglich bestimmte menschliche Eigenschaften nachzubilden, etwa die Fähigkeit, Informationen aus der Umwelt zu verarbeiten und Probleme zu lösen. Gewisse menschliche Schwächen, z.B. das Krankfeiern und die Personalfluktuation, sollen dagegen beseitigt werden.« (Zit. n. *Work and Occupations* November 1989: 366)

Schätzungen zufolge ersetzt jeder Roboter vier menschliche Arbeitskräfte, und wenn er rund um die Uhr eingesetzt wird, hat er sich bereits nach einem guten Jahr amortisiert (Kennedy 1993: 118). 1991 gab es auf der ganzen Welt 630.000 Roboter. Wenn die Denkmaschinen noch intelligenter und vielseitiger werden, wird diese Zahl in den nächsten Jahren drastisch zunehmen (*Financial Times* 23.3.1993).

Stahl aus dem Computer

Wie die Automobilindustrie so stellen auch ihr benachbarte Industriezweige ihre Produktionsabläufe um und bauen dabei immer mehr Arbeitsplätze ab.

Die Entwicklung der Stahlindustrie ist so eng an die Entwicklung der Autoindustrie gebunden, daß es nicht überrascht, hier dieselben Prozesse am Werk zu sehen. Die Stahlbranche ist das Herzstück der Industrie. Die großen Walzwerke in England, Deutschland und in den USA bildeten die Basis der modernen industriellen Wirtschaft. In Städten wie Sheffield, Essen und Pittsburgh verwandelten gigantische Hochöfen riesige Mengen von Eisenerz in formbaren Flußstahl, der dann nicht nur zu Schienen, Lokomotiven und Autos, sondern auch zu Trägern für die gigantischen Wolkenkratzer und Fabrikgebäude unserer Zeit weiterverarbeitet wurde.

Jedes Land, das in die Reihen der Industrieländer aufgenommen werden wollte, mußte vor allem eine Stahlindustrie aufbauen. Lange Zeit waren die USA der führende Stahlproduzent, dank ihrer überlegenen Technologien, ihrer Organisationsmethoden und dank des Zugangs zu billigen Rohstoffen und zu einem Markt, der einen ganzen Kontinent umfaßte. Heute aber haben die US-amerikanischen Unternehmen diesen Vorsprung weitgehend eingebüßt, vor allem weil sie es versäumt haben, die neuen Informationstechnologien einzusetzen, die die Stahlindustrie von Grund auf verändert haben.

Die Autoren Martin Kenney und Richard Florida stellen einen Vergleich an zwischen zwei Stahlwerken, die nur eine Stunde voneinander entfernt im »Rostgürtel« der USA liegen: Das erste Werk besteht aus einer ausgedehnten Ansammlung alter, rostzerfressener Gebäude und Schuppen; Hunderte von Arbeitern plagen sich hier unter Bedingungen ab, die an Beschreibungen aus dem letzten Jahrhundert erinnern. Von Schmiere und Ruß bedeckt, halten sie die betagten Hochöfen in Gang und formen aus dem geschmolzenen Metall Stahlblöcke. Die verschmutzten Böden sind bedeckt mit verrosteten Teilen, mit Werkzeugen, die nicht mehr zu gebrauchen sind, und mit Behältern voller Chemikalien. Der Lärm ist ohrenbetäubend. Von der Decke hängende Ketten transportieren den Stahl durch die dunkle Fabrik, während unten die Vorarbeiter ihre Kommandos brüllen und ein ständiges Kommen und Gehen von Arbeitern und Erzeugnissen herrscht. Vor der Fabrik stehen kaputte Maschinen und Lastwagen, aufgehäufte Stahlblöcke und aufgerollte Bleche rosten vor sich hin.

Das andere Werk ist eine glänzend weiße Anlage, die mehr wie ein Labor denn wie eine Fabrik aussieht. Im Inneren erblickt man Maschinen von ansprechender Farbe, die Stahlbleche produzieren. In der Mitte der Halle befindet sich ein verglaster Kommandostand voller Computer und elektronischer Anlagen. Menschen in sauberen, adretten Anzügen programmieren und überwachen die Instrumente, die den Produktionsprozeß steuern. Kein Beschäftigter kommt mit dem Stahl direkt in Berührung. Der Herstellungsprozeß ist fast vollständig automatisiert, und es dauert nur eine Stunde, bis der kaltgewalzte Stahl fertig ist. In einem Stahlwerk älteren Typs brauchte man dafür volle zwölf Tage (Kenney/Florida 1993: 3).

Das computerisierte Walzwerk gehört zu Nippon Steel, einem von mehreren japanischen Stahlunternehmen – neben Nippon Steel sind es vor allem Kawasaki, Sumitomo und Kobe –, die Fabriken in den USA gebaut haben, bisweilen zusammen mit einheimischen Partnern. Wurden in den herkömmlichen Anlagen stets große Mengen Stahl in mehreren Arbeitsschritten bearbeitet, so ist in den Hochtechnologie-Werken diese Art der Herstellung einem vollautomatisierten fortlaufenden Prozeß gewichen. Zuvor getrennte Abläufe wurden zusammengefaßt, und das Ganze ähnelt jetzt eher der Herstellung von Papierrollen (ebd.).

Beim herkömmlichen Kaltwalzen wird dickeres Blech verschiedenen Bearbeitungsstufen unterzogen und in dünneres Stahlblech verwandelt, wie es für Autos, Kühlschränke, Waschmaschinen und andere Haushaltsgeräte verwendet wird. Als erstes kommt der Stahl in eine Maschine, die Rost und Oxidationsrückstände von der Oberfläche entfernt. Dann wird er in ein chemisches Reinigungsbad getaucht und anschließend von wieder einer anderen Maschine getrocknet. Eine vierte Maschine walzt ihn zu der gewünschten Dicke, ehe er zum Schluß zurechtgeschnitten und für die weitere Verarbeitung vorbereitet wird (ebd.: 189).

Die japanischen Stahlunternehmen haben alle diese aufeinanderfolgenden Stufen zu einem einzigen Ablauf zusammengefügt und damit die Stahlherstellung revolutioniert. Als erstes wurden die Vorbereitungsgänge und die mechanische Reinigung miteinander kombiniert, dann die chemische Reinigung und die Trocknung. Computer wurden eingesetzt, um die automatisierte Produktion zu kontrollieren. Nippon Steel hat in einem Joint Venture mit der US-amerikanischen Inland Steel für 400 Millionen Dollar ein Kaltwalzwerk bei Gary im US-Bundesstaat Indiana gebaut, zu dessen Überwachung eine kleine Mannschaft von Technikern genügt. Die Herstellungsdauer wurde von zwölf Tagen auf eine Stunde reduziert. Das Management von Inland Steel konnte daraufhin zwei ältere Werke schließen, und Hunderte von Arbeitern verloren ihren Job (Reich 1993: 239).

Auch die Einführung von Miniwalzwerken hat viele Stahlarbeiter um ihren Arbeitsplatz gebracht. In diesen computerisierten und vollautomatisierten Anlagen werden Lichtbogenhochöfen eingesetzt, um aus Stahlschrott Walzdraht und andere Produkte zu machen. In den USA stammt bereits ein Drittel der Stahlproduktion aus solchen, wesentlich billiger zu betreibenden Minianlagen. Die wenigen Arbeitskräfte in diesen Werken sind hochqualifiziert und in Chemie, Metallurgie und Informatik ausgebildet. Dank der computerisierten Abläufe wird für eine solche Anlage nur ein Zwölftel der Arbeitskräfte gebraucht, die für die großen integrierten Walzwerke alten Typs nötig waren (Drucker 1993: 72f.; *Fortune* 8.3.1993: 51).

Die zunehmende Automation der Stahlproduktion hat Tausende von Arbeitern um ihren Job gebracht. Die United States Steel, das größte Stahlunternehmen der USA, beschäftigte 1980 noch 120.000 Arbeitskräfte; zehn Jahre später reichten ihr ganze 20.000 Arbeiter, um ungefähr dieselbe Menge an Stahl herzustellen (Drucker 1993: 72). Und diese Zahl wird sich noch mehr vermindern, wenn in den nächsten Jahrzehnten die Produktion noch weiter automatisiert wird.

Die neuen Herstellungsmethoden gehen einher mit einer radikalen Umstrukturierung des Managements, die auch in der Stahlindustrie die Ära der schlanken Produktion einläuten soll. Die Arbeitsplatzbeschreibungen sind im Laufe der Jahre so umfassend und kompliziert geworden, daß auch die Verantwortlichen nicht genau sagen können, wieviele verschiedene Tätigkeiten überhaupt in der Stahlindustrie existieren. In einigen Firmen gibt es drei- bis vierhundert verschiedene Kategorien von Arbeitsplätzen. Die japanischen Unternehmen haben in ihren US-amerikanischen Joint-venture-Firmen die herkömmlichen Abläufe neu strukturiert und dabei zahlreiche Teilaufgaben gestrichen. In einer Fabrik wurden aus hundert Funktionen drei Tätigkeiten in aufeinanderfolgenden Arbeitsstadien (Kenney/Florida 1993: 171, 173). Statt Stundenlöhnen werden den Arbeitern jetzt Gehälter gezahlt, und sie arbeiten in eigenverantwortlichen Teams, wodurch zahlreiche Manager überflüssig wurden. Auch die Unternehmenshierarchien wurden eingeebnet, so hat etwa Inland Steel die Managementebenen von zehn auf sechs reduziert (Liemt 1992: 202). Weltweit durchläuft die Stahlindustrie im Moment solche Umstrukturierungsprozesse. Nach Angaben der ILO ist in den Ländern der OECD von 1974 bis 1989 der Ausstoß der Stahlindustrie nur um sechs Prozent gefallen, während die Zahl der Arbeitsplätze sich um mehr als die Hälfte, in Zahlen ausgedrückt um mehr als eine Million, verringert hat. »Für mehr als 90% der Arbeitsplatzverluste ist also nicht eine Verringerung der hergestellten Menge ursächlich, sondern eine Steigerung der Produktivität.« (Ebd. 314).

Auch in den Industriezweigen, die den Stahl weiterverarbeiten, wird auf schlanke Produktion umgestellt. So wurde z.B. früher in der Flugzeugmotorenherstellung das Rohmaterial von Facharbeitern geschnitten, geschliffen, entgratet und geglättet. Heutzutage müssen nur noch pulverisierte Metalle aus Säcken in Formen gefüllt werden, die dann die gewünschten Teile pressen. In einigen Fällen werden Leichtkeramiken oder Plastik statt des Metalls eingesetzt und derselben Bearbeitung unterzogen (Winpisinger 1989: 149f.). Diese Methode, Präzisionsteile mit Hilfe von Gußformen herzustellen, hat Tausende von Facharbeitern um ihren Job gebracht.

Die metallverarbeitende Maschinenbauindustrie umfaßt auch Zweige, die metallverformende Werkzeugmaschinen, Walzmaschinen, Schweißapparate, Schneideeisen und spezielle Gußformen und Spannvorrichtungen herstellen. In all diesen Industrien werden die Facharbeiter durch computergestützte Werkzeugmaschinen ersetzt, durch Entwurfs-, Herstellungs- und Konstruktionssysteme, durch leicht anpaßbare Produktionseinheiten und durch automatische, sensorgesteuerte Kontrollvorrichtungen. In Ländern wie Deutschland, in denen die Facharbeiter als nationales Vermögen gelten und ihres Könnens wegen hoch angesehen sind, wird diese Automation nicht nur wirtschaftliche, sondern auch psychologische Auswirkungen haben.

Roboter statt Billiglöhne

Keine andere Industrie ist so eng mit der Industriellen Revolution verbunden wie die Textilindustrie. Vor mehr als 200 Jahren wurden in England zum ersten Mal Dampfmaschinen zum Spinnen von Wolle eingesetzt, und in der Folge veränderte sich die gesamte Güterherstellung von Grund auf. Während sich aber heute andere Industriezweige längst im Zeitalter der Automation befinden, hinkt die Textilindustrie hinterher, vor allem weil das Nähen sehr arbeitsintensiv ist.

Einer Studie zufolge dauert es mehr als 66 Wochen, bis eine neue Kollektion entworfen ist, die entsprechenden Gewebe hergestellt sind und die fertigen Produkte im Einzelhandel ankommen. Für die schnelllebige Modewelt ist das viel zu langsam, jedes Jahr entgehen der Branche mehr als 25 Milliarden Dollar Umsatz. Der größte Verlust entsteht bei den Einzelhändlern, die etwa sechzehn Millionen Dollar durch Preisnachlässe, ausverkaufte Marktrenner und überzählige Lagerbestände verlieren (Davidow/Malone 1993: 73).

Das Schlußlicht Textilindustrie hat allerdings in den letzten Jahren aufgeholt und mit der Einführung von Computersystemen und von Elementen der schlanken Produktion begonnen. In Zukunft soll die Herstellung genau auf die Wünsche der Kundschaft »zugeschnitten« werden. Einige Unternehmen haben ihre Produktion schon auf Roboter umgestellt. Entwürfe, die früher Wochen brauchten, können jetzt mit Hilfe des Computer-Aided Design (CAD) in Minuten erstellt werden. Bei der Färbung und bei der Endbearbeitung werden Computer ebenso eingesetzt wie für die Lagerhaltung, die Verpakkung und die Verschickung der Textilien (*New Technology, Work and Employment*, Frühjahr 1991: 44).

Auch wenn das Nähen selbst noch arbeitsintensiv bleibt, sind andere Arbeiten längst rationalisiert. So gibt es mittlerweile computergestützte Maschinen, die Stoffe zuschneiden oder die fertigen Teile zusammenlegen. Vorprogrammierte mikroelektronische Nähmaschinen führen eine Reihe von Stichen aus und halten selbständig am Ende der Naht an (ebd., März 1993: 45). Der US-Gewerkschafter Jack Sheinkman meint, daß die Textilindustrie kurz davor stehe, »eine High-Tech-Industrie« zu werden: »Der Anteil menschlicher Arbeit ist über die letzten Jahre hinweg ständig reduziert worden. 70% der Produktion sind mittlerweile automatisiert.« (Persönliches Gespräch 14.4.1994)

Durch die neuen Technologien wird die Textilproduktion in den Industrienationen wieder konkurrenzfähig gegenüber der Produktion in den Billiglohnländern. Auch die Exporteure der Dritten Welt, etwa aus China oder Indien, werden längerfristig gezwungen sein, von ihren arbeitsintensiven Herstellungsmethoden auf die billigere und schnellere mechanisierte Produktion umzusteigen.

Die Automation, die sich auch bei der Herstellung hochwertiger Kleidung durchsetzt, hat bereits zu einem Rekordverlust an Arbeitsplätzen geführt. Einer neueren Studie über die englischen Textilunternehmen zufolge stiegen deren Produktivität und Profitrate an, während die Zahl der Beschäftigten sank. So erzielte z.B. die Allied Textile Company 1986 vor Steuern einen 114% höheren Profit als

1981, während die Zahl ihrer Angestellten von 2.048 auf 1.409 sank (*New Technology, Work and Employment* Frühjahr 1991: 47).

In nahezu allen wichtigen Industriezweigen wird die menschliche Arbeitskraft durch Maschinen ersetzt. Millionen von Menschen auf der ganzen Welt sehen sich durch arbeitssparende Technologien zunehmend an den Rand gedrängt. Mitte des nächsten Jahrhunderts wird es keine Arbeiter und Arbeiterinnen mehr geben, sie werden alle der Dritten Industriellen Revolution und dem unbarmherzigen technischen Fortschritt zum Opfer gefallen sein.

3
Stets zu Diensten

In den letzten vierzig Jahren fanden die meisten Menschen, die von der Industrie freigesetzt worden waren, einen neuen Arbeitsplatz im Dienstleistungssektor. Viele Ökonomen und Unternehmer waren bis vor kurzem der Meinung, dies werde auch in Zukunft so weitergehen. Jetzt aber, da die Informationstechnologien auch in den tertiären Sektor eindringen, sind diese Hoffnungen verflogen. Im gesamten Dienstleistungsbereich steigt die Produktivität an, während Arbeitsplätze abgebaut werden.

Im Februar 1994 machte das *Wall Street Journal* auf seiner Titelseite darauf aufmerksam, daß sich die US-amerikanische Wirtschaft auf einen Wendepunkt zubewegt: »Der riesige Dienstleistungsbereich steht zu großen Teilen kurz vor einer ähnlich dramatischen Umwälzung, wie sie die Bereiche der Landwirtschaft und der Industrie bereits hinter sich haben. Dort fällt die Zahl der Beschäftigten seit Jahren, während die Produktion stetig zunimmt. [...] Die Dienstleistungsunternehmen können dank der schnellen technologischen Entwicklung wesentlich mehr Leute entlassen, als sie zur Einführung der neuen Techniken oder zur Abwicklung der anwachsenden Aufträge brauchen.« (*Wall Street Journal* 24.2.1994: A1)

Moderne Computer, die sprachliche Äußerungen verstehen und schriftliche Aufzeichnungen lesen können, sind die Vorboten dieses neuen Zeitalters, in dem auch der Dienstleistungsbereich zunehmend der Automatisierung anheimfällt. Noch hat diese Entwicklung kaum ihren Anfang genommen, doch schon jetzt zeigen sich tiefgreifende ökonomische Auswirkungen. Der Wirtschaftswissenschaftler Stephen Roach von Morgan Stanley meint, der Dienstleistungsbereich sei nicht länger »das Zugpferd, das Amerika zur Vollbeschäftigung führt«. Der Bereich, der diese Rolle übernehmen könnte, müsse erst noch geschaffen werden (persönliches Gespräch 15.3.1994).

Die Banken und Versicherungen der USA befinden sich schon mitten im Übergang zur Dritten Industriellen Revolution. Bis zum Jahr 2000 wird die Zahl der Geldinstitute wahrscheinlich um ein Viertel zurückgehen. Mehr als ein Fünftel der Bankangestellten wird durch die Umstrukturierung und Automatisierung die Arbeit verlieren. Zugleich könnte, so eine Unternehmensberatung in einer Studie über den US-amerikanischen Bankensektor, »durch die Automation und die Vereinfachung der Abläufe die Produktivität um 20 bis 30% zunehmen« (Andersen Consulting 1991: 2, 6f.).

Bei der Society National Bank in Cleveland werden schon mehr als 70% der Kundenanrufe von einem Voice-Mail-System erledigt, was den Arbeitsaufwand für die Angestellten wesentlich reduziert. Bei der Fleet Financial Corp. in Providence bearbeitet der rund um die Uhr erreichbare Kundenservice täglich 1,5 Millionen Anrufe; 80% davon werden mittlerweile per Computer erledigt, was 40% der ehemaligen Angestellten den Job kostete (*Wall Street Journal* 1.3.1993: B3).

Kassenautomaten, einst eine Seltenheit, sind heute überall in den USA verbreitet. Sie verkürzen die Bearbeitungszeiten, sind 24 Stunden am Tag zugänglich und kosten nur einen Bruchteil dessen, was ein menschlicher Angestellter kostet. »Ein menschlicher Kassierer kann bis zu 200 Vorgänge am Tag erledigen. Er arbeitet 30 Stunden in der Woche, bekommt ein Jahresgehalt zwischen 8.000 und 20.000 Dollar zuzüglich Sonderleistungen und hat Anspruch auf Kaffeepausen und Urlaub. Ab und zu ist er krank. [...] Ein automatischer Kassierer dagegen kann bis zu 2.000 Vorgänge am Tag erledigen, arbeitet 168 Stunden in der Woche, verursacht im Jahr 22.000 Dollar Betriebskosten und macht keine Pausen und keinen Urlaub.« (Leontief/Duchin 1986: 84)

Von 1983 bis 1993 haben die US-amerikanischen Banken 179.000 Kassierer, 37% ihrer Beschäftigten, entlassen und durch Automaten ersetzt. Im Jahr 2000 werden mehr als 90% der Bankkunden ihre

Geschäfte über die Kassenautomaten abwickeln (*Wall Street Journal* 24.2.1994: A1; Andersen Consulting 1991: 43).

Auch der Zahlungsverkehr mit Kundenkarten gewinnt in den USA immer mehr an Verbreitung. Eine wachsende Zahl von Supermärkten und Einzelhändlern richten an ihren Kassen Automaten ein, an denen die Kundschaft mit Hilfe ihrer Scheckkarten bezahlen kann. Das Bankkonto des Kunden wird direkt und automatisch vom Laden aus belastet, und alle sonst für den Zahlungsverkehr mit Schecks notwendigen Schritte – vom Ausfüllen über die Überprüfung der Kreditwürdigkeit bis zur Weiterbearbeitung und Verschickung – entfallen. Im Jahr 2000 werden wohl 30 bis 40% aller Bankkunden ihre Einkäufe direkt *on line* bezahlen (Andersen Consulting 1991: 43).

Viele der in den Banken anfallenden Büroarbeiten sind Routinetätigkeiten, die leicht automatisiert werden können. Zunehmend externalisieren die Banken die Bearbeitung von Schecks und Krediten, d.h. sie lassen Arbeiten, die sie bisher selbst erledigt haben, von anderen Firmen machen. Im Jahr 2000 werden mehr als ein Drittel aller US-Banken die Verarbeitung ihrer Daten außer Haus erledigen lassen (ebd.: 59).

Auch im Versicherungsbereich greifen die neuen Technologien schnell um sich. Mutual Benefit Life (MBL), eine der großen US-amerikanischen Versicherungen, hat die Umstrukturierung bereits hinter sich. Früher durchliefen neue Versicherungsaufträge bei MBL dreißig verschiedene Bearbeitungsstufen bei neunzehn verschiedenen Angestellten in fünf Abteilungen. Die meisten Anträge waren erst nach 22 Tagen erledigt, obwohl die tatsächliche Bearbeitungszeit weniger als 17 Minuten betrug. Der Rest der Zeit wurde für die Weitergabe der Informationen von Bearbeiter zu Bearbeiter und von Abteilung zu Abteilung aufgewendet. MBL hat sich dieses langsamen, schwerfälligen und verästelten Systems entledigt und läßt die Anträge jetzt von einzelnen Fallbearbeitern erledigen. Ausgerüstet mit einem leistungsfähigen PC und einem Expertensystem, das ihm mögliche Fragen beantwortet, braucht der Fallbearbeiter weniger als vier Stunden für einen Auftrag. Bereits nach zwei bis fünf Tagen hat der Kunde seine Versicherung. Genauso dramatisch wie die Zeitersparnis war die Ersparnis an Arbeitskräften. 100 Außendienstmitarbeiter wurden von MBL entlassen, und die verbleibenden Fallbearbeiter erledigen jetzt zweimal soviel Aufträge wie zuvor (*Harvard Business Review* Juli/August 1990: 107).

Optische Technologien, Expertensysteme und mobile Computer sind die wichtigsten Instrumente für die Umstrukturierung von Unternehmen. Mit Hilfe optischer Technologien können Dokumente digitalisiert, auf Disketten gespeichert und allen Angestellten mit einem eigenen Terminal zugänglich gemacht werden. Expertensysteme speichern spezielle Informationen und stellen sie über mobile Computer den Vertretern zur Verfügung, die jetzt an Ort und Stelle Kundenanfragen beantworten und Anträge bearbeiten können. Die Zeit, die früher für die Informationsweitergabe vom Außendienstmitarbeiter an die Zentrale und wieder zurück notwendig war, entfällt. US-amerikanische Versicherungsvertreter arbeiten mit Laptops und einer ausgeklügelten Software, um Verträge gleich vor Ort abschließen zu können. Selbst Mitgliedskarten können sie gleich ausdrucken, und die ganze Aufnahmeprozedur, die zuvor zwei Monate dauerte und Unmengen an Papier und Arbeitszeit verschlang, geht jetzt in weniger als vier Stunden über die Bühne (*Forbes ASAP* 7.6.1993: 78).

Das virtuelle Büro

Die technologischen Veränderungen im Bank- und Versicherungsgewerbe sind nur Vorboten der Umgestaltung des gesamten Dienstleistungsbereichs. Im Zentrum steht dabei die Umstellung des traditionellen Büros von der Papierverarbeitung auf die elektronische Datenverarbeitung. Das papierlose Büro ist das Ideal der modernen Geschäftswelt.

Die Büroarbeit hat sich im Laufe der Industriellen Revolution sehr verändert. Man muß sich nur vor Augen halten, daß Löschpapier, Bleistifte mit Radiergummi und Füllfederhalter vor noch nicht einmal 150 Jahren eingeführt wurden. Kohlepapier und Schreibmaschinen hielten erst in den 1870er Jahren Einzug in die Büros. Mechanische Rechenmaschinen und solche mit Lochkarten kamen gegen Ende der 1880er Jahre auf, die erste Vervielfältigungsmaschine wurde 1890 erfunden (Beniger 1986: 280-284). Zusammen mit dem Telephon erhöhten diese bürotechnischen Entwicklungen die Produktivität der Wirtschaft in den Anfängen des Industriekapitalismus um ein Vielfaches. Jetzt, da die Weltwirtschaft eine Dritte Industrielle Revolution erlebt, wird auch die Büroarbeit umorganisiert, um die beschleunigten wirtschaftlichen Vorgänge besser koordinieren und kontrollieren zu können. Zugleich wird das elektronische Büro bis zum Ende des Jahrzehnts Millionen von Angestellten arbeitslos machen.

Die US-amerikanische Ladenkette Nordstrom spart schon jetzt durch die Umstellung auf ein elektronisches Buchungssystem mehr als eine Million Dollar jährlich an Papierkosten ein. Die große Versicherungsfirma Aetna hat sogar noch größere Rationalisierungsgewinne machen können. Als das Management gewahr wurde, daß die Aetna-Angestellten regelmäßig 435 verschiedene Handbücher auf den neuesten Stand bringen mußten, beschloß es, von bedrucktem Papier auf elektronisch gespeicherte Informationen umzusteigen. John Loewenberg, Leiter der Informationsabteilung, meint: »Papier ist für ein Dienstleistungsunternehmen das, was Cholesterin für das Blut ist. [...] Unnützes Papier verstopft die Arterien.« Wenn jetzt eines der Handbücher ergänzt werden muß, dann werden die Veränderungen elektronisch aufgenommen und sofort allen 4.200 Außendienstmitarbeitern zugänglich gemacht – ohne daß noch etwas getippt, korrekturgelesen, kollationiert, gedruckt, gebunden, verschickt und eingeordnet werden müßte. Früher verschickte Aetna jährlich 100 Millionen Blatt Papier mit Ergänzungen und Aktualisierungen, zu einem Stückpreis von 4,5 Cent. Die Kostensenkung durch die Umstellung beläuft sich auf mehr als sechs Millionen Dollar. Weniger Papierkram heißt auch weniger Angestellte. Aetna hat eine ganze Niederlassung geschlossen, deren sämtliche Angestellte einzig damit beschäftigt waren, Handbücher zu ergänzen (*Wall Street Journal* 5.8.1993: B1, B6).

Die Computerindustrie vergleicht das papierlose Büro mit dem bargeldlosen Zahlungsverkehr und meint, daß die meisten Unternehmen in spätestens dreißig Jahren ihren Geschäftsverkehr elektronisch abwickeln werden.

Im Jahr 1993 schloß sich der Computergigant Microsoft mit fünfzig anderen Weltfirmen, darunter Xerox, Hewlett-Packard, Canon und Compaq, zu einem Joint Venture zusammen. Ihr Ziel ist es, alle existierenden Computersysteme in einem einzigen Netzwerk zusammenzuschließen. Unter der Bezeichnung »Microsoft at Work« soll das Unternehmen die Ära des elektronischen Büros einläuten. Schon bald wird jede beliebige Firma in der Lage sein, Informationen über E-Mail zu empfangen und in eine On-Line-Datenbank einzuspeisen, sie dann zu speichern und sogar in Papierform auszudrucken, zu kopieren, zu binden und zu verschicken, ohne daß eine menschliche Hand dazu nötig wäre (*New York Times* 9.6.1993: D1).

Microsoft arbeitet bereits an einem noch leistungsfähigeren elektronischen Bürosystem, mit dessen Hilfe ein Manager schriftliche Berichte auch unterwegs bearbeiten kann. Er kann Streichungen und handschriftliche Ergänzungen vornehmen und dann das Papier direkt an einen Apparat in seinem Büro faxen. Dieser schreibt die Notizen ins Reine und erstellt eine neue Version des Berichts zur Übermittlung an Kollegen, Lieferanten und Kunden (ebd.: D5).

Derartige High-Tech-Büromaschinen werden das elektronische Büro schon bald Wirklichkeit werden lassen. »Langfristig werden wir kein Papier mehr brauchen, so wie wir heute auch keine Pferde mehr brauchen«, meint Paul Saffo, Direktor des Institute for the Future. »Es gibt zwar noch Pferde, aber die einzigen Menschen, die heute noch reiten, sind junge Mädchen und Pferdeliebhaber.« (Zit. n. *New York Times* 30.5.1993: Sect.4, 2) Die großen Unternehmen erhoffen sich Einsparungen in ungeahnter Höhe, wenn das Silikon-Büro die Produktivität um ein Vielfaches steigern wird. Für Millionen von Büroangestellten aber bedeutet das elektronische Büro den Verlust ihres Arbeitsplatzes.

Die Sekretärinnen werden die ersten Opfer sein. Mehr als 45% ihrer Arbeitszeit verbringen sie mit der Ablage von Papieren, mit dem Schreiben und Versenden von Briefen, mit Kopieren und mit dem Warten auf Unterschriften (*Desktop Publishing* August 1982: 52ff.). Die Wirtschaftswissenschaftler Wassily Leontief und Faye Duchin schätzen, daß die Umstellung von Papier auf EDV 45% der Sekretariatsarbeiten und zwischen 25 und 75% aller sonstigen Bürotätigkeiten überflüssig machen wird (Leontief/Duchin 1986: 82). Die Einführung von Personalcomputern, elektronischer Post und Faxgeräten anstelle von Schreibmaschinen, Aktenordnern und Geschäftspost hat schon viele Sekretärinnen arbeitslos gemacht. Allein in den USA sank ihre Zahl zwischen 1983 und 1993 um 8% auf 3,6 Millionen (*U.S. News and World Report* 28.3.1994: 65).

Auch das Empfangspersonal wird überall reduziert und ist in einigen Firmen schon ganz verschwunden. Die Firma Bellcore arbeitet an der Entwicklung einer »elektronischen Empfangsdame«. Dieses Computersystem soll Telefonanrufe beantworten, Mitteilungen aufzeichnen und sogar den gewünschten Gesprächspartner suchen. Wenn der Computer die betreffende Person erreicht hat, kann er ihr eine kurze Mitteilung und den Namen des Anrufers anzeigen und nachfragen, ob der Anruf angenommen wird. Wenn der Empfänger das Gespräch nicht annimmt, wird der Anrufer an einen Anrufbeantworter weitergeleitet, wo er eine längere Mitteilung hinterlassen kann. Das System kann auch auf die Telefonnummern der Anrufer programmiert werden und leitet dann nur bestimmte Personen weiter, während andere gleich auf den Anrufbeantworter gelegt werden (*Wall Street Journal* 19.7.1993: B1).

Die intelligenten Maschinen arbeiten sich in der Unternehmenshierarchie immer weiter nach oben und übernehmen nicht nur Routinetätigkeiten, sondern auch typische Managementaufgaben. Dies geht soweit, daß in Hunderten US-amerikanischer Unternehmen neuerdings Computersysteme für die Einstellung neuer Mitarbeiter zuständig sind. Ein System namens Resumix speichert über einen Scanner täglich 400 Bewerbungen in einer Datenbank, die nicht größer als ein kleiner Aktenschrank ist. Innerhalb von drei Sekunden ist die Bewerbung aufgenommen, dann druckt Resumix den passenden Bestätigungsbrief an den Absender aus. Mit Hilfe »räumlicher Texterkennung und Wortauswahl« geht Resumix jede Bewerbung durch und erfaßt den Ausbildungsweg, die Fähigkeiten und Kenntnisse des Bewerbers sowie seine bisherigen Anstellungen. Dann entscheidet das Programm, für welches Berufsfeld er am ehesten geeignet ist. Tests in der Praxis haben gezeigt, daß Resumix bei seinen Entscheidungen mindestens genauso gut liegt wie menschliche Personalchefs, aber wesentlich schneller arbeitet (*Washington Post* 30.5.1993: H2).

Die neuen Informations- und Kommunikationstechnologien lassen auch das Büro im eigentlichen Sinne weniger wichtig werden. Tragbare Faxgeräte, Telefonmodems und Laptops machen es möglich, entweder vor Ort oder zu Hause zu arbeiten. Einer Studie zufolge werden in den USA im Jahr 2000 mehr als 20% aller Beschäftigten zumindest teilweise ihre Arbeit zu Hause erledigen (*American Demographics* August 1993: 40; *Financial Times* 16.8.1993: 8).

Indem die neuen elektronischen Zaubermittel die Zeit und den Raum zusammenziehen, machen sie aus dem räumlichen Büro ein zeitliches. Unternehmen wie AT&T haben schon mobile Büros eingeführt: Die Angestellten werden mit Laptop, Fax und Handy ausgestattet und – im wörtlichen Sinne – nach Hause geschickt. Die Telekommunikation gilt als das beste Mittel zur Produktivitätssteigerung. Russel Thomas von AT&T beschreibt die Entwicklung so: »Bevor wir in die Telekommunikation eingestiegen sind, war es so, daß unsere Angestellten teilweise eineinhalb Stunden brauchten, um zum Büro zu fahren, wo sie einige Stunden arbeiteten, ehe sie wieder eine Stunde zu einem Kunden unterwegs waren. Dann kamen sie wieder ins Büro und fuhren schließlich nach Hause. Wie man sieht, ging uns dadurch ein großer Teil der Produktivität verloren.« (Zit. n. *Financial Times* 16.8.1993: 8)

Einige Unternehmen treiben die Idee des »virtuellen Büros« noch weiter und »vermieten« ihre Räume: Jeder Angestellte, der ein Büro für ein Kundengespräch oder ein Geschäftstreffen braucht, kann sich einen Schreibtisch im voraus reservieren lassen, indem er einen »Raumverwalter« anruft. Bevor der oder die Angestellte eintrifft, bringt der Raumverwalter ein entsprechendes Namensschild an der Bürotür an und stellt auch die richtigen Familienfotos auf den Schreibtisch, damit der- oder diejenige sich ganz wie zu Hause fühlen kann.

Der Unternehmensberater Steve Patterson hat beobachtet, daß in einer wachsenden Anzahl von Firmen die Mitarbeiter nicht mehr wie im traditionellen Büro direkt miteinander zu tun haben. Seiner Meinung nach müßten die durch den geringeren Raumbedarf eingesparten Kosten gegen die weniger sichtbaren, aber mindestens ebenso schwerwiegenden psychologischen Kosten aufgerechnet werden, wenn sich durch den Verlust des gemeinsamen Arbeitens die Bindung der Beschäftigten an die Kollegen und an das Unternehmen lockern (persönliches Gespräch 24.3.1994).

Um die psychologischen Folgen der räumlichen Trennung etwas abzumildern, experimentieren Firmen wie das englische Olivetti Research Laboratory mit Computern, die es bis zu fünf Mitarbeitern gleichzeitig erlauben, miteinander zu kommunizieren und zu arbeiten. Jeder hat auf seinem Bildschirm fünf Fenster, so daß die Teilnehmer einander sehen können, wenn sie Informationen austauschen. Das Management hofft, durch diese Video-Computer »etwas von der Flexibilität und menschlichen Wärme zurückzugewinnen, die die elektronische Kommunikation vermissen läßt« (*Technology Review* Mai/Juni 1992: 44).

Elektronische Verkäufer

Nicht nur die Büros, auch alle anderen Bereiche des Dienstleistungssektors werden durch die intelligenten Maschinen revolutioniert. Vor allem im Groß- und Einzelhandel hat es dramatische Veränderungen gegeben. Wie das mittlere Management, so werden auch die Großhändler im Zeitalter der elektronischen Kommunikation zusehends überflüssig. Die Einzelhändler erfassen und kontrollieren ihre Bestände mit Hilfe von computergestützten Systemen und geben ihre Aufträge über den elektronischen Datenaustausch direkt an das Lager des Herstellers. Dort wird der Auftrag durch computergestützte Roboter und ferngesteuerte Lieferfahrzeuge binnen Minuten ausgeführt, ohne daß es einer menschlichen Arbeitskraft bedürfte. In immer mehr Warenlagern wird die Arbeit von Automaten erledigt, und es gibt nur noch eine Rumpfmannschaft von menschlichen Angestellten, die die Anlagen überwachen und den Verkehr regeln. Robotfahrzeuge werden mit mikroprozessorkontrollierten Fördersystemen, automatischen Fahrstühlen und anderen Anlagen zu einem »vollständig automatisierten Lager- und Auslieferungssystem« integriert. Solche Anlagen machen mindestens ein Viertel der bisher notwendigen Arbeitskräfte überflüssig (U.S. Department of Labor 1990: 19).

Die Unternehmensberatung Andersen Consulting hat in über tausend Firmen, die ihre Lager umstrukturiert haben, eine Studie zum Produktivitätsgewinn und zur Arbeitsersparnis durchgeführt. Die Ergebnisse sind eindeutig: Epson Australia Limited, ein in Sydney beheimateter Hersteller von Personalcomputern und Druckern, konnte die Lieferzeiten um 66%, den Lagerraumbedarf um 50%, die notwendige Arbeitszeit um 43% und die Betriebskosten um 25% senken. Die argentinische Autohandelsfirma Sevel Argentina brauchte 28% weniger Lagerraum und 26% weniger Arbeitskräfte. Die englische Firma Entertainment U.K., eine Herstellerin von Unterhaltungssoftware, konnte 19% ihrer Kosten und 26% ihrer Arbeitskräfte einsparen (Harrison 1993: 331-335).

Im Einzelhandel hat der Einsatz von Strichcodes und Scannerkassen die Arbeit der Kassiererinnen wesentlich beschleunigt und den Bedarf an Arbeitskräften verringert. Nach Sekretärinnen und Buchhaltern sind in den USA die 1,5 Millionen Kassiererinnen die drittgrößte Berufsgruppe unter den Angestellten. Einer Studie der US-amerikanischen Arbeitsbehörde zufolge haben die neuen elektronischen Kassen die Arbeitsleistung um bis zu 30% gesteigert und insgesamt 10 bis 15% der Kassiererinnen und Einpacker überflüssig gemacht (U.S. Department of Labor 1979).

Manche Einzelhändler verzichten schon ganz auf Verkaufspersonal: Im Robot Music Store im US-amerikanischen Minneapolis gibt es einen einzigen Angestellten – einen 200kg schweren Roboter. Er befindet sich in der Mitte des Ladens unter einer Glasglocke und ist mit Tastaturen ausgestattet, über die der Kunde jede der 5.000 vorrätigen CDs anwählen und sich anspielen lassen kann. Hat der Kunde sich für eine CD entschieden, wird der Kauf über einen Videoschirm abgewickelt. Einer der Roboterarme holt die CD aus dem Regal und händigt sie zusammen mit der Quittung dem Kunden aus. Ein junger Mann, der regelmäßig in dem Laden einkauft, zieht den Roboter einem menschlichen Verkäufer vor: »Er ist leicht zu bedienen, und er wird nie pampig.« (Zit. n. *Chicago Tribune* 28.5.1990: Sect. 3, 1) Zu Beginn des nächsten Jahrhunderts werden weitaus raffiniertere Roboter, die auch Sprache verstehen und selbst sprechen können, in allen Warenhäusern, Selbstbedienungsläden und Fast-Food-Restaurants stehen.

Eine große europäische Discountmarktkette experimentiert zur Zeit mit einer neuen elektronischen Technologie. Die Kunden müssen nur noch ihre Kreditkarte in einen Schlitz an dem Regal stecken, auf dem das gewünschte Produkt steht. Einen Einkaufswagen gibt es nicht mehr, statt dessen warten die Waren fertig verpackt am Ausgang. Auch muß niemand mehr die Preise in eine Kasse eintippen; die Kunden zeichnen einfach die vorbereitete Rechnung ab und können ihre Sachen mitnehmen (*Wall Street Journal* 15.7.1993: A1).

In vielen Restaurants gibt es heute Computersysteme, mit deren Hilfe die Kellner die Bestellungen an die Küche weitergeben können, ohne sich dorthin begeben zu müssen. Der Computer bereitet auch den Scheck für den Kunden vor, und er macht den Küchenchef oder die Lieferanten darauf aufmerksam, wenn bestimmte Vorräte zur Neige gehen. All dies macht wiederum Arbeitskräfte überflüssig.

Außerdem gibt es heute eine hypermoderne Kochmethode, bei der die Gerichte von einer zentralen Großküche in hitzefesten Vakuumbeuteln gekocht werden, ehe sie tiefgefroren und an die einzelnen Restaurants verschickt werden. Dort bleiben sie gefroren, bis die Gäste ihre Bestellung aufgeben. Die Arbeit eines Küchenchefs besteht heute häufig darin, einen Beutel fertig zubereiteter, gefrorener Speisen in heißes Wasser zu entleeren oder für drei bis sieben Minuten in die Mikrowelle zu legen. Die Lohnkosten eines Restaurants verringern sich durch diese Methode um mehr als 20% (U.S. Department of Labor 1992: 42).

Einige Fast-Food-Ketten haben in ihren Drive-in-Restaurants die menschlichen Bedienungen durch sensitive Bildschirme ersetzt. Der Gast muß sich nur aus seinem Autofenster lehnen und das Tastfeld für das gewünschte Gericht berühren. Die Bestellung wird sofort von einer Online-Datenbank an die Küche weitergegeben, wo sie auf einem Videoschirm erscheint und ausgeführt wird. Die Drive-in-Restaurants sind mittlerweile so weit automatisiert, daß sechs bis acht Angestellte in Spitzenzeiten soviele Kunden bedienen können wie zwanzig Angestellte in einem normalen Fast-Food-Restaurant (ebd.: 41).

Auch automatische Getränkemixsysteme gibt es heute, die den

erfahrenen Barkeeper überflüssig machen. Gesteuert werden sie von einem Microcomputer, der die Bestellung an eine Ausschankvorrichtung weitergibt. Innerhalb von drei Sekunden bekommt der Gast seinen fertigen Drink serviert, zusammen mit einem vorbereiteten Scheck. Die Arbeitskosten verringern sich durch solche Anlagen um 20 bis 40% (ebd.: 38, 42).

Der Einzelhandel erreicht seine Kunden immer noch vor allem über Ladengeschäfte. Mit der Einführung der Datenautobahn aber wird sich das Einkaufen vollkommen verändern, und ganze Berufszweige werden verschwinden, die bisher die Waren in die Läden transportierten oder die Kunden bedienten.

Im Mai 1993 gründeten die Firmen IBM und Blockbuster Video ein neues Joint Venture. Sie wollen in den 3.500 Läden der Blockbuster-Kette CDs, Videospiele und -kassetten anbieten, die direkt auf Bestellung hergestellt werden. Statt mit Lastwagen und Schiffen werden die Produkte elektronisch über die Datenautobahn transportiert. In jedem Laden wird es einen Stand geben, an dem die Kunden über einen Bildschirm Bestellungen aufgeben können. Die Information wird an einen Zentralcomputer weitergegeben, der eine digitale Kopie des gewünschten Produktes erstellt und sie an den Laden übermittelt. Dort werden die Daten auf CDs und Kassetten übertragen. Farblaserdrucker reproduzieren die Umschläge in derselben Qualität, wie sie die vorgefertigte Ware aufweist. Dem Kunden kann es bei dieser Art des Vertriebs nicht mehr passieren, daß ein von ihm gewünschtes Produkt ausverkauft oder nicht lieferbar ist. David Lundeen von Blockbuster Video ist begeistert von dem neuen elektronischen Vertriebssystem: »Wenn heute ein Siebenjähriger am Freitagabend zu uns in den Laden kommt und das neueste Videospiel haben will, ist es wahrscheinlich ausverkauft. Mit diesem System kommt das nicht mehr vor – wir können das Spiel binnen Minuten elektronisch besorgen.« (Zit. n. *New York Times* 12.5.1993: A1)

Das Unternehmen hofft, mit dem neuen System drei bis vier Dollar Transport- und Bearbeitungskosten pro CD oder Videokassette einsparen zu können. Andere Handelsketten werden dem Beispiel folgen. Jack McDonald, einer der Vizepräsidenten des Joint Venture, prophezeit die Entwicklung eines »landesweiten Netzwerkes von digitalen Anbietern, die Spielfilme, Computerspiele, Platten und alle möglichen anderen Formen von Unterhaltung in digitaler Form vorrätig halten und sie über Telekommunikationskanäle an die Einzelhändler oder vielleicht auch direkt ins Wohnzimmer der Kundschaft überspielen« (persönliches Gespräch 2.4.1994). Der elektronische Verkauf wird in den nächsten Jahren wahrscheinlich Zehntausende Arbeitsplätze im Großhandel und im Transportwesen vernichten.

Die elektronische Verschickung ist nur ein Aspekt der tiefgreifenden Veränderungen im Einzelhandel. Das elektronische Einkaufen breitet sich auf dem ganzen Markt aus und bedroht die Arbeitsplätze von Zehntausenden Verkäuferinnen und Verkäufern, Filialleitern, Lagerarbeitern, Putzfrauen und Hausmeistern. In den USA machen die elektronischen Händler bereits zwei Milliarden Dollar Umsatz im Jahr, und der Markt wächst jährlich um 20%. Der Ausbau der landesweiten Datenautobahn und die Bereitstellung Hunderter neuer Kabelkanäle – mit der Möglichkeit interaktiver Kommunikation – wird eine Flut neuer Heimkauf-Anbieter mit sich bringen. Einige US-Unternehmen haben viel Geld in neue Heimkauf-TV-Sender gesteckt, überzeugt davon, daß das Einkaufen ohne Läden zum neuen Wachstumsmarkt wird (*Business Week* 26.7.1993: 54).

Das Teleshopping wird in den USA die Einkaufskultur, die ganz auf die großen *malls* an den Autobahnen ausgerichtet ist, gründlich verändern. Die Zeitschrift *Forbes* bezeichnet die bevorstehende Umstellung als »ernsthafte Bedrohung für den traditionellen Einzelhandel und 19 Millionen Beschäftigten« (*Forbes* 25.5.1993: 106). Seit 1989 sind schon mehr als 411.000 Jobs im Einzelhandel verloren gegangen, ein Trend, der sich noch beschleunigen wird, wenn – wie *Business Week* es einmal ausdrückte – »der Fernseher zum Verkäufer wird«.

Robotmediziner und digitale Musiker

Selbst in die Gefilde von Akademikern und Künstlern, die bisher als für die Mechanisierung verschlossen galten, dringen die intelligenten Maschinen heute ein. Ärzte, Rechtsanwälte, Steuerberater, Unternehmensberater, Wissenschaftler und Architekten benutzen speziell für sie entwickelte Informationstechnologien. Computergestützte Roboter werden sogar bei komplizierten chirurgischen Operationen eingesetzt. Der von Wissenschaftlern der University of California in Davis entwickelte »Robodoc« assistierte im November 1992 erstmals bei einer Operation am Menschen. Einem 64jährigen Mann wurde dabei ein neues Hüftgelenk eingesetzt. Der Roboter ist ausgerüstet mit einem Computertomographen, der dreidimensionale Bilder des Oberschenkelknochens liefert, und mit einem Bohrerarm: »Der Arzt holt sich das Bild des Knochens auf den Bildschirm und zeigt mit Hilfe einer Maus den geeigneten Hohlraum an. Dann wird der Patient geöffnet und der Roboter an die entsprechende Stelle dirigiert. Auf ein Startsignal hin bohrt der Roboter mit einem Hochgeschwindigkeitsbohrer das Loch.« (*Newsweek* 23.11.1992: 86) Derzeit experimentieren die Forscher mit dem Einsatz von Robotern in der Augen-, Ohren- und Neurochirurgie.

Auch die Bibliothekare machen sich zunehmend Sorgen wegen elektronischer Datensysteme, die in relativ kurzer Zeit Bücher und Artikel suchen und elektronisch über Datenautobahnen übermitteln können. Datennetzwerke wie Internet können binnen Minuten Abstracts von Tausenden von Artikeln und Büchern zur Verfügung stellen. Programme wie »Project Gutenberg« speichern den Inhalt ganzer Bücher, Manuskripte oder Zeitschriften auf Disketten. Dank hochentwickelter Scanner können Bücher in Diskettenform gebracht und binnen kurzer Zeit in die ganze Welt übertragen werden. Wenn sich diese Technologie durchsetzt, »werden die uns liebgewordenen Bibliotheken verschwinden« (*Forbes* 15.2.1993: 204).

Sogar die Kunst des Bücherschreibens fällt den intelligenten Maschinen anheim. Im Jahr 1993 registrierte die Verlagsbranche erstaunt die Veröffentlichung des ersten von einem Computer geschriebenen Romans. Mit Hilfe einer künstlich intelligenten Software war es Scott Finch gelungen, einem Apple-Computer fast drei Viertel des Textes für einen klassischen Liebesroman zu entlocken. Die Sprache ist einfach und leichtverständlich. Das Buch bekam wohlmeinende Kritiken und verkaufte immerhin 15.000 Exemplare.

Auch wenn die Romanschriftsteller kurzfristig nicht durch »Silikon-Autoren« ersetzt werden dürften, so droht doch den Musikern eben dieses Schicksal. Eine neue Generation von High-Tech-Synthesizern verändert die Musikproduktion von Grund auf. 1993 mußte die Bechstein-Klavierfabrik Konkurs anmelden, ihre einst von Richard Strauß hochgelobten, handgefertigten Klaviere waren nicht länger gefragt. Weltweit ist der Verkauf von Klavieren in den letzten Jahren um ein Drittel bis die Hälfte zurückgegangen, während die Verkaufszahlen für digitale Keyboards um mehr als 30% stiegen (*Washington Post* 9.8.1993: A10).

Synthesizer sind Silikon-Musiker, die es möglich machen, Klänge zu digitalisieren, zu speichern und bei Bedarf mit anderen Klängen zu einem ganzen Symphonieorchester zu kombinieren. Beim sogenannten »Sampling« nimmt der Computer eine von einem Musiker, wie etwa dem berühmten Geiger Jascha Heifetz, gespielte einzelne Note oder Tonfolge auf. Die einzelnen Töne können dann zu einem Stück zusammengefügt werden, das der Künstler niemals gespielt hat.

Die Musik für Fernsehwerbespots kommt heute zu 50% aus Synthesizern. Auch auf Rockplatten oder für die Hintergrundmusik in Fernsehshows und Spielfilmen werden sie eingesetzt. Große Teile des Soundtracks von Serien wie *Miami Vice* oder von Hollywoodfilmen wie *Der Stoff, aus dem die Helden sind* hat ein Musiker namens Jon Harness komponiert und aufgenommen, der ein Haus voller computerisierter Musiktechnologie sein eigen nennt.

Vince Di Bari von der US-amerikanischen Musikergewerkschaft schätzt, daß durch die Einführung der Synthesizer die Aufträge für traditionelle Instrumentalisten um mehr als 35% zurückgegangen sind (ebd.). In Theatern, Nachtklubs und sogar Opernhäusern werden menschliche Musiker durch Synthesizer ersetzt. Einmal waren bei einer Produktion der Washington Opera Company nur der Dirigent, zwei Pianisten und ein Synthesizerspieler im Orchestergraben anwesend.

Die Musiker machen sich auch Gedanken um die künstlerischen Folgen dieser Entwicklung: »Eines Tages«, meint einer, »wird es eine ganze Generation von Amerikanern geben, die nicht mehr wissen, wie ein echtes Klavier klingt.« (Zit. n. *Los Angeles Times* 28.11.1991: F8)

Noch gravierendere Folgen dürfte die neue Technik des »Morphing« zeitigen. Sie erlaubt es Fernseh- und Filmproduzenten, jeden Gesichtsausdruck, jede Bewegung und jeden Ton eines Schauspielers zu isolieren, zu digitalisieren, zu speichern und neu zu kombinieren. Auf diese Weise können vollkommen neue Darbietungen kreiert werden. Die Hollywood-Studios haben schon mit der Digitalisierung einiger Filme aus ihren Beständen begonnen, um die Schauspieler – von denen einige schon lange tot sind – in neuen Produktionen einsetzen zu können.

Stars wie Humphrey Bogart, Louis Armstrong, Cary Grant und Gene Kelly sind schon für neue Werbespots wieder zum Leben erweckt worden (*Industry Week* 21.6.1993: 35). Lebende Schauspieler und Entertainer werden sich in Zukunft gegen ihre eigenen digitalisierten Bilder von früher und gegen die Bilder längst dahingeschiedener Kollegen behaupten müssen. Und das in einer Branche, in der es schon jetzt nicht genug Arbeit gibt.

Auch wenn sie noch nicht sehr weit fortgeschritten ist, so hat die Dritte Industrielle Revolution doch schon mehrere zehn Millionen Menschen im landwirtschaftlichen, im industriellen und im Dienstleistungssektor auf die Seite gedrängt. Die neuen Technologien haben den Weg freigemacht für eine Umformung der Wirtschaft nach High-Tech-Maßstäben. Weltweit werden sich die Beschäftigtenzahlen verringern, da immer weniger Menschen für die Erstellung von Gütern und Dienstleistungen gebraucht werden. Und doch ist die gegenwärtige Umstrukturierungs- und Automatisierungswelle erst der Anfang.

Unternehmensberater, Wissenschaftler und Ingenieure weisen darauf hin, daß die heutigen Informationstechnologien primitiv sind im Vergleich zu dem, was in den nächsten zwei oder drei Jahrzehnten kommen wird. Der Physiker Gordon Moore, Vorstandsvorsitzender von Intel, verweist darauf, daß sich die Leistungsfähigkeit der Computer heutzutage alle achtzehn Monate verdoppelt, was dem technologischen Fortschritt ein mörderisches Tempo verleiht (*Fortune* 27.6. 1994: 37). Hochentwickelte Parallelrechner, High-Tech-Roboter und integrierte elektronische Netzwerke, die die ganze Welt umspannen, werden die Wirtschaft immer mehr beherrschen und in der Produktion, im Transportwesen, im Verkauf und bei den Dienstleistungen den Menschen immer weiter verdrängen.

IV

Der Preis des Fortschritts

I
Verlierer und Gewinner

Wir leben in einer Welt wachsender Gegensätze. Schon droht uns eine sterile High-Tech-Gesellschaft, in der Computer und Roboter die natürlichen Ressourcen in raffinierte Produkte und Dienstleistungen verwandeln werden. Sauber, leise und hypereffizient werden sie sein, die Apparate des Informationszeitalters. Mit ihrer Hilfe können wir uns durch einen bloßen Tastendruck die Welt und die Natur untertan machen; sie eröffnen uns Möglichkeiten, von denen wir vor einem Jahrhundert nicht einmal zu träumen wagten. Auf den ersten Blick scheint diese kühle Informationsgesellschaft wenig mit den unmenschlichen Bedingungen des frühen Industriezeitalters zu tun zu haben. Automatisierte und mit leistungsfähigen Denkmaschinen ausgestattete Arbeitsplätze erscheinen uns eher als die Verwirklichung des uralten Menschheitstraums von einem Leben ohne Mühe und Not. Vielerorts sind die düsteren Fabriken der Zweiten Industriellen Revolution verschwunden. Die Luft ist nicht mehr schwarz von Industrieabgasen, Arbeiter und Maschinen sind nicht mehr von Ruß und Schmiere bedeckt. Das Fauchen der Hochöfen und das unablässige Hämmern riesiger Maschinen sind nur noch als fernes Echo zu hören. Statt dessen vernehmen wir das sanfte Surren der Computer, die über ihre Schaltkreise und Datenpfade Informationen weitergeben und die Gaben der Natur in ein Füllhorn von Gütern verwandeln.

Das ist das Bild, wie es von den Medien gezeichnet wird, wie es Experten und Zukunftsforscher uns ausmalen und wie es die Politiker uns zeigen. Von der anderen Seite des heraufziehenden Techno-Utopias ist kaum je die Rede, die Opfer des technischen Fortschritts kommen weder in offiziellen Berichten noch in statistischen Übersichten vor. Nur selten erzählt jemand von frühen Toden oder aufgegebenen Träumen. Diese andere Seite ist bevölkert von Millionen entfremdeter Menschen, die an ihren High-Tech-Arbeitsplätzen einem immer größer werdenden Streß ausgesetzt sind und angesichts der in alle Wirtschaftsbereiche vordringenden Dritten Industriellen Revolution um ihren Job bangen müssen.

High-Tech-Streß

Viel ist gesagt und geschrieben worden über Qualitätszirkel, Teamarbeit und mehr Mitbestimmung am Arbeitsplatz. Nur wenig ist dagegen gesagt oder geschrieben worden über die wachsende Anspruchslosigkeit der Arbeit, die zunehmende Geschwindigkeit der Produktion, die steigende Belastung oder die neuen Formen des sanften Zwangs und der subtilen Einschüchterung, mit denen die Beschäftigten in die postfordistische Produktion eingepaßt werden.

Die neuen Informationstechnologien sind dazu angetan, den Arbeitnehmern die letzten Reste an Eigenverantwortung zu nehmen. Die Arbeitsanweisungen werden jetzt direkt einer Maschine einprogrammiert, die sie haargenau ausführt. Die Arbeiter in der Werkshalle und die Angestellten im Büro werden ihres Urteilsvermögens beraubt, sie haben keinen Einfluß mehr auf die von einem Programmierer vorgegebenen Resultate. In der Vor-Computer-Ära gab das Management seine Anweisungen in Form von Planvorgaben, denen die Beschäftigten zu folgen hatten. Da die Umsetzung aber in den Händen der Arbeiter und Angestellten lag, konnte jeder die Arbeit auf seine Weise erledigen. Alle Beschäftigten drückten der Produktion ihren eigenen Stempel auf. Der Wechsel von der geplanten zur programmierten Produktion hat nun die Beziehung der Beschäftigten zu ihrer Arbeit von Grund auf verändert. Immer mehr werden sie zu bloßen Aufpassern, die in den Produktionsprozeß nicht mehr eingreifen können. Alle Abläufe in Fabriken und Büros sind von jemand anderem vorprogrammiert – von jemandem, der mit dem, was er programmiert hat, vielleicht nie selbst zu tun haben wird.

Einerseits können die Unternehmen durch Umstrukturierungen und durch den Einsatz von Informationstechnologien verschiedene Managementebenen zusammenlegen und in der Produktion den Arbeitsteams eine größere Verantwortung zuweisen. Letztendlich wird dadurch aber nur die Kontrolle des Top-Managements über die Produktion erhöht. Auch die Aufforderung an die Beschäftigten, Verbesserungsvorschläge zu machen, dient dazu, die Arbeitsabläufe produktiver zu machen und die Fähigkeiten der Mitarbeiter besser zu nutzen. Manche Kritiker, etwa die deutschen Sozialwissenschaftler Dohse, Jürgens und Malsch halten die schlanke Produktion nach japanischem Muster für nichts anderes als »die Potenzierung fordistischer Organisationsprinzipien bei weitgehend uneingeschränkter Managementmacht« (*Leviathan* H.4, 1984: 475).

Die japanischen Automobilhersteller wandten gegen Ende der 40er Jahre erstmals die Prinzipien des wissenschaftlichen Managements nach Taylor an. Gegen Mitte der 50er Jahre hatten sie eine Art hybriden Taylorismus entwickelt, angepaßt an japanische Verhältnisse und an ihre eigenen Produktionsziele. Wie wir in dem Kapitel über »Schlanke Unternehmen« gesehen haben, werden in der postfordistischen Produktion Arbeitsteams aus Ingenieuren und Bandarbeitern gebildet, die an allen Entscheidungen über die Arbeitsabläufe beteiligt werden. Ist aber einmal eine Entscheidung gefallen, werden die Vorgaben im Produktionsprozeß automatisiert, und kein Mitarbeiter am Band kann davon abweichen. Die Arbeiter sind weiter dazu aufgefordert, das Band bei Bedarf anzuhalten, an Ort und Stelle eine Qualitätskontrolle durchzuführen und neue Entscheidungen zu fällen – auch dies mit dem Ziel, die Abläufe zu beschleunigen und zu optimieren.

Oft verläßt sich das Management darauf, daß die Teams ihre Mitglieder disziplinieren. Mitarbeiterkomitees üben Druck auf unwillige oder langsame Kollegen aus. Da die Teams keinen Ersatz bekommen, wenn ein Mitarbeiter fehlt, müssen die anderen um so mehr Leistung erbringen. Das führt dazu, daß die Arbeiter sich gegenseitig unter starken Druck setzen, stets zur Arbeit zu kommen. In der Frage der Fehlzeiten ist das japanische Management äußerst strikt. In vielen Unternehmen werden alle Fehlzeiten, auch attestierte Krankheitszeiten, in der Personalakte vermerkt. Bei Toyota wird ein Mitarbeiter, der in einem Jahr fünf Tage gefehlt hat, entlassen (Kenney/Florida 1993: 278).

Mike Parker und Jane Slaughter, die eine Studie über das kalifornische Joint Venture von Toyota und General Motors verfaßt haben, charakterisieren die japanischen Methoden der schlanken Produktion als »Management durch Stress«. Dem Unternehmen ist es gelungen, die Produktivität kräftig zu steigern und die Montagezeit für einen PKW vom Typ Nova von 22 auf 14 Stunden zu senken (*Technology Review* Oktober 1988: 37; Parker/Slaughter 1988). Erreicht wurde dies durch die Einrichtung einer für alle Mitarbeiter sichtbaren Anzeigetafel, auf der jeder Arbeitsplatz durch ein Kästchen dargestellt ist. Wenn ein Arbeiter nicht mehr mitkommt oder Hilfe benötigt, zieht er an einer Leine, und sein Kästchen leuchtet auf. Wenn das Licht nach einer Minute nicht erlischt, wird das Fließband angehalten. In einer herkömmlichen Fabrik würden sich nun alle darum bemühen, ihr Kästchen möglichst nicht aufleuchten und die Produktion ruhig weiterlaufen zu lassen. Anders beim Management durch Streß. Hier stehen unbeleuchtete Kästchen für Ineffizienz. Man legt es darauf an, das Produktionssystem ständig zu beschleunigen und zu belasten, um so seine Schwachpunkte zu offenbaren. Dann können neue Vorgaben und Abläufe eingeführt werden, um die Arbeit noch schneller und effektiver zu machen.

Parker und Slaughter zufolge »kann das System belastet werden, indem man entweder die Bandgeschwindigkeit erhöht, die Zahl der Arbeiter oder der Maschinen vermindert oder indem man den Arbeitern zusätzliche Aufgaben überträgt. Der Produktionsablauf kann auch aus dem Gleichgewicht gebracht werden, indem man die Materialzufuhr vermindert oder indem man die Arbeitsbelastung an denjenigen Stationen erhöht, wo die Produktion bislang reibungslos funktioniert. Wenn die unweigerlich auftretenden Probleme gelöst sind, kann das System erneut belastet und dann abermals ins Gleichgewicht gebracht werden. [...] Der Idealzustand ist erreicht, wenn die Produktion läuft und die Kästchen aller Mitarbeiter ständig an- und ausgehen.« (*Technology Review* Oktober 1988: 39)

Parker und Slaughter halten das Teamkonzept der schlanken Produktion für das glatte Gegenteil einer menschenfreundlichen Managementpraxis. Für die Beschäftigten bedeute es nichts anderes als eine raffiniertere Form der Ausbeutung. Die beiden Autoren erkennen zwar an, daß die Mitarbeiter sich in begrenztem Maße an Planungen und Problemlösungen beteiligen können, aber auch dies mache sie nur zu willigen Komplizen ihrer eigenen Ausbeutung. Wenn die Arbeiter am Fließband Schwachpunkte erkennen und Verbesserungen vorschlagen oder gleich vornehmen, so wird beim Management durch Streß gleich wieder die Arbeitsgeschwindigkeit erhöht, und das System wird weiter belastet. Dieser andauernde Verbesserungsprozeß wird als *kaizen* bezeichnet. Die Wirkung auf die Beschäftigten ist verheerend: »Wenn das Band immer schneller und das ganze System immer mehr belastet wird, können die Arbeiter immer weniger mithalten. Da aber doch alle Vorgaben genauestens ausgearbeitet und überprüft wurden, rechnet das Management jede Störung den Mitarbeitern zu. Die Lichter der Leuchttafel zeigen deutlich an, wer zu langsam ist.« (Ebd.: 42)

Die hohe Produktionsgeschwindigkeit führt in Fabriken unter japanischem Management oft zu einer Erhöhung der Unfallzahlen. Bei Mazda verzeichnet man dreimal soviele Unfälle wie in vergleichbaren Werken von General Motors, Chrysler oder Ford (*Automotive News* 13.2.1989: 1, 52).

In Japan hat die Belastung der Mitarbeiter mittlerweile epidemische Ausmaße angenommen, und die Regierung hat schon einen eigenen Begriff – *karoshi* – für diese neue, produktionsbedingte Krankheitsform geprägt. Ein Sprecher des japanischen nationalen Instituts für öffentliche Gesundheit definierte *karoshi* als »einen Zustand, in dem eine fortdauernde psychisch belastende Arbeitsweise dazu führt, daß die normalen Arbeits- und Lebensrhythmen des Beschäftigten gestört werden. Körperliche Ermüdung und chronische Überarbeitung sind die Folge. Bereits vorhandener Bluthochdruck verschlimmert sich und führt letztlich zu einem tödlichen Zusammenbruch.« (Kenney/Florida 1993: 265; vgl. a. National Defense Council for Victims of Karoshi 1990)

Karoshi wird mittlerweile zu einem weltweiten Phänomen, da die Einführung der Computertechnologie die Arbeitsabläufe überall kräftig beschleunigt hat und Millionen von Arbeitnehmern gezwungen sind, sich dem Rhythmus einer Nanosekunden-Kultur anpassen.

Wie alle anderen Lebewesen, so ist auch der Mensch ausgestattet mit einer Unzahl biologischer Uhren, die im Verlaufe der Evolution an die Rhythmen der Natur und der Erde angepaßt wurden. Unsere Körperfunktionen folgen den Mondzyklen, dem Wechsel von Tages- und Jahreszeiten. Vor der Industrialisierung stimmten die physischen und die ökonomischen Abläufe in ihrem Rhythmus weitgehend miteinander überein. Die handwerkliche Produktion war auf die Möglichkeiten der menschlichen Hand und des menschlichen Körpers ausgelegt, und sie kam mit der begrenzten Energie aus, die man den Tieren, dem Wind oder dem Wasser abgewann. Die Erfindungen der Dampfmaschine und später der Elektrizität beschleunigten die Herstellungsprozesse erheblich. Der Rhythmus der Arbeitsabläufe entfernte sich immer weiter vom Rhythmus des menschlichen Körpers. Die heutige Computerkultur rechnet gar nach Nanosekunden – einer Einheit, die so klein ist, daß die menschlichen Sinne sie nicht erfassen können. Ein Wimpernschlag entspricht mehr als 500 Millionen Nanosekunden.

Der Psychologe Craig Brod, der sich eingehend mit dem Streß in der High-Tech-Computerkultur beschäftigt hat, meint, daß die erhöhte Arbeitsgeschwindigkeit auch die Ungeduld der arbeitenden Menschen und damit ihre Belastung erhöht hat. Büroangestellte sind es gewohnt, mit Computern zu »kommunizieren«, die ihnen in Lichtgeschwindigkeit antworten. Langsamere Formen der zwischenmenschlichen Kommunikation sind für sie nur noch schwer erträglich, sie machen ihnen Streß. Brod gibt das Beispiel von Büroangestellten, die »ungeduldig werden, wenn ein Anrufer nicht schnell genug zur Sache kommt« (Brod 1984: 43). Auch der Computer selbst wird zum Streßfaktor, wenn er dem ungeduldigen Benutzer nicht schnell genug antwortet. Wie sich in einer Studie zeigte, verursacht schon eine Wartezeit von mehr als anderthalb Sekunden beim Benutzer Ungeduld und Streß (ebd.: 43, 45).

Entscheidend für die Produktivität sind heute nicht mehr physische, sondern mentale Leistungen. Die Unternehmen suchen daher ständig nach neuen Methoden, um die »Kommunikation« zwischen den Angestellten und ihren Computern zu verbessern. Um z.B. die Bearbeitung von Informationen zu beschleunigen, werden manche Geräte so programmiert, daß die Daten wieder vom Bildschirm verschwinden, wenn der Benutzer nicht innerhalb von siebzehn Sekunden darauf reagiert. Forscher haben herausgefunden, daß die Belastung zunimmt, wenn die Frist abzulaufen droht: »Ab der elften Sekunde beginnen die Benutzer zu schwitzen, dann beschleunigt sich der Puls. Die Folge ist eine starke Erschöpfung.« (Rawlence, Hg., 1985: 39)

Schon durch geringe Veränderungen der Büroroutine kann sich das Streßniveau erhöhen. Brod gibt die Erfahrungen von Karen, einer Schreibkraft, wieder: Vor der Umstellung von Schreibmaschinen auf Computer »nutzte Karen das Auswechseln eines vollgeschriebenen Blatt Papiers als physisches Signal für eine Pause«. Heute sitzt sie vor einem Computerbildschirm und bearbeitet einen niemals endenden Fluß von Zeichen. Es gibt kein natürliches Signal mehr, das ein Ende und eine Pause anzeigen würde. Brod zufolge nimmt sich Karen »nie mehr die Zeit, mit ihren Kolleginnen zu plaudern«, die auch alle an ihren Bildschirmen kleben und einen unendlichen Zeichenstrom bearbeiten. »Gegen Mittag ist sie erschöpft und weiß nicht, wo sie die Energie für den Rest des Tages hernehmen soll.« (Brod 1984: 43)

Die hypereffiziente High-Tech-Arbeitswelt von heute beeinträchtigt das geistige und körperliche Wohlergehen von Millionen Arbeitnehmern auf der ganzen Welt. Die ILO bezeichnet den Streß als »einen der wichtigsten Krankheitsfaktoren des 20. Jahrhunderts« (zit. n. *Washington Post* 28.3.1993: H2). Allein in den USA kostet der Berufsstreß die Arbeitgeber jährlich mehr als 200 Milliarden Dollar an Fehlzeiten, verminderter Produktivität, Gesundheitskosten und Entschädigungen. In Großbritannien vermindert der Berufsstreß das Bruttosozialprodukt jedes Jahr um bis zu 10%. Einem Bericht der ILO von 1993 zufolge ist der Anstieg des Streßniveaus auf das hohe Arbeitstempo zurückzuführen, das von den automatisierten Anlagen in Fabriken und Büros vorgegeben wird. Besonders folgenreich sei die Überwachung der Mitarbeiter durch Computer. Die UN-Behörde zitiert eine Studie der University of Wisconsin, nach der

»elektronisch kontrollierte Arbeitnehmer mit einer 10 bis 15% höheren Wahrscheinlichkeit an Depressionen, nervöser Anspannung und extremen Angstzuständen leiden« (International Labor Organization 1993: 65, 70).

Durch Arbeitsunfälle sterben weltweit jedes Jahr mehr als 14.000 Menschen, weitere 2,2 Millionen werden dadurch arbeitsunfähig. Auch wenn auf den ersten Blick meist defekte Maschinen oder ein zu hohes Arbeitstempo die Ursache zu sein scheinen, so ist doch nach Meinung der Forscher meistens Streß der Auslöser für folgenreiche Fehlhandlungen: »Von allen individuellen Faktoren, die zur Ursache von Unfällen wurden, gab es nur einen, der durchgängig auftrat: eine hohe Streßbelastung zum Zeitpunkt des Unfalls. [...] Ein gestreßter Mensch ist ein drohender Unfall.« (Ebd.: 66)

Die neue Reservearmee

Die Umstrukturierung der Arbeitswelt führt nicht nur zu erhöhtem Streß an den automatisierten Arbeitsplätzen, sondern auch zu einer Verschlechterung der wirtschaftlichen Lage der Arbeitnehmer. Viele bekommen nur noch Teilzeitstellen oder nur befristete Arbeitsverträge.

Im Februar 1993 kündigte die BankAmerica Corporation, die zweitgrößte Bank der USA, die Umwandlung von 1.200 Vollzeitstellen in Teilzeitstellen an. Die Bank rechnet damit, daß in nächster Zukunft nicht einmal 19% ihrer Angestellten voll und 60% der Belegschaft weniger als zwanzig Wochenstunden arbeiten werden. Letztere werden auch keine Zusatzleistungen mehr bekommen. Die Bank, die in den letzten Jahren Rekordprofite verzeichnete, ließ verlauten, daß die Umstrukturierung das Unternehmen flexibler machen und die Fixkosten senken soll (*Wall Street Journal* 10.3.1993: A8).

Ähnlich wie BankAmerica gehen viele US-amerikanische Unternehmen dazu über, ihre Belegschaft in ein Zwei-Stufen-System einzugliedern. Eine Stammbelegschaft von Dauer- und Vollzeitbeschäftigten wird verstärkt durch Teilzeit- oder Zeitbeschäftigte. In der Auslieferung der Sportartikelfirma Nike in Memphis arbeiten 120 Dauerbeschäftigte, die 13 Dollar in der Stunde einschließlich Zusatzleistungen verdienen, und daneben 60 bis 255 Zeitangestellte, für die das Zeitarbeitsunternehmen Norell Services, eines der führenden US-amerikanischen Unternehmen dieser Branche, achteinhalb Dollar pro Stunde kassiert. Zwei Dollar gehen an Norell, sechseinhalb bleiben für die Beschäftigten. Das ist gerade mal die Hälfte dessen, was die Stammbelegschaft verdient, und das, obwohl alle dieselbe Arbeit verrichten (*New York Times* 6.6.1993: A1-D2).

Die Zeitarbeitsfirmen versorgen die US-amerikanischen Unternehmen täglich mit 1,5 Millionen Arbeitskräften. Manpower, das größte Unternehmen der Branche, ist mit 560.000 Beschäftigten auch der größte Arbeitgeber des Landes. 1993 arbeiteten mehr als 34 Millionen US-Amerikaner »auf Bedarf« – als Teilzeitbeschäftigte, als Gelegenheitsarbeiter oder freiberuflich (*Training* Juli 1993: 24f.).

Mitchell Fromstein von Manpower zufolge »ist die Zahl der Zeitarbeitskräfte in den letzten 15 Jahren schneller angewachsen als die Zahl der Festangestellten« (zit. n. *USA Today* 3.3.1993: 1B). Zwischen 1982 und 1990 wuchs die Zahl der Zeitarbeitskräfte zehnmal so schnell wie die Gesamtzahl der Beschäftigten. Im Jahr 1992 waren zwei von drei in der Privatwirtschaft neugeschaffenen Stellen zeitlich befristet. Mehr als 25% der US-amerikanischen Arbeitnehmer haben heute einen zeitlich befristeten Arbeitsvertrag oder eine Teilzeitstelle (*Wall Street Journal* 11.3.1993: A1). Allgemein wird erwartet, daß sich diese Entwicklung bis zur Jahrhundertwende fortsetzt. Der Ökonom Richard Belous von der National Planning Association schätzt, daß im Jahr 2000 35% der US-amerikanischen Arbeitnehmer keine feste Stelle haben werden (*USA Today* 3.3.1993: 1B). Der Trend zur Zeitarbeit ist Teil einer langfristigen Strategie der US-amerikanischen Unternehmen, mit der sie die Gehälter beschneiden und teure Zusatzleistungen wie Gesundheitskosten, Pensionen, Kranken- und Urlaubsgelder vermeiden wollen. Alles zusammengenommen machen diese Leistungen in den USA knapp 45% der Bezahlung von Dauerbeschäftigten aus (*Training* Juli 1993: 26).

Die Unternehmen senken ihre Kosten auch dadurch, daß sie Güter und Dienstleistungen, die ursprünglich in der eigenen Firma erstellt wurden, von anderen Firmen ordern. Durch dieses »Outsourcing« können die Gewerkschaften umgangen werden. Oft sind die externen Lieferanten oder Dienstleister kleinere Firmen, die ihren Beschäftigten niedrigere Löhne und Zusatzleistungen zahlen. In Japan ist Outsourcing gang und gäbe, und auch in den USA und in Europa greift es immer mehr um sich. Im Bereich der Datenverarbeitung verzeichnete der Outsourcing-Markt im Jahr 1992 12,2 Milliarden Dollar Umsatz. Für 1997 wird mit einem Umsatz von mehr als 30 Milliarden Dollar gerechnet (*Forbes ASAP* 7.6.1993: 37). Bei Chrysler kommen mehr als 70% der Wertschöpfung für die Endprodukte von Zulieferern. Einer Studie zufolge arbeiten in der US-amerikanischen Stahlindustrie 18% der Beschäftigten für Subunternehmen (*Business Week* 15.12.1986: 52). Typisch ist der Fall eines Rohrlegers, der früher bei U.S. Steel beschäftigt war und dort 13 Dollar Stundenlohn und eine Reihe attraktiver Zusatzleistungen bekam. Nach seiner Entlassung fand er nur bei einer kleinen Zulieferfirma Arbeit und bekommt jetzt fünf Dollar Stundenlohn ohne Zusatzleistungen. Sein neuer Job besteht darin, Teile für seinen früheren Arbeitgeber herzustellen (Harrison/Bluestone 1988: 48).

Auch eine gute Ausbildung ist mittlerweile keine Garantie mehr für einen festen Arbeitsplatz. Der Branchendienst *Executive Recruiter News* berichtet von mehr als 125.000 höherqualifizierten Arbeitskräften, die in den USA »auf Zeit« arbeiten. Viele Unternehmen machen ganze Abteilungen dicht, und sie können sichergehen, daß sich Fachkräfte für die verschiedensten Gebiete finden werden, die auch mit einem Zeitvertrag vorlieb nehmen (*Fortune* 12.7.1993: 47; *New York Times* 12.9.1993: F15).

Ein typisches Beispiel ist der 48jährige Fort- und Weiterbildungsfachmann Dick Ferrington. Während sieben der letzten neun Jahre hat er auf Zeitbasis gearbeitet und knapp 100.000 Dollar jährlich verdient. Gegen Ende des Jahres 1994 arbeitete er als Interimsvizepräsident bei Scios Nova, einem Biotechunternehmen aus dem Silicon Valley. Seine Stelle dort war auf sechs Monate befristet. Wenn ein Vertrag ausgelaufen ist, bewirbt sich Ferrington von seinem mit Computer, Modem und Fax ausgestatteten Haus aus bei neuen Firmen (*Fortune* 12.7.1993: 48).

Nicht jeder hat soviel Glück wie Dick Ferrington und bekommt für seine befristete Arbeit ein hohes Gehalt. Vielen höherqualifizierten Gelegenheitsbeschäftigten geht es eher so wie Arthur Sultan, der früher als Finanzmanager bei Xerox 200.000 Dollar im Jahr verdiente. Als seine Abteilung geschlossen wurde, mußte auch Sultan gehen. Zwei Jahre lang suchte er vergeblich nach einer festen Stelle. Dann verlegte er sich auf die Zeitarbeit, um seine Hypothek weiter abzahlen zu können und wenigstens etwas Geld hereinzubekommen. Da er keine Arbeit auf seinem Gebiet fand, mußte er zeitweise gleich drei Teilzeitjobs nebeneinander machen. Als Fahrer für einen Autoservice, als Fotoverkäufer eines Warenhauses und als Kreditsachbearbeiter bei Pepperidge Farm arbeitete er 80 Stunden in der Woche. Danach hatte er einen befristeten Job als Finanzanalyst bei einer staatlichen Rückversicherung, wo er 21 Dollar in der Stunde bekam. Ständig muß er sich fragen, ob er auch morgen wieder einen Arbeitgeber finden wird: »Das ist schlimmer als arbeitslos zu sein«, meint Sultan, »man kann nicht mal Zukunftspläne schmieden.« (Zit. n. *USA Today* 3.3.1993: 1B)

Ein langsamer Tod

Viele Beobachter sehen mit Sorge auf die tiefgreifenden psychologischen Folgen der radikalen Veränderungen auf dem Arbeitsmarkt. Arbeit zu haben heißt nicht nur Geld zu verdienen, für viele ist es auch ein wesentlicher Bestandteil ihres Selbstbildes. Wer nur zeitweise oder gar nicht beschäftigt ist, fühlt sich nutz- und wertlos. Das stetige Anwachsen der langfristigen, technologischen Arbeitslosigkeit hat die Psychologen und Soziologen auf den Plan gerufen. Während der letzten zehn Jahre haben sie eine ganze Reihe von Studien über die psychische Gesundheit von Arbeitslosen angestellt. Dabei zeigte sich ein deutlicher Zusammenhang zwischen dem Anwachsen der Arbeitslosigkeit und der Zunahme von Depressionen und psychotischen Erkrankungen (*Journal of Applied Psychology* Oktober 1989: 759).

Der klinische Psychologe und Soziologe Dr. Thomas T. Cottle untersucht seit mehr als fünfzehn Jahren die psychischen Folgen der

Arbeitslosigkeit. Er beschäftigte sich vor allem mit Arbeitslosen, die von der US-Regierung als »entmutigt« eingestuft werden, weil sie sechs Monate oder länger keine Arbeit mehr haben und nun so demoralisiert sind, daß sie die Jobsuche aufgegeben haben. Der Anteil derjenigen, die ihre Jobs durch neue arbeitssparende Technologien und durch Umstrukturierungen der Arbeitsabläufe verloren haben, nimmt ständig zu.

Nach Cottles Beobachtung zeigen Langzeitarbeitslose pathologische Symptome, die denen Sterbender ähneln. Die Auffassung, daß nur lebt, wer einer produktiven Arbeit nachgeht, ist so stark in ihrem Bewußtsein verankert, daß sie nach dem Verlust ihres Jobs alle klassischen Anzeichen eines nahen Todes zeigen. Einer der Befragten, ein 47jähriger ehemaliger Manager einer kleinen Werkzeugfabrik, schilderte seine Lage so: »Es gibt nur zwei Möglichkeiten: Entweder man arbeitet jeden Tag seine acht Stunden und hat seinen Jahresurlaub – oder man ist tot! Dazwischen gibt es nichts. [...] Arbeiten heißt atmen. Man denkt nicht drüber nach, man macht es, und es hält einen am Leben. Wenn man damit aufhört, stirbt man.« (Zit. n. *Commonweal* 19.6.1992: 16) Cottle berichtet weiter, daß sich der Mann ein Jahr, nachdem er diese Bemerkungen gemacht hatte, mit einem Gewehr erschoß.

Wie Cottle herausfand, zeigen alle Langzeitarbeitslosen eine ähnliche Symptomentwicklung. In der ersten Phase äußern sie Frustration und Wut. So sind in manchen Orten der USA Arbeitsplätze schon zu Kriegsschauplätzen geworden. Immer häufiger gehen Entlassene mit Schußwaffen auf ihre früheren Kollegen und Arbeitgeber los. Mord ist zur dritthäufigsten Ursache von Todesfällen am Arbeitsplatz geworden. Bei 110.000 Gewalttaten am Arbeitsplatz wurden 1992 in den USA 750 Menschen erschossen. Vor allem die Zahl der Morde an ehemaligen Arbeitgebern steigt rapide an; sie hat sich von 1989 bis 1993 verdreifacht (*Training and Development* Januar 1994: 27).

Nach etwa einem Jahr der Arbeitslosigkeit beginnen die ehemaligen Beschäftigten, die Wut gegen sich selbst zu richten. In der Aussicht, nie wieder Arbeit finden zu können, geben sie sich selbst die Schuld an ihrer mißlichen Lage. Sie werden von Scham und von einem Gefühl der Wertlosigkeit überwältigt, sie verlieren ihre Lebenskraft. Die Männer wenden sich, so Cottle, von ihren Familien ab: »Da ihnen ihre Männlichkeit und ihre Stärke verloren gegangen sind, werden sie verschämt und kindlich, als ob sie es verdient hätten, zu den unsichtbaren und verschlossenen Menschen zu werden, die sie tatsächlich geworden sind.« (*Commonweal* 19.6.1992: 17)

Dem psychischen Tod folgt oft der physische. Unfähig, mit ihrer Lage fertigzuwerden, und in dem Gefühl, ihrer Familie, ihren Freunden und der Gesellschaft zur Last zu fallen, nehmen sich viele das Leben. Cottle erinnert sich, daß die Ehefrau eines seiner Patienten eines Nachts völlig aufgelöst bei ihm anrief. Ihr Mann, der nie zuvor einen Autounfall gehabt hatte, war frontal gegen eine Böschung gefahren und sofort tot gewesen. Fälle wie dieser und der oben geschilderte gehören zu den immer häufiger werdenden Fällen, in denen Langzeitarbeitslose nur noch im Selbstmord einen Ausweg sehen.

Das Schicksal von Millionen Menschen liegt in der Hand profitgieriger Unternehmer und untätiger Regierungen. Viele Arbeitnehmer, die in Angst vor einer Entlassung leben, die sich unfreiwillig mit einer Teilzeitarbeit und einem geringen Gehalt zufriedengeben müssen oder die gar auf staatliche Unterstützung angewiesen sind, spüren die Folgen der globalen Umstrukturierung der Wirtschaft am eigenen Leib. Mit jeder neuen Erniedrigung sinken ihr Selbstvertrauen und ihr Selbstwertgefühl weiter. Sie werden nicht mehr gebraucht, sie werden überflüssig und verschwinden schließlich ganz hinter dem Glanz der neuen High-Tech-Ökonomie.

Die neuen Monopolisten

Etwa ein halbes Prozent der Bevölkerung der USA gehört zu denjenigen, die die wirtschaftliche Macht im Lande ausüben und die über das Wohlergehen von mehr als 250 Millionen Menschen bestimmen. Diese kleine Elite besaß 1992 37,4% aller Aktien und Wertpapiere und 56,2% allen privaten Geschäftsvermögens (Mishel/Bernstein 1992: 249).

Den Superreichen am nächsten kommt eine Schicht, zu der vor allem eine neue Gruppe hochqualifizierter Beschäftigter zählt: die

»Symbolanalytiker« oder Wissensarbeiter, die über eine sehr gute Ausbildung verfügen und die neue High-Tech-Wirtschaft steuern. Diese schmale Schicht, die weniger als 3,8 Millionen Menschen zählt und vier Prozent der US-amerikanischen Werktätigen umfaßt, verdient genausoviel wie die mehr als 49,2 Millionen Menschen, die zu den unteren 51% der US-amerikanischen Einkommenspyramide zählen (Barlett/Steele 1992: XI).

Zu dieser Elite des Wissenssektors kommen weitere 16% der Beschäftigten, die ebenfalls ihr Geld vor allem mit Hilfe ihrer intellektuellen Fähigkeiten verdienen. Alle Wissensarbeiter zusammen, das heißt 20% der US-amerikanischen Arbeitnehmerschaft, verdienten im Jahr 1989 1,755 Milliarden Dollar – mehr als die übrigen vier Fünftel der Bevölkerung zusammen. Die Gehälter dieser Schicht wachsen jährlich um inflationsbereinigte zwei bis drei Prozent, während die Einkommen aller anderen US-amerikanischen Arbeitnehmer stagnieren oder sinken (Reich 1993: 291).

Zu den Wissensarbeitern gehören viele verschiedene Berufsgruppen, deren Gemeinsamkeit darin besteht, daß sie mit Hilfe hypermoderner Informationstechnologien Probleme identifizieren, bearbeiten und lösen. Sie lassen den Strom von Informationen, der unsere postindustrielle und postdienstleistende Wirtschaft ausmacht, fließen und lenken ihn. In ihren Reihen finden sich Wissenschaftler, Ingenieure, Softwareexperten, Biotechniker, PR-Spezialisten, Juristen, Investmentbanker, Unternehmensberater, Finanz- und Steuerexperten, Architekten, Planungsexperten, Marketingspezialisten, Filmproduzenten, Art Directoren, Autoren, Verleger, Lektoren und Journalisten (ebd.: 198f.).

Die Wissensarbeiter werden immer wichtiger für die Wirtschaft, während die beiden bestimmenden Gruppen des industriellen Zeitalters, die Arbeiter und die Kapitalisten, zunehmend an Bedeutung verlieren. 1920 gingen z.B. noch 85% des für den Bau eines Autos aufgewandten Geldes an Arbeiter und Investoren. 1990 belief sich deren Anteil nur noch auf 60%, die restlichen 40% gingen an »Designer, Ingenieure, Stylisten, Planer, Strategen, Finanzexperten, Manager, Anwälte, Werbe- und Absatzfachleute und so weiter« (ebd.: 118f.).

Die Herstellung von Halbleitern ist ein anderes prägnantes Beispiel. Weniger als drei Prozent des Preises für einen Halbleiterchip werden für Rohstoffe und Energie verwendet, fünf Prozent für die Herstellungsanlagen und sechs Prozent für die Arbeitskräfte, die die Routinearbeiten erledigen. Mehr als 85% aber werden für die Entwicklung und für Patente ausgegeben (ebd.).

Zu Beginn des Industriezeitalters bestimmten allein die Besitzer von Kapital und Produktionsmitteln über die Wirtschaft. Gegen Mitte unseres Jahrhunderts mußten sie dann ihre Macht eine Zeitlang mit den Arbeitern teilen, deren entscheidende Rolle in der Produktion ihnen einen gewissen Einfluß auf die betrieblichen Entscheidungen und die Verteilung der Profite sicherte. Jetzt, da sich die Position der Arbeiter deutlich verschlechtert hat, werden die Wissensarbeiter zum bedeutenderen Faktor. Sie sind die Katalysatoren der Dritten Industriellen Revolution, und sie halten die High-Tech-Wirtschaft am Laufen. Die Topmanager und die Investoren müssen jetzt ihre Macht mit ihnen teilen, da ihr Wissen und ihre Ideen der Treibstoff unserer Informationsgesellschaft sind. So kann es nicht verwundern, daß in einigen Wirtschaftszweigen heute das geistige Eigentum wichtiger ist als das Kapital. Das Monopol auf Wissen und Ideen sichert seinen Besitzern Marktpositionen und Wettbewerbsvorteile. Wer ihre Arbeit finanziert, das ist schon fast von untergeordneter Bedeutung.

Die neue Elite der Wissensarbeiter verfügt über Fähigkeiten, die ihr eine zentrale Stellung in der automatisierten High-Tech-Ökonomie der 90er Jahre sichern. Bald wird sie zu einer neuen Aristokratie werden. Im selben Maße wie ihr Vermögen wächst, verschlechtert sich die wirtschaftliche Lage der zahlreichen weniger qualifizierten Arbeitnehmer. In allen Industrieländern entsteht eine gefährliche Kluft zwischen den Wohlhabenden und den Habenichtsen. Die soziogeographischen Verhältnisse in Städten wie New York, Berlin, London und Paris weisen deutlich auf den neuen Klassenkonflikt hin. Die Sozialhistoriker Bennett Harrison und Barry Bluestone beschreiben die Entwicklung so:

»Auf der obersten Stufe der Arbeitsmarkthierarchie finden wir Manager, Juristen, Steuerberater, Unternehmensberater, Banker und andere Leute, die in formalen Verfahren ausgebildet sind und deren Tätigkeitsbereiche zentral mit der Kontrolle und Koordination internationaler Unternehmen und globaler Dienstleistungen zu tun haben. [...] Auf der untersten Stufe finden wir die weniger gut ausgestattete Masse von Stadtbewohnern, die dafür da sind, den in der Hierarchie über ihnen Stehenden Dienste zu leisten. [...] Sie sind es, die im Restaurant die Tische decken und die Speisen zubereiten, die alles von Büromaterialien bis zu Kleidungsstücken verkaufen, die in den vielen neuen Hotels die Betten machen und die Handtücher wechseln, die Wachdienste leisten und Babysitter spielen. Sie stellen die schlechtbezahlten Arbeitskräfte in Krankenhäusern, Kliniken, Schulen und Verwaltungen.« (Harrison/Bluestone 1988: 110f.)

Peter Drucker meint, daß auf die entstehende Informationsgesellschaft große soziale Herausforderungen zukommen werden. Es gehe darum, einen neuen »Klassenkonflikt zwischen den beiden Hauptgruppen der postkapitalistischen Gesellschaft zu verhüten: zwischen der Gruppe derjenigen, die mit Wissen arbeiten, und der Gruppe derjenigen, die Dienste leisten« (zit. n. *Training* Juli 1993: 27). Druckers Befürchtungen werden in den nächsten Jahren noch an Berechtigung gewinnen, wenn eine wachsende Anzahl von Dienstleistungen nicht mehr von schlechtbezahlten menschlichen Angestellten, sondern von Maschinen übernommen wird, und wenn dadurch noch mehr Beschäftigte in die stetig größer werdende städtische Unterschicht abgedrängt werden.

Auch wenn viele, die der neuen Elite der Symbolanalytiker angehören, in den großen Metropolen der Welt arbeiten, so sind sie doch an keinen bestimmten Ort gebunden. Ihr »Arbeits-Platz« ist von geringerer Bedeutung als das globale Netzwerk, in dem sie arbeiten. Sie stellen eine Art von Kosmopoliten dar, sie sind Mitglieder eines Stammes von High-Tech-Nomaden, die mehr mit ihresgleichen zu tun haben als mit ihren Landsleuten. Ihr Wissen und ihre Dienste lassen sich überall auf der Welt verkaufen. Diese neuentstehende Gruppe von High-Tech-Internationalisten wird im Jahre 2020 in den USA 60% aller Einkommen auf sich vereinigen. Gleichzeitig wird sie sich allen Bürgerpflichten zu entziehen versuchen und ihr Geld nicht mit dem Rest des Landes teilen wollen. Im schlimmsten Fall, wie ihn der US-Arbeitsminister Robert Reich sieht, würden die Symbolanalytiker

»sich in noch isoliertere Enklaven zurückziehen und lieber dort ihre Mittel gemeinschaftlich anlegen, als sie mit den Amerikanern draußen im Lande zu teilen oder mit dem Ziel zu investieren, die Produktivität ihrer Landsleute zu verbessern. Der Anteil ihrer Einkommen, der versteuert und damit umverteilt oder zum Wohl der Allgemeinheit investiert würde, nähme weiter ab. [...] Durch ihre globalen Verbindungen, ihre guten Schulen, ihren komfortablen Lebensstil, ihre ausgezeichnete Gesundheitsfürsorge und ihren Überfluß an Wachpersonal vom Rest der Bevölkerung abgesetzt, würden die Symbolanalytiker ihre Sezession von der Union vervollständigen. Die Gemeinden und städtischen Enklaven, in denen sie residieren, und die symbolanalytischen Zonen, in denen sie arbeiten, hätten keine Ähnlichkeit mehr mit dem Rest Amerikas, noch würde es irgendwelche direkten Verbindungen zwischen beiden Seiten geben.« (Reich 1993: 338f.)

An der Schwelle zum 21. Jahrhundert beginnen die USA in zwei Hälften zu zerfallen. Die High-Tech-Revolution wird die Spannung zwischen Arm und Reich weiter vergrößern und das Land in zwei feindliche Lager spalten. Überall beginnt sich eine soziale Desintegration abzuzeichnen. Auch konservative Beobachter vermerken dies mit Sorge. Der Publizist Kevin Phillips warnt vor der Entwicklung einer »dualen Wirtschaft« und verweist auf US-Bundesstaaten wie Pennsylvania und North Carolina, wo die High-Tech-Städte der Nachdienstleistungsära – Philadelphia etwa oder Durham – im neuen globalen Wirtschaftsnetz aufblühen, während andere Landesteile ihre Stahlwerke und Textilfabriken verlieren und Tausende von Beschäftigten dort auf der Straße landen (Phillips 1991: 201).

Paul Saffo, der oben zitierte Direktor des Institute for the Future, teilt Phillips' Befürchtungen. Er hat beobachtet, daß es in High-Tech-Enklaven wie der Stadt Telluride im Bundesstaat Colorado »Leute gibt, die in ihren elektronischen Wohnungen arbeiten und Gehälter nach New Yorker Maßstäben bekommen, während nebenan jemand lebt, der im örtlichen Fast-Food-Restaurant Hamburger brät und ein Provinzgehalt bekommt«. Nach Saffos Meinung »könnte es zu einer explosiven Situation kommen, wenn die Ultrareichen und die Ultraarmen Seite an Seite leben. [...] Vielleicht kommt es auch zu sozialen Unruhen.« (Persönliches Gespräch 23.3.1994)

2
Der Wohlstand der Nationen

Die destabilisierenden Wirkungen der Dritten Industriellen Revolution machen sich überall auf der Welt bemerkbar. In allen entwickelten Volkswirtschaften setzen neue Technologien und Managementmethoden die Arbeitnehmer in gefährlicher Weise unter Streß oder nehmen ihnen den Job. Eine Reservearmee von Gelegenheitsbeschäftigten entsteht, die Kluft zwischen den Wohlhabenden und den Habenichtsen vergrößert sich. In den Ländern der OECD waren 1994 »35 Millionen Menschen ohne Arbeit, und weitere 15 Millionen ungefähr haben die Arbeitssuche entweder aufgegeben oder gegen ihren eigentlichen Willen eine Teilzeitarbeit angenommen« (Organization for Economic Cooperation and Development 1994: 7). In Lateinamerika beträgt die Arbeitslosigkeit unter der Stadtbevölkerung über acht Prozent. Indien und Pakistan weisen Arbeitslosenraten von mehr als 15% auf. Lediglich in einigen ostasiatischen Ländern beträgt die Rate weniger als drei Prozent (*Human Development Report* 1993: 35).

Auch in Japan, wo man das Wort »Arbeitslosigkeit« kaum auszusprechen wagt, zwingt die schärfer werdende Konkurrenz auf dem Weltmarkt die Unternehmen zu Einsparungen. Zum ersten Mal in der jüngeren Geschichte des Landes werden Arbeitskräfte freigesetzt. Offiziell liegt die japanische Arbeitslosenrate bei zweieinhalb Prozent. Nach Meinung einiger Analysten muß aber die große Zahl der nicht gemeldeten Arbeitslosen hinzugerechnet werden, so daß sich eine Rate von 7,5% ergibt (*Financial Times* 22.7.1993: 18). Im September 1993 berichtete das *Wall Street Journal*, in Japan werde befürchtet, daß »die großen Unternehmen schon bald Beschäftigte entlassen müßten, vielleicht sogar in größerer Zahl« (*Wall Street Journal* 16.9.1993: A10). Die Zahl der Stellenangebote in der Industrie ist um 26% gefallen, und einige japanische Ökonomen schätzen, daß in den nächsten Jahren auf jede freie Stelle zwei Bewerber kämen. Koyo Koide von der Industrial Bank of Japan hält »den Druck auf dem Arbeitsmarkt für größer als je zuvor seit dem Zweiten Weltkrieg« (*Wall Street Journal* 5.10.1993: B1).

In allen Bereichen der japanischen Wirtschaft haben sich die Aussichten verdüstert. Megumu Aoyana von der Stellenvermittlung der Toyo Universität in Tokio stellt fest, daß die japanischen Unternehmen heute so wenige Hochschulabsolventen einstellen wie nie zuvor seit dem Zweiten Weltkrieg. Im mittleren Management gibt es immer weniger offene Stellen, und einige Analysten meinen, daß durch die nächste Umstrukturierungswelle 860.000 Arbeitsplätze im Management der japanischen Firmen vernichtet werden könnten. In der Vergangenheit konnte man laut Aoyana davon ausgehen, daß der Dienstleistungsbereich die in der Industrie überflüssig gewordenen Arbeitskräfte auffangen würde. Mittlerweile ist aber die Zahl der offenen Stellen im tertiären Sektor um 34% und damit stärker als in den anderen Wirtschaftsbereichen gefallen. Aoyana meint, daß die japanischen Großunternehmen »nie wieder viele Leute einstellen werden« (zit. n. ebd.).

Nach Meinung des Unternehmensberaters Shintaro Hori könnten die japanischen Firmen gezwungen sein, 15 bis 20% ihrer Angestellten zu entlassen, um gegen die Konkurrenz der US-amerikanischen Unternehmen auf dem Weltmarkt bestehen zu können. Millionen von Arbeitnehmern würden dann in den kommenden Jahren infolge von Rationalisierungsmaßnahmen ihren Job verlieren (*New York Times* 27.2.1994: F6).

Während man in Japan erst damit beginnt, sich Sorgen über die Arbeitslosigkeit zu machen, hat sich in Westeuropa längst Katastrophenstimmung breitgemacht. Einer von neun Arbeitnehmern ist dort ohne Job (*Wall Street Journal* 1.7.1993), und die Zahlen steigen in allen Ländern. Zu Beginn der 90er Jahre betrug die Arbeitslosenrate in Frankreich 11,5%, in England 10,4%, in Irland 17,5%, in Italien

11,1%, in Belgien 11% und in Dänemark 11,3%. In Spanien, früher eines der Länder mit dem höchsten Wirtschaftswachstum in Europa, hat jeder fünfte Arbeitnehmer keinen Job (*Wall Street Journal* 10.11. 1992; 1.2.1993: A7, 5.11.1992: A9; 8.10.1992: C26; 16.2.1993: A3).

In Deutschland sind mehr als dreieinhalb Millionen Menschen arbeitslos. Allein in der Autoindustrie erwartet man in den kommenden Jahren den Verlust von 300.000 Arbeitsplätzen (*Financial Times* 1.3.1993; 30.3.1993). In einem Interview mit der US-amerikanischen Zeitschrift *Fortune* verglich Alt-Bundeskanzler Helmut Schmidt die heutigen Arbeitslosenzahlen mit denen der frühen 30er Jahre und verwies auf die beunruhigende Tatsache, daß »heute in Chemnitz, Leuna oder Frankfurt an der Oder mehr Menschen arbeitslos sind, als im Jahr 1933, als die Nazis gewählt wurden«. Schmidt warnte die Deutschen und die Weltgemeinschaft vor den möglicherweise schrecklichen Folgen: »Wenn wir dieses [Problem] nicht lösen können, müssen wir auf alles vorbereitet sein.« (Zit. n. *Fortune* 14.6.1993: 132) Die Situation in Deutschland hat Folgen für die gesamte europäische Wirtschaft. Die 80 Millionen Bürger der BRD stellen 23% der Konsumenten in Europa, und das deutsche Bruttosozialprodukt von etwas mehr als 3 Billionen DM macht 26% des BSP der Europäischen Union aus (ebd.).

Wirtschaftsexperten gehen davon aus, daß die Zahl der Arbeitslosen in Europa gegen Mitte des Jahrzehnts auf 19 Millionen steigen wird und bis zur Jahrhundertwende weiter anwachsen wird. Von den mehr als 400 europäischen Firmen, die die Unternehmensberatung Drake, Beam, Morin 1993 befragt hat, wollten 52% in den nächsten Jahren Einsparungen beim Personal vornehmen. (Bei einer gleichangelegten Umfrage unter US-amerikanischen Unternehmen waren es 42%.) Der Vorsitzende William J. Morin prophezeit, daß »der Druck der Weltmarktkonkurrenz und die neuen Technologien […] Europa schwer treffen werden« (zit. n. *Washington Post* 21.9.1993: C3).

»Eurosklerose«

Die technologisch bedingten Entlassungen sind in Europa längst zum Politikum geworden. Während 1960 jeder vierte europäische Arbeitnehmer in der Industrie beschäftigt war, war es zu Beginn der 90er Jahre nur noch jeder fünfte (Organization for Economic Cooperation and Development 1993a: 6). Der Verlust der Industriearbeitsplätze ist vor allem auf die Einführung arbeits- und zeitsparender Technologien und auf die Umstrukturierung der Produktionsabläufe nach US-amerikanischem und japanischem Vorbild zurückzuführen.

Die europäische Autozulieferindustrie ist ein gutes Beispiel für diese Entwicklung. 1993 beschäftigte sie mehr als 940.000 Arbeitnehmer. Einem vertraulichen Bericht der Europäischen Kommission zufolge müssen die Unternehmen, wenn sie wettbewerbsfähig bleiben und ihre Marktposition wiedergewinnen wollen, bis zum Jahr 1999 400.000 Beschäftigte freisetzen. Das würde allein für diesen einen Industriezweig einen Verlust von 40% aller Arbeitsplätze innerhalb von nur sechs Jahren bedeuten (*Financial Times* 18.10.1993).

In den nächsten Jahrzehnten wird in Westeuropa und in den anderen OECD-Ländern das Zeitalter der Fabrik ohne Menschen beginnen. Die Hoffnungen von Politikern und Ökonomen, der Dienstleistungssektor werde wie in der Vergangenheit die arbeitslos Gewordenen aufnehmen, sind längst zerstoben. Wuchs der tertiäre Sektor in den 80er Jahren in den OECD-Ländern noch jährlich um 2,3%, so ist diese Rate 1991 auf weniger als 1,5% gefallen. In Kanada, Schweden, Finnland und Großbritannien schrumpfte der tertiäre Sektor sogar. Im *World Labour Report* von 1993 heißt es dazu: »Die meisten Dienstleistungsbranchen, vom Bankwesen bis zum Einzelhandel (ausgenommen möglicherweise das Gesundheitswesen), werden jetzt derselben Umstrukturierung unterzogen, wie sie vor einem Jahrzehnt die Industrie erlebte.« (International Labor Organization 1993: 19f.)

Das Problem der Arbeitslosigkeit wird sich in Europa noch verschärfen durch den Personalabbau im öffentlichen Dienst. Während der 80er Jahre wies der öffentliche Sektor mit seinen fünf Millionen Beschäftigten die höchste Wachstumsrate aller Arbeitsmarktbereiche in der Europäischen Union auf (Organization for Economic Cooperation and Development 1993a: 6; *New York Times* 13.6.1993: A1). Jetzt, da die europäischen Länder ihre Haushalte beschneiden, um die Staatsschulden zu senken, kann der Staat nicht mehr als Retter einspringen und freigesetzte Arbeitskräfte anstellen. Noch alarmierender ist die Tatsache, daß in Westeuropa 45,8% der Arbeitslosen seit mehr als einem Jahr keinen Job mehr haben – eine erschreckende Zahl, verglichen mit den 6,3% Langzeitarbeitslosen in den USA (*New York Times* 13.6.1993: A1).

Wenn es freie Stellen gibt, sind es meist welche auf Zeit. Wie in den USA setzen auch in Europa die Unternehmen zunehmend auf diese Art der Beschäftigung, um Kosten zu sparen. Befristete Anstellungen werden zur Norm, vor allem im Dienstleistungsbereich, wo die Umstrukturierungen rapide um sich greifen und die Sicherheit der traditionellen Arbeitsplätze bedrohen. In Holland arbeiten 33% der Beschäftigten auf Zeit, in Norwegen mehr als 20%, in Spanien 33% und in Großbritannien 40% (Organization for Economic Cooperation and Development 1993b: 20; *Human Development Report* 1993: 37).

Alle Anzeichen deuten darauf hin, daß die Just-in-Time-Beschäftigung in der High-Tech-Ökonomie des 21. Jahrhunderts eine noch größere Rolle spielen wird (Organization for Economic Cooperation and Development 1993b: 18). Multinationale Unternehmen, die angesichts der globalen Konkurrenz mobil und flexibel bleiben wollen, werden in steigendem Maße Zeitpersonal statt Festangestellte einsetzen, um schnell auf Marktveränderungen reagieren zu können. Auf der ganzen Welt wird so die Produktivität wachsen, während die Arbeitsplätze unsicherer werden.

In Europa wird zusehends deutlicher, daß die Unternehmen das kostspielige soziale Netz, das in den EU-Staaten nach dem Krieg geknüpft wurde, für eine Behinderung im weltweiten Wettbewerb halten. Ein deutscher Industriearbeiter erhält im Durchschnitt fast doppelt so viel Geld wie sein US-amerikanischer Kollege, wobei die Nebenkosten 46% des Lohns ausmachen. Auch bei den italienischen Fabrikarbeitern machen die Nebenkosten die Hälfte ihrer Bezahlung aus, während sie sich in den USA nur auf 28% belaufen (*Wall Street Journal* 1.7.1993; *New York Times* 9.8.1993: A8).

Die Europäer haben auch länger Urlaub und arbeiten weniger. 1992 leistete der durchschnittliche deutsche Arbeitnehmer 1.519 Arbeitsstunden ab und bekam 40 Tage bezahlten Urlaub. Die öffentlichen Angestellten arbeiteten im Schnitt 1.646 Stunden. Amerikanische Arbeitnehmer arbeiteten jährlich 1.857 Stunden, während die Spitzenreiter, die Japaner, es auf mehr als 2.007 Stunden brachten. Alles in allem ist Arbeit in Europa anderthalb mal so teuer wie in den USA oder in Japan (*Wall Street Journal* 1.7.1993).

Auch die öffentlichen Ausgaben sind in Europa höher als in allen anderen industrialisierten Regionen der Welt. Ein großer Teil wird für soziale Programme verwandt, die das Wohlergehen der Arbeitnehmer und ihrer Familien sichern. In Deutschland betrug der Anteil der Ausgaben für die Sozialversicherung im Jahr 1990 25% des Bruttosozialprodukts, in den USA 15% und in Japan 11%. Höhere Sozialleistungen erfordern höhere Steuern für die Unternehmen. Die steuerliche Belastung der Unternehmen liegt jetzt in Deutschland bei über 60% und in Frankreich bei knapp 52%. In den USA beträgt sie nur 45% (ebd.). Die gesamten Kosten für das soziale Netz machen in Europa zusammen 41% des Bruttosozialprodukts aus, gegenüber 30% in den USA und in Japan (*New York Times* 13.6.1993: A1).

Die Unternehmer haben den Ausdruck von der »Eurosklerose« geprägt, um die ihrer Meinung nach übertrieben hohen Sozialleistungen zu charakterisieren. Um ihren Standpunkt zu untermauern, verweisen sie gern auf die USA, wo in der Reagan/Bush-Ära tiefe Schnitte in das soziale Netz getan wurden, um die Unternehmen von unnötigen Lohnkosten zu entlasten (*Financial Times* 21.6.1993).

Im August 1993 kündigte die Regierung Kohl massive Einsparungen bei den Sozialleistungen an, um das riesige Staatsdefizit einzudämmen.* Andere europäische Länder folgten diesem Beispiel. Die konservative Regierung Frankreichs kürzte die Renten und die Krankenversicherungsleistungen. Außerdem wurde die Dauer der

* 1994 wurden bei der Renten- und Arbeitslosenversicherung rund 57 Milliarden DM eingespart. Durch Reformen der Arbeitslosen- und Sozialhilfe sollen ab 1996 jährlich sechs Milliarden DM eingespart werden. (A.d.Ü.)

Arbeitslosenunterstützung verkürzt, was ein Sprecher so kommentierte: »Wir können es nicht zulassen, daß die Leute acht Monate arbeiten gehen und dann 15 Monate lang Arbeitslosengeld beziehen, wie sie es heute machen.« In Holland wurden die Leistungen für Berufsunfähige gekürzt, in der Hoffnung, mehr als drei Milliarden Mark jährlich einsparen zu können. Auf der anderen Seite warnen manche Politiker wie der EU-Kommissar Padraig Flynn vor allzu großen Einschnitten: »Es wird mehr schlechtbezahlte Jobs geben [...] und mehr Teilzeitarbeit.« In beiden Fällen, so Flynn, »ist die ausreichende soziale Absicherung entscheidend, [...] sonst werden wir es mit einer wachsenden Armut auch unter den Arbeitenden zu tun bekommen.« (Persönliches Gespräch 9.5.1994)

Die Lockerung des sozialen Netzes zu einem Zeitpunkt, da immer mehr Arbeitnehmer durch neue Technologien und Umstrukturierungen freigesetzt werden, verstärkt die Spannungen in Europa. Im März 1994 demonstrierten in den Städten Frankreichs Zehntausende junge Menschen gegen den Beschluß der Regierung, das gesetzliche Mindestgehalt für Jugendliche herabzusetzen. Da schon jeder vierte Jugendliche in Frankreich arbeitslos ist, befürchtet die Regierung politische Unruhen und womöglich die Wiederholung der Ereignisse von 1968, die die damalige Regierung lähmten. In Italien, wo die Jugendarbeitslosigkeit bei 30%, und in Großbritannien, wo sie bei 17% liegt, fanden die Ereignisse in Frankreich große Beachtung. Englische wie italienische Beobachter fürchten, ihr Land könnte als nächstes von gewalttätigen Jugendprotesten erschüttert werden (*New York Times* 24.3.1994: A3; 26.3.1994: international section, 3).

Der Forscher Heinz Werner, der die Misere der europäischen Arbeitnehmer untersucht hat, vergleicht die Situation mit »einem Laufrad für Hamster. Wer einmal rausgeflogen ist, kommt nur schwer wieder rein.« Und dann, so der Ökonom Wilhelm Adamy angesichts des weitmaschigeren sozialen Netzes, »wird sich seine Lage immer weiter verschlechtern« (*World Press Review* Februar 1993: 40). Mehr als 80 Millionen Menschen zählen in der EU bereits zu den Armen. Ihre Zahl wird weiter ansteigen, wenn mehr und mehr Arbeitnehmer durch die neuen Technologien auf dem rauhen Meer der Wirtschaft ausgesetzt werden und es immer weniger Rettungsboote gibt, die sie aufnehmen könnten (*Parade Magazine* 15.8.1993: 8).

Die Automatisierung der Dritten Welt

Auch in der Dritten Welt greift die Dritte Industrielle Revolution rasch um sich. Multinationale Unternehmen bauen überall in den Ländern der südlichen Hemisphäre hypermoderne High-Tech-Fabriken und -Anlagen. »In den 70er Jahren«, so sagt Harley Shaiken, Professor an der University of California in Berkeley, »schienen kapitalintensive, hochautomatisierte Produktionszweige an industrialisierte Volkswirtschaften wie die US-amerikanische gebunden zu sein. Die Arbeiten, die nach draußen gingen, waren wenig produktive Low-Tech-Jobs wie Jeans zusammenzunähen oder Spielzeug zusammenzustecken.« Heute aber, so Shaiken, »können dank der Computer, der Telekommunikation und dank billigerer Transportmöglichkeiten auch hochentwickelte Produktionszweige erfolgreich in die Dritte Welt [verpflanzt] werden.« (Persönliches Gespräch 5.5.1994)

Wie erwähnt, schrumpft der Anteil der Lohnkosten an den Gesamtkosten ständig. Aufgrund dieser Tatsache verliert das niedrige Lohnniveau der Drittweltländer an Bedeutung für die Produktionskosten. Niedrige Löhne bringen nur noch für einige Industriezweige wie die Herstellung von Textil- oder Elektroprodukten Vorteile, während in anderen Zweigen die billige menschliche Arbeitskraft an Boden gegenüber den Maschinen verliert. Nach einem Bericht der Vereinten Nationen war in den Jahren 1960 bis 1987 »weniger als ein Drittel der Produktionszunahme in den Entwicklungsländern [...] auf den vermehrten Einsatz von Arbeitskräften zurückzuführen. [...] Mehr als zwei Drittel der Zunahme resultierten aus Zuwächsen des investierten Kapitals.« (*Human Development Report* 1993: 35)

Um in Lieferzeit und Produktqualität auf dem Weltmarkt mithalten zu können, mußten viele Unternehmen der Dritten Welt in die Automation investieren. Oft spielt bei der Entscheidung, eine Fabrik in einem Entwicklungsland anzusiedeln, die Nähe zum zukünftigen Markt eine ebenso große Rolle wie die niedrigeren Arbeitskosten.

Auf jeden Fall, so meint die Zeitschrift *Fortune*, »sind [multinationale] Unternehmen durch die Entwicklung der Technik und der Produktivität gezwungen, auch in weniger entwickelten Ländern Fabriken und Büros zu bauen, die mit einem Bruchteil der zu Hause üblichen Belegschaft auskommen« (*Fortune* 14.12.1992: 52).

Nehmen wir das Beispiel Mexiko. Seit den späten 70er Jahren haben hier japanische und US-amerikanische Unternehmen entlang der Grenze zu den USA Fabriken gebaut. Die Fertigungsanlagen, die als *maquiladoras* bezeichnet werden, gehören solchen Giganten wie Ford, AT&T, Whirlpool, Nissan oder Sony. Die neueren dieser Fabriken sind hochautomatisiert und kommen mit einer relativ kleinen Belegschaft von Technikern aus (*New York Times* 28.3.1993: Sect.4, 4).

Dabei geht es den Unternehmen, die ihre Fabrikation automatisieren, weniger um die Einsparung von Arbeitskosten als um die Verbesserung der Qualität. Wie andere Firmen hat auch Zenith seine Anlagen automatisiert und die Belegschaft von 3.300 auf 2.400 reduziert. Elio Bacich, Direktor der mexikanischen Zenith-Tochter, gibt an, daß »60% dessen, was wir früher in Handarbeit gemacht haben, jetzt von Maschinen erledigt wird« (zit. n. *New York Times* 21.3.1993: F1).

In allen Entwicklungsländern werden Menschen durch Maschinen ersetzt. Wenn US-amerikanische Firmen in der Dritten Welt neue Fabriken bauen, so sind diese, wie der Unternehmensberater Martin Anderson beobachtet hat, meist wesentlich höher automatisiert und viel effizienter als ihre Gegenstücke in den USA: »Einige US-amerikanische Fabriken, die aussehen, als kämen sie aus Japan, werden zur Zeit in Brasilien aufgebaut.« (Zit. n. *Fortune* 14.12.1992: 52) Die Vorstellung, daß die Verlagerung von Produktionsanlagen in ärmere Länder diesen höhere Beschäftigung und größeren Wohlstand brächte, ist obsolet geworden. Harley Shaiken zufolge ist die Zahl der Arbeitsplätze, die in den automatisierten Fabriken und High-Tech-Büros neu entstehen, »minimal im Vergleich zu dem, was an Jobs in der Dritten Welt gebraucht würde«. Er befürchtet, daß die Dritte Industrielle Revolution der neuen Elite der Wissensarbeiter einige High-Tech-Jobs und dem Rest der Bevölkerung eine langdauernde technologische Arbeitslosigkeit bescheren wird. Die Entwicklung gehe eindeutig »in Richtung einer extremen Polarisierung der Einkommen. Millionen von Menschen werden an den Rand gedrängt werden.« (Persönliches Gespräch 5.5.1994)

Die Verdrängung menschlicher Arbeitskraft durch Maschinen führt in der Dritten Welt zunehmend zu Unruhen. Im Juli 1993 traten die Beschäftigten der in der Nähe von Bangkok angesiedelten Thai Durable Textile Company in Streik. Sie protestierten damit gegen die Entlassung von 376 der 3.340 Arbeiterinnen und Arbeiter, die durch neue arbeitssparende Technologien ersetzt werden sollten. Insgesamt sind in der thailändischen Textilindustrie mehr als 800.000 Arbeitskräfte – vor allem Frauen – beschäftigt. Sowohl die Belegschaft als auch das Management sahen daher jenen Arbeitskampf als entscheidend für das Schicksal Zehntausender Beschäftigter an, die sich von einer technologischen Revolution bedroht sehen (*Far Eastern Economic Review* 22.7.1993: 18).

Im benachbarten China, wo lange Zeit lieber billige Arbeitskräfte statt teuren Kapitals eingesetzt wurden, hat die Regierung eine allgemeine Umstrukturierung der Fabriken und eine Erneuerung der Anlagen angekündigt, um das bevölkerungsreichste Land der Erde auf dem Weltmarkt konkurrenzfähig zu machen. Chinesische Experten gehen davon aus, daß durch die gegenwärtige Restrukturierungswelle 30 Millionen Arbeitskräfte freigesetzt werden (*Wall Street Journal* 16.2.1994: A13).

Nirgendwo ist der Kontrast zwischen der High-Tech-Zukunft und der Low-Tech-Vergangenheit so deutlich wie in der 4,2-Millionen-Stadt Bangalore, die als das Silicon Valley Indiens gilt. Weltfirmen wie IBM, Hewlett-Packard, Motorola und Texas Instruments haben sich in dieser Metropole niedergelassen, die westlich von Madras in tausend Meter Höhe auf einem Plateau liegt. Zu Zeiten der Kolonialherrschaft war Bangalore mit seinem milden Klima, den tropischen Pflanzen und den schönen Ausblicken ein beliebter Ferienort für die britischen Beamten. Heute stellt es glänzende Bürotürme mit den Logos der größten US-amerikanischen Unternehmen zur Schau. In einem Land voller Armut und sozialer Spannungen stellt Bangalore »eine Insel relativen Wohlstands und sozialer Stabilität« dar. Die Stadt beherbergt einige der besten Wissenschaftler und Ingenieure der Welt, und sie ist zu einem Mekka der multinationalen Elektronik- und Computerfirmen geworden, die sich ein Standbein in der Nähe der neu aufblühenden Märkte sichern wollen (*Washington Post* 1.8.1993: A21).

Bangalore ist nur eine der High-Tech-Enklaven, die sich eine regionale Schlüsselposition erobert haben. Ihre bloße Existenz inmitten von Not und Elend läßt Zweifel aufkommen an der schönen High-Tech-Welt des nächsten Jahrhunderts. Der Historiker Paul Kennedy fragt, ob ein Land wie Indien »die Belastung aushalten kann, auf globalem Niveau konkurrenzfähige High-Tech-Enklaven [...] mitten unter Hunderten von Millionen ihrer verelendeten Landsleute aufzubauen«. Mit Blick auf den Graben, der sich zwischen der neuen Schicht der Symbolanalytiker einerseits und der abrutschenden Mittelschicht und der verarmten Arbeiterschicht andererseits auftut, stellt sich für Kennedy die Frage, ob die Entwicklungsländer in der neuen High-Tech-Welt nicht noch schlechter dran sein werden: »Wenn die gewaltigen Einkommensunterschiede schon in den Vereinigten Staaten für Unruhe sorgen, wieviel größer müßte die Auswirkung in Indien sein, wo ein Großteil der Nation noch nicht einmal eine industrielle Revolution durchgemacht hat [...]? Angesichts der sehr viel größeren Unterschiede in Einkommen und Lebensstil, die sich in Indien ergeben würden, wie könnte es eine Gesellschaft verkraften, wenige Inseln der Prosperität in einem Meer der Armut zu besitzen?« (Kennedy 1993: 238, 246)

Kennedys Befürchtungen gewinnen noch mehr an Berechtigung, wenn man bedenkt, wieviele Menschen in den nächsten Jahren auf die Arbeitsmärkte der Entwicklungsländer drängen werden. Bis zum Jahr 2010 wird die Zahl der arbeitsfähigen Männer und Frauen in der Dritten Welt um mehr als 700 Millionen wachsen – das sind mehr Arbeitskräfte, als 1990 in allen industrialisierten Ländern der Welt zusammen in Lohn und Brot standen. Auch die Zahlen für andere Regionen sind erschreckend: In Mexiko, in Zentralamerika und in der Karibik wird die Zahl der Arbeitsfähigen in den nächsten 30 Jahren um 52 Millionen zunehmen, das sind doppelt soviele Arbeitskräfte, wie sie im Moment Mexiko alleine aufweist. In Afrika wird sich die Zahl der Arbeitsfähigen in den nächsten 30 Jahren um

323 Millionen erhöhen – das sind mehr Arbeitskräfte, als Europa gegenwärtig hat (Population Crisis Committee 1989: 18ff.).

Weltweit müßten in den nächsten zehn Jahren mehr als eine Milliarde Arbeitsplätze geschaffen werden, um in den Entwicklungsländern wie in den entwickelten Ländern allen Neuankömmlingen auf dem Arbeitsmarkt ein Einkommen zu sichern (*Human Development Report* 1993: 37). Angesichts der neuen Informations- und Telekommunikationstechnologien, der Automation und der Robotisierung, die in allen Wirtschaftszweigen Arbeitsplätze vernichten, dürfte es allerdings ziemlich unmöglich sein, Arbeit für Hunderte von Millionen Menschen zu finden.

Auch hier spricht das Beispiel Mexikos Bände. Das Land ist zwar in einer besseren Lage als die meisten Entwicklungsländer, trotzdem sind 50% seiner arbeitsfähigen Bevölkerung unterbeschäftigt oder arbeitslos. Nur um das gegenwärtige Niveau zu halten, müßte Mexiko bis zum Ende des Jahrzehnts jedes Jahr 900.000 neue Arbeitsplätze schaffen (Population Crisis Committee 1989: 20).

Wir stehen an einer Wegscheide der Menschheitsgeschichte. Die Weltwirtschaft kann soviele Güter herstellen und soviele Dienstleistungen erbringen wie nie zuvor, und sie braucht dazu immer weniger Arbeitskräfte. Die neuen Technologien katapultieren uns in ein Zeitalter der Fabriken ohne Menschen, und dies zu einem Zeitpunkt, da die Weltbevölkerung ebenfalls so groß ist wie nie zuvor. Die Kluft zwischen der wachsenden Bevölkerung und den schrumpfenden Arbeitsmärkten wird die Weltpolitik bis weit ins nächste Jahrhundert bestimmen.

3
Eine schöne gefährliche Welt

In vielen Industrie- und Schwellenländern führt die wachsende Arbeitslosigkeit zu einem dramatischen Anstieg der Kriminalität, der nur ein Vorbote dessen ist, was uns in der Zukunft erwartet. Neuere Studien zeigen einen beunruhigenden Zusammenhang zwischen dem Niveau der Arbeitslosigkeit und der Kriminalitätsrate. Forscher der University of Utah stellten fest, daß in den USA ein Anstieg der Arbeitslosenrate um ein Prozent zu einer Zunahme der Mordfälle um 6,7%, der Gewaltverbrechen um 3,4% und der Eigentumsdelikte um 2,4% führte. Von Mitte 1990 bis Mitte 1992 stieg die Arbeitslosigkeit in den USA von 5,5 auf 7,5%. Die Wissenschaftler errechneten, daß dies in den von ihnen untersuchten 30 großstädtischen Regionen 1,459 zusätzliche Morde zur Folge hatte, 62.607 zusätzliche Gewaltverbrechen (einschließlich bewaffneten Raubs, schwerer Körperverletzung und Mordes) und 223.500 zusätzliche Eigentumsdelikte (einschließlich Raubs, Diebstahls und Autodiebstahls) (Merva/Fowles 1992: 1f.).

Sinkende Einkommen, zunehmende Arbeitslosigkeit und die wachsende Kluft zwischen arm und reich haben dazu geführt, daß in Teilen der USA das Faustrecht regiert. Auch wenn die meisten US-Amerikaner die Arbeitslosigkeit und die Kriminalität als die drängendsten Probleme ihres Landes ansehen, so weigern sie sich doch, den engen Zusammenhang zwischen beiden anzuerkennen. Je weiter sich die Dritte Industrielle Revolution ausbreitet, je mehr Bereiche der Wirtschaft automatisiert werden und je mehr Arbeiter und Angestellte ihre Arbeitsplätze verlieren, desto mehr wird die Zahl der Verbrechen, vor allem der Gewaltverbrechen, zunehmen. Viele arbeitslose und nicht mehr vermittelbare US-Amerikaner befinden sich in einer Abwärtsspirale, an deren Ende sie kein Sicherheitsnetz mehr auffängt. Um überleben zu können, müssen sie zu Verbrechern werden. Ausgeschlossen aus dem globalen High-Tech-Dorf, werden sie Mittel und Wege finden, um sich aus eigener Kraft das zu holen, was ihnen die Kräfte des Marktes verweigern.

Seit 1987 ist nach Angaben des FBI in den USA die Zahl der Ladendiebstähle um 18%, der Ladenüberfälle um 27% und der Banküberfälle um 50% gestiegen (*Security Management* November 1993: 38). Kein Wunder, daß die Sicherheitsbranche in den USA boomt. Die Schäden durch Eigentumsdelikte haben mittlerweile eine Größenordnung von jährlich 120 Milliarden Dollar erreicht, und im Gegenzug geben die Haus- und Ladenbesitzer Milliarden für ihre Sicherheit aus (ebd. Dezember 1992: 29).

Für private Sicherheitsdienste wird in den USA mehr als anderthalb mal soviel Geld aufgewandt wie für die staatlichen Sicherheitskräfte, und sie beschäftigen zweieinhalbmal soviele Leute. Bis zum Ende des Jahrzehnts wird die Sicherheitsbranche um jährlich 2,3% wachsen, das heißt mehr als doppelt so schnell wie der staatliche Polizeiapparat. Die Sicherheitsbranche zählt zu den Top Ten der Dienstleistungsbranchen, neben den Anbietern von elektronischen Informationssystemen und Computersoftware und neben den Datenverarbeitern. Für das Jahr 2000 erwartet man auf dem Sicherheitsmarkt einen Umsatz von mehr als 100 Milliarden Dollar (ebd.).

Nicht nur in den USA, auch in anderen Industrieländern bemächtigt sich die Gewalt der Straßen. Im Oktober 1990 lieferten sich im französischen Vaux-en-Velin, einer heruntergekommenen Arbeiterstadt bei Lyon, Hunderte Jugendliche eine dreitägige Straßenschlacht mit der Polizei und mit Spezialeinheiten der Armee. Auslöser der Unruhen war der Tod eines Jungen, der von einem Polizeiauto überfahren worden war, die eigentliche Ursache aber war nach Ansicht von Ortsbewohnern und Regierungsvertretern die zunehmende Arbeitslosigkeit und Armut. Die Jugendlichen bewarfen Autos mit Steinen, verletzten Dutzende Menschen, brannten Läden nieder und richteten einen Millionenschaden an (*UNESCO Courier* Februar 1993: 8).

Im englischen Bristol ereignete sich im Juli 1992 ein ähnlicher Zwischenfall. Ein Polizeiwagen hatte zwei Jugendliche überfahren, die ein Polizeimotorrad gestohlen hatten. Daraufhin verwüsteten Hunderte Randalierer ein Einkaufszentrum, ehe eine Eingreiftruppe von 500 Mann sie stoppen konnte (ebd.).

Dem französischen Soziologen Loic Wacquant zufolge, der eine breitangelegte Studie über Unruhen in den Städten der Ersten Welt angestellt hat, weisen die betroffenen Orte alle eine ähnliche soziale Struktur auf. Die meisten sind ehemalige Arbeiterstädte, die durch den Übergang von der Industrie- zur Informationsgesellschaft abgehängt wurden: »Die Veränderungen der kapitalistischen Wirtschaft – der Übergang von der Industriearbeit zu ausbildungsintensiven Dienstleistungen, die Elektronisierung und Automatisierung der Fabriken und Büros sowie der Niedergang der Gewerkschaften – [...] schlagen sich für die Bewohner der niedergehenden Arbeitergebiete in einer ungewöhnlich hohen Langzeitarbeitslosigkeit und in der Verschlechterung ihrer Lebensbedingungen nieder.« (Ebd.: 11) Wacquant fügt hinzu, daß der wachsende Zuzug von Einwanderern in die verarmten Gebiete den Arbeitsmarkt und die öffentlichen Dienste zusätzlich belastet. Die Spannungen unter den Einwohnern wachsen, da sie sich um ein stetig schmaler werdendes Stück des ökonomischen Kuchens streiten müssen.

Eine wachsende Zahl von Politikern und politischen Parteien hat sich – vor allem in Europa – die Ängste der verarmten Schichten und ihre fremdenfeindliche Furcht vor den Einwanderern, die ihnen angeblich die Arbeitsplätze wegnehmen, zunutze gemacht. In Deutschland, wo 1992 in einer Umfrage 76% der Universitätsstudenten die Befürchtung äußerten, nach dem Studium arbeitslos zu werden, bekunden Jugendliche ihren Protest gegen Ausländer in gewalttätigen Aktionen auf den Straßen. Getragen vor allem von neonazistischen Jugendbanden, hat die Gewalt in Deutschland um sich gegriffen. Im Jahr 1992 wurden bei 2.000 Zwischenfällen 17 Menschen getötet. Die Anführer der Neonazis machen Ausländer und Juden für das Problem der steigenden Arbeitslosigkeit verantwortlich. Mit der DVU und den Republikanern wurden erstmals zwei rechtsextreme Parteien auf den Wogen von Fremdenfeindlichkeit und Antisemitismus in die deutschen Landtage gespült (*Newsweek* 7.12.1992: 31).

In Italien konnte der neofaschistische Movimento Sociale Italiano bei den Wahlen im März 1994 unerwartete 13,5% der Stimmen auf sich vereinigen und wurde damit zur drittstärksten politischen Kraft in Italien. Der medienerfahrene Anführer der Partei, Gianfranco Fini, wurde auf einer Wahlfeier von Hunderten junger Leute mit den Rufen »Duce! Duce!« empfangen, was dunkle Erinnerungen an die Mussolini-Ära weckt. Italienische Meinungsforscher glauben, daß die Partei vor allem von aufgebrachten arbeitslosen Jugendlichen gewählt wird (*Washington Post* 31.3.1994: A25).

In Rußland gewann die neofaschistische Liberaldemokratische Partei unter Wladimir Schirinowski bei den ersten Wahlen zum nationalen Parlament ein Viertel aller Stimmen. In Frankreich verzeichnet Jean-Marie Le Pen ähnliche Erfolge, indem er die fremdenfeindliche Stimmung gegenüber den Einwanderern, die angeblich den Einheimischen die Arbeit wegnehmen, aufheizt (*The New Yorker* 27.12.1993).

Nur selten kommen die Anführer der extremen Rechten in ihren Reden auf die technologisch bedingte Freisetzung von Arbeitskräften zu sprechen. Und doch sind es die Automation, die Umstrukturierungen und der Personalabbau, die den Arbeiterstädten in allen Industrieländern die Lebensgrundlage entziehen. Die Massenwanderungen von Ost- nach Westeuropa und von Süd- nach Nordamerika sind zum Teil auf die sich verändernde Dynamik der Weltwirtschaft und die Entwicklung einer neuen Weltordnung zurückzuführen, die Millionen Menschen dazu zwingt, auf der Suche nach Arbeit ihr Land zu verlassen.

Die technologische Arbeitslosigkeit und die Zuwanderung bringen zahllose Städte an den Rand dessen, was sie verkraften können. Zunehmende Armut und wachsende Spannungen führen zu spontanen Unruhen und kollektiven Gewaltakten. Die Bewohner innerstädtischer Quartiere haben mittlerweile mehr mit den Slumbewohnern der Entwicklungsländer gemein als mit der kosmopolitischen Schicht, die in den Vorstädten und Vororten lebt.

Der Publizist Nathan Gardels gibt die gegenwärtige Stimmung mit Worten wieder, die in verblüffender Weise an die Beschreibungen der Misere der schwarzen US-Amerikaner vor dreißig Jahren erinnern, als diese erst im Süden durch die neuen Methoden der

Landwirtschaft, dann im Norden durch die neuen Technologien der Industrie ins Abseits gedrängt wurden. »Aus der Perspektive des Marktes«, so Gardels, »befinden sich die immer zahlreicher werdenden [Arbeitslosen] in einer Lage, die schlimmer ist als die von kolonialisierten Völkern: Die Wirtschaft braucht sie nicht mehr. [...] Wir können nichts mit dem anfangen, was sie anzubieten haben, und sie können nicht kaufen, was wir anzubieten haben.« Gardel sieht eine Welt der Gesetzlosigkeit auf uns zukommen, eine Welt, in der es »inmitten des Chaos nur kleine Inseln von Recht und Ordnung« geben wird (*Washington Post* 11.4.1993: C4).

Einige Militärexperten sehen eine Epoche voraus, die gekennzeichnet sein werde von – wie sie es nennen – »Konflikten minderer Stärke«, von Terroranschlägen, Banditenüberfällen, Guerillakämpfen. Der Militärhistoriker Martin Van Creveld prophezeit, der Unterschied zwischen Krieg und Verbrechen werde langsam verschwinden. Plündernde Banden von Gesetzlosen, manche mit vagen politischen Zielen, würden durch das globale Dorf ziehen, Autos zerstören, Leute entführen und Massaker anrichten (Van Creveld 1991). In einer solchen Welt wären stehende Armeen und nationale Polizeikräfte nicht mehr in der Lage, das Chaos zu beenden oder wenigstens zu begrenzen, und so bliebe es privaten Sicherheitskräften überlassen, sichere Zonen für die Eliteschichten des globalen High-Tech-Dorfes zu schaffen.

Der Übergang zur Dritten Industriellen Revolution stellt viele der uns liebgewordenen Fortschrittsvorstellungen in Frage. Die Optimisten – die Topmanager, die Zukunftsforscher und einige besonders vorausschauende Politiker – malen sich die Ära der Information als ein Goldenes Zeitalter der unbegrenzten Produktion und des wachsenden Konsums aus, in dem Wissenschaft und Technik sich rapide weiterentwickeln, in dem die Märkte immer weiter wachsen und alle Bedürfnisse befriedigt werden.

Anderen erscheint dagegen der Triumph der Technik eher als ein Fluch oder als ein Requiem für alle diejenigen, die in der neuen automatisierten Weltwirtschaft nicht mehr gebraucht werden. Sie sehen eine Zukunft auf uns zukommen, die bei den Menschen nicht

Hoffnung, sondern Angst, nicht frohe Erwartung, sondern Wut wekken wird. Von den neuen Mächten verstoßen, am Rande der irdischen Existenz verkümmernd, werden sie zu Horden, die genauso unberechenbar sind wie die Veränderungen der politischen Strömungen – eine Menschenmasse, deren Schicksal die Rebellion gegen ein System sein wird, das sie zu einem Nichts hat werden lassen.

An der Schwelle zum dritten Jahrtausend steht unsere Zivilisation an einer Wegscheide. Der eine Weg führt in eine verheißungsvolle, utopische Welt, der andere in eine unheilvolle Welt voller Gefahren. Zur Debatte steht unsere Vorstellung von Arbeit. Wie soll die Menschheit damit umgehen, daß in Zukunft die meiste Arbeit nicht mehr von Menschen, sondern von Maschinen erledigt werden wird? Unsere politischen Institutionen, unsere gesellschaftlichen Verpflichtungen und wirtschaftlichen Beziehungen sind alle auf Menschen ausgerichtet, die ihre Arbeitskraft auf dem Markt verkaufen. Jetzt, da unsere Arbeitskraft für die Industrie wie für den Dienstleistungssektor immer unwichtiger wird und ihr Marktwert rapide sinkt, müssen wir uns neue Wege ausdenken, wie man Einkommen und Kaufkraft sichern könnte. Wir brauchen Alternativen zur Erwerbsarbeit, um die Kraft und das Talent zukünftiger Generationen nicht brachliegen zu lassen. Während des Übergangs zu einer neuen Ordnung müssen wir den Hunderten von Millionen Menschen, die den wirtschaftlichen Veränderungen zum Opfer gefallen sind, mit Rat und Tat zur Seite stehen. Wenn es uns nicht gelingt, ihre Lage sofort und dauerhaft zu verbessern, werden weltweite soziale Unruhen die Folge sein.

Zwei Dinge müssen vor allem in Angriff genommen werden, um in den Industrieländern den Übergang in ein postmarktwirtschaftliches Zeitalter zu bewerkstelligen. Erstens müssen auch die Arbeitnehmer ihren Anteil am Produktivitätszuwachs, der durch die neuen arbeits- und zeitsparenden Technologien entsteht, bekommen. Die Arbeitszeit muß verkürzt werden und die Gehälter und Löhne müssen entsprechend erhöht werden, um eine möglichst gleichmäßige Verteilung der Früchte des technischen Fortschritts zu erreichen.

Zweitens werden der Personalabbau in der Privatwirtschaft und die Einsparungen im öffentlichen Sektor es erfordern, daß wir unser Augenmerk stärker auf einen anderen Bereich richten: den sozialen oder Nonprofit-Bereich. Hierhin werden sich die Menschen im kommenden Jahrhundert wenden, wenn ihre persönlichen oder gesellschaftlichen Belange weder vom Markt noch vom Staat berücksichtigt werden. Hier finden sie den Raum, neue Rollen und Verantwortlichkeiten auszuprobieren, und hier können sie ihrem Leben einen neuen Sinn verleihen, wenn der Marktwert ihrer persönlichen Zeit schwindet. Wenn die Menschen zumindest teilweise ihre Loyalität und ihr Engagement vom freien Markt und vom öffentlichen Bereich auf den »Dritten Sektor« übertragen, dann deutet dies auf einen fundamentalen Wandel unserer Institutionen hin. Dann kann sich ein gesellschaftliches Leben entwickeln, das sich von dem des marktwirtschaftlichen Zeitalters genauso sehr unterscheidet, wie dieses sich vom Feudalismus des Mittelalters unterschieden hat.

V
Das postmarktwirtschaftliche Zeitalter

I
Freie Zeiten

Vor fast fünfzig Jahren, in den Anfängen der Computerrevolution, machte der Philosoph und Psychologe Herbert Marcuse eine prophetische Beobachtung, die unsere Gesellschaft jetzt, zu Beginn des Informationszeitalters, umtreibt:

»[...] je mehr die Arbeit für den Einzelnen zu etwas Äußerlichem wird, desto weniger berührt sie ihn im Bereich des Notwendigen. Von den Erfordernissen der Herrschaft befreit, führt die quantitative Abnahme der Arbeitszeit und Arbeitsenergie zu einer qualitativen Wandlung im menschlichen Dasein: die Freizeit und nicht die Arbeitszeit bestimmt seinen Gehalt. Der wachsende Bereich der Freiheit wird wirklich zu einem Bereich des Spiels – des freien Spiels der individuellen Fähigkeiten. So befreit, werden diese Möglichkeiten neue Formen der Realisierung und Weltentdeckung hervorbringen [...].« (Marcuse 1979: 190)

Der Freudianer Marcuse folgerte daraus: »Da die Dauer des Arbeitstages an sich einer der entscheidenden Faktoren für die Unterdrükkung des Lustprinzips durch das Realitätsprinzip darstellt, ist die Verkürzung der Arbeitszeit [...] die erste Vorbedingung der Freiheit.« (Ebd.: 133)

Schon früher gab es Utopisten, nach deren Meinung Wissenschaft und Technik – richtig angewandt – die Menschheit von der Erwerbsarbeit befreien würden. Heute hängt niemand dieser Idee so sehr an wie die Anführer und Verfechter der Informationsrevolution. Der japanische Computerexperte Yoneji Masuda sieht ein »Computopia« auf uns zukommen, in dem die Gesellschaft nicht mehr auf materiellen Wohlstand, sondern auf Freizeit ausgerichtet sein wird. Masuda glaubt wie Marcuse, daß durch die Computerrevolution zum ersten Mal in der Menschheitsgeschichte eine Umorientierung der Gesellschaft – weg von der fremdbestimmten Arbeit, hin zur persönlichen Freiheit – möglich wird. Dem japanischen Visionär zufolge führte die Industrielle Revolution vor allem zu einer Erhöhung der materiellen Produktion. Die Informationsrevolution wird dagegen vor allem mehr freie Zeit mit sich bringen; sie wird den Menschen die Freiheit verleihen, selbst darüber zu entscheiden, was sie mit ihrer Zukunft anfangen wollen.

Masuda sieht im Übergang von den materiellen Werten zur Wertschätzung der Zeit einen Wendepunkt in der Evolution unserer Spezies: »Die Zeit als Grundwert unserer wirtschaftlichen Aktivitäten zu nehmen, zielt auf eine höhere Ebene des menschlichen Lebens als die materiellen Werte. Die Zeit steht im Zusammenhang mit der Befriedigung menschlicher und geistiger Bedürfnisse, die materiellen Werte hingegen mit der Befriedigung physiologischer und materieller Bedürfnisse.« (Masuda 1981: 74)

In den Industrie- wie in den Entwicklungsländern wird man sich immer mehr der Tatsache bewußt, daß die Weltwirtschaft auf eine automatisierte Zukunft zusteuert. Dank der neuen Informations- und Kommunikationstechnologien wird es möglich sein, mehr Güter mit weniger Arbeitskräften herzustellen. Die Umstrukturierung der Unternehmen und der technologisch bedingte Personalabbau werden auf jeden Fall eine Verlängerung der Freizeit zur Folge haben. Oder wie der US-Gewerkschaftsführer William Green treffend bemerkte: »Wir werden mehr freie Zeit zur Verfügung haben, fragt sich nur, ob in Form von Arbeitslosigkeit oder als Freizeit.« (*Society for the Reduction of Human Labor Newsletter* Winter 1992/93, vol. 3 #1: 14)

Die Wirtschaftshistoriker verweisen darauf, daß nach den ersten beiden industriellen Revolutionen die Frage »Mehr Arbeitslose oder mehr Freizeit?« zugunsten der letzteren entschieden wurde, allerdings erst nach langwierigen Auseinandersetzungen zwischen den Belegschaften und den Unternehmern. Im 19. Jahrhundert folgte auf den dramatischen Produktivitätszuwachs der ersten Phase der Industriellen Revolution eine Verminderung der Wochenarbeitszeit von achtzig auf sechzig Stunden. Desgleichen folgte im 20. Jahrhundert auf den Übergang vom Dampf zum Öl und zur Elektrizität eine weitere Verminderung auf vierzig Stunden. Heute stehen wir am Beginn der dritten Phase der Industriellen Revolution und fahren den Produktivitätsgewinn ein, den die Computer und die neuen Informations- und Telekommunikationstechnologien mit sich bringen. Nicht wenige Beobachter halten es daher für unabdingbar, die Wochenarbeitszeit weiter auf dreißig oder gar zwanzig Stunden zu reduzieren, um die Arbeitnehmer an der erhöhten Produktivität des Kapitals teilhaben zu lassen.

Auf dem Weg zur High-Tech-Arbeitswoche

Die Forderung nach einer Verkürzung der Wochenarbeitszeit findet heute unter Gewerkschaftsführern und Ökonomen immer mehr Unterstützung. Da die Regierungen nicht in der Lage oder nicht willens sind, mit Konjunkturprogrammen einzugreifen, erscheint vielen eine solche Reduzierung als einzig mögliche Antwort auf die technologisch bedingten Entlassungen. Lynn Williams von der US-Stahlarbeitergewerkschaft meint: »Wir müssen endlich über eine Verkürzung der Arbeitszeit nachdenken [...], um die erhöhte Produktivität umzuverteilen.« (Persönliches Gespräch 8.4.1994) 1993 wagte Volkswagen, der größte europäische Autohersteller, den Einstieg in die Vier-Tage-Woche. 30.000 Arbeitsplätze blieben erhalten, die andernfalls der stärkeren Konkurrenz auf dem Weltmarkt und einer durch neue Technologien erhöhten Produktivität zum Opfer gefallen wären. Nachdem die Belegschaft den Plänen des Managements zugestimmt hatte, führte Volkswagen als erstes Weltunternehmen die Dreißig-Stunden-Woche ein. Der Nettoverdienst der VW-Beschäftigten vermindert sich damit um 20%. Niedrigere Steuern und die Verteilung von Weihnachts- und Urlaubsgeld über das ganze Jahr sollen diesen Verlust abfedern (vgl. Hartz 1994: 60-65). Belegschaft und Unternehmensführung sehen, so der VW-Sprecher Peter Schlilein, in der kürzeren Arbeitswoche eine gerechtere Lösung als in einer Massenentlassung (persönliches Gespräch 3.5.1994).

In ganz Europa ist die Arbeitslosigkeit so hoch wie seit den 30er Jahren nicht mehr. Der Ruf nach einer kürzeren Arbeitswoche ist überall zu hören. Die italienischen Gewerkschaften haben den Slogan ausgegeben: »Lavorare Meno, Lavorare Tutti« – weniger Arbeit ist Arbeit für alle. In Frankreich fanden entsprechende Ideen ein starkes Echo in der Öffentlichkeit und auch eine Mehrheit im Parlament. Ebenso sprach sich Präsident Mitterand während seiner Amtszeit für die Vier-Tage-Woche aus (*New York Times* 22.11.1993: A1, 6).

Einen entsprechenden Plan, nach dem die Wochenarbeitszeit von 1996 an von 39 auf 33 Stunden reduziert werden könnte, hat Pierre Larrouturan, französischer Berater des internationalen Wirtschaftsprüfungsunternehmens Arthur Andersen, vorgelegt. Durch die Verkürzung würden einerseits die Einkommen um 5% zurückgehen, andererseits zwei Millionen neue Arbeitsplätze entstehen, was einer Steigerung der Beschäftigungsrate um 10% entspricht. Als Ausgleich für den Einkommensverlust sollen die Unternehmen Profitbeteiligungspläne aufstellen, um so ihren Mitarbeitern einen Anteil an zukünftigen Produktivitätssteigerungen zukommen zu lassen. Die Kosten für die Arbeitgeber würden wiederum dadurch ausgeglichen, daß der Staat die Finanzierung der Arbeitslosenversicherung übernimmt, für die die Unternehmen gegenwärtig einen Anteil von 8,8% der Lohn- und Gehaltssumme zahlen. Seinerseits wird auch der Staat keine Einbußen haben, da er die Leistungen für zwei Millionen weniger Arbeitslose einsparen und so den Ausfall des Arbeitgeberanteils an der Arbeitslosenversicherung kompensieren kann (ebd.).

Die Befürworter dieses Plans sind auch der Meinung, die Verkürzung der Arbeitswoche werde die Produktivität verbessern und die französischen Unternehmen auf dem Weltmarkt konkurrenzfähiger machen. Neben dem üblichen Argument, daß eine Verkürzung der Arbeitszeit eine geringere Ermüdung und eine erhöhte Effizienz zur Folge habe, wird angeführt, daß die Flexibilisierung erwiesenermaßen den Einsatz von Kapital und Maschinen optimiere und so zu einem Produktivitätszuwachs führe.

Versuche mit kürzeren Wochenarbeitszeiten, die von Firmen wie Hewlett-Packard und Digital Equipment durchgeführt wurden, haben viele Skeptiker in der Wirtschaft vom Nutzen dieses neuen

Ansatzes überzeugt. In der Grenobler Fabrik von Hewlett-Packard führte das Management eine Vier-Tage-Woche ein und konnte so die Maschinen 24 Stunden täglich und sieben Tage die Woche laufen lassen. Die 250 Beschäftigten arbeiten jetzt 26 Stunden und 50 Minuten in der Nachtschicht, 33,5 Stunden in der Nachmittagsschicht und 34 Stunden und 40 Minuten in der Vormittagsschicht. Obwohl sie im Schnitt pro Woche sechs Stunden weniger als früher arbeiten, bekommen sie dieselben Gehälter wie zuvor. Das Management sieht die Mehrbezahlung als Ausgleich für die Flexibilisierung der Arbeitszeiten an. Die Produktion der Grenobler Fabrik hat sich verdreifacht, da sie nun nicht mehr wie früher zwei Tage in der Woche stillsteht. Der Gewerkschaftsvertreter Gilbert Fournier meint, die Arbeitnehmer seien »angetan von solchen Versuchen wie bei Hewlett-Packard. […] Wir sind überzeugt, daß die Verkürzung der Arbeitswoche, durch die die Maschinen länger laufen, auch die Arbeitslosigkeit in Europa vermindern könnte.« (Zit. n. ebd.: A6)

Digital Equipment hat in seinen Fabriken die Arbeitszeitverkürzung in anderer Weise umgesetzt. Den Beschäftigten wurde eine Vier-Tage-Woche angeboten bei einer Lohnkürzung von sieben Prozent. Von den 4.000 Mitarbeitern nahmen 530, das sind gut 13% der Belegschaft, das Angebot an und retteten so 90 Arbeitsplätze, die andernfalls einer Umstrukturierung zum Opfer gefallen wären. »Eine ganze Reihe unserer Beschäftigten waren daran interessiert, weniger zu arbeiten, auch wenn sie dabei weniger verdienen«, berichtet Robin Ashmal, Firmensprecherin von Digital, »vor allem junge Leute wollen sich ihr Leben anders einteilen und mehr Freizeit haben.« (Zit. n. ebd.)

Die Europäische Kommission und das Europaparlament haben sich beide für eine Verkürzung der Wochenarbeitszeit ausgesprochen, um der wachsenden Arbeitslosigkeit zu begegnen. In einem Bericht der Kommission heißt es, es sei »wichtig, die Entstehung zweier voneinander abgegrenzter Gruppen in der Gesellschaft zu verhindern – einer Gruppe von Menschen, die eine feste Anstellung haben, und einer Gruppe von Menschen ohne eine solche. Eine derartige Entwicklung würde zu einer sozialen Spaltung führen und längerfristig die Grundlagen der demokratischen Gesellschaft zerstören.«

Nach Meinung der Kommission ist es höchste Zeit, daß Regierungen und Unternehmen »durch eine Verkürzung der Arbeitszeit Arbeitsplätze erhalten oder schaffen, um in einer Zeit sehr hoher und noch wachsender Arbeitslosigkeit für mehr [soziale] Gerechtigkeit zu sorgen.« (*Memorandum on the Reduction and Reorganization of Working Time* 1982: 60) Das Europaparlament hat die Vorschläge der Kommission unterstützt, die »kurzfristig für eine erhebliche Verminderung der Tages-, Wochen- und/oder Jahresarbeitszeit sowie der Lebensarbeitszeit sorgen und so das weitere Anwachsen der Arbeitslosigkeit deutlich verlangsamen und in der Folge ganz stoppen würden.« (*Report on the Memorandum* 1983: 9)

Sogar in Japan, das lange eine Bastion der industriellen Arbeitsethik war, wird der Ruf nach einer kürzeren Arbeitswoche lauter. Während der letzten drei Jahrzehnte hat hier die Wochenarbeitszeit stetig abgenommen. Diese Entwicklung ging einher mit einem dramatischen Anstieg der Produktivität und einem sehr raschen Wirtschaftswachstum, was die oft vertretene These widerlegt, kürzere Arbeitszeiten und mehr Freizeit würden sich schlecht auf die Wettbewerbsfähigkeit und die Profite der Unternehmen auswirken.

Einige japanische Ökonomen und Unternehmer argumentieren von der Gewinnseite her und halten mehr Freizeit für unabdingbar, um den Dienstleistungssektor anzukurbeln. Andere sehen das Thema Arbeitszeitverkürzung vor allem unter dem Aspekt der Lebensqualität und meinen, die Arbeitnehmer bräuchten mehr Zeit für ihre Familien und Kinder, um sich in Nachbarschaft und Gemeinde engagieren zu können oder um einfach das Leben zu genießen.

Im Jahr 1992 erklärte der damalige Ministerpräsident Kiichi Miyazawa die Verkürzung der Arbeitszeit zum nationalen Anliegen und kündigte an, die Regierung werde mit ihren Mitteln versuchen, die Lebensqualität in Japan zu verbessern. Im August 1992 wurde ein Fünfjahresplan des Wirtschaftsrates in Kraft gesetzt, der Japan zu einer »Lifestyle-Supermacht« machen soll und vor allem Programme für eine gesündere und der Erholung förderliche Umwelt vorsieht. An oberster Stelle der Maßnahmenliste steht eine Verkürzung der Wochenarbeitszeit von 44 auf 40 Stunden (*The Five-Year Economic Plan* 1992; *Wall Street Journal* 13.7.1993: 1).

Die Arbeitszeitverkürzung hat in Japan zusätzlich an Bedeutung gewonnen, seit bekannt wurde, daß die Unternehmen des Landes mindestens zwei Millionen mehr Mitarbeiter haben, als sie tatsächlich brauchen (*New York Times* 28.11.1993). Da die Umstrukturierungen und die Automatisierung einen noch stärkeren Personalabbau mit sich bringen werden, wollen viele Japaner der drohenden Arbeitslosigkeit durch eine Verkürzung der Arbeitszeit entgegenwirken.

Kompromißvorschläge

Obwohl Unternehmen wie Hewlett-Packard und Digital Equipment in ihren europäischen Fabriken erfolgreich kürzere Arbeitszeiten eingeführt haben, stehen die meisten US-amerikanischen Topmanager der Idee noch immer ablehnend gegenüber. Vor einigen Jahren kam bei einer Umfrage unter 300 Managern nicht eine einzige positive Äußerung dazu. Einer schrieb den Initiatoren der Befragung: »Was die Welt, unser Land und dessen Lage angeht, bin ich vollkommen anderer Ansicht als Sie. Ich glaube, daß wir nicht kürzere Arbeitszeiten brauchen, sondern längere, wenn Amerika im nächsten Jahrhundert wettbewerbsfähig bleiben soll.« (Zit. n. *Society for the Reduction of Human Labor Newsletter*, Vol. 1, Nr. 1: 6)

Die Chancen stehen gut, daß die US-Firmen ihren Widerstand in den nächsten Jahren aufgeben werden, wenn die Manager merken, daß die Lücke zwischen der wachsenden Produktivität und der schwindenden Kaufkraft geschlossen werden muß. Und wenn dann noch die Öffentlichkeit sich dafür stark macht, daß über eine Verkürzung der Arbeitszeit die vorhandene Arbeit gerechter verteilt wird, dann wird dies seine Wirkung auf die Wirtschaft und auf die Politik nicht verfehlen.

Ökonomen wie der Nobelpreisträger Wassily Leontief legen Konzepte für eine Verkürzung der Arbeitszeit vor. Leontief zufolge läuft mit der Mechanisierung und Automatisierung in der Industrie und im Dienstleistungssektor ein ähnlicher Prozeß ab, wie ihn die Landwirtschaft zu Beginn unseres Jahrhunderts durchmachte. Im Falle der Landwirtschaft sei der Staat eingesprungen und habe mit Einkommensbeihilfen die Anpassung der Überproduktion an die geringe Nachfrage gestützt. Auch für die Arbeitnehmer hätten die Industriestaaten längst eine Einkommenspolitik entwickelt, in Form von Sozialversicherungsleistungen, Arbeitslosengeldern, Krankenversicherungen und Sozialhilfen. Nötig sei nun eine Ausweitung der Einkommenstransfers, um die Folgen der technologisch bedingten Entlassungen auszugleichen. Leontief schlägt als einen ersten vorsichtigen Schritt in diese Richtung zusätzliche Zahlungen an diejenigen vor, die weniger als die normale Stundenzahl arbeiten wollen – was in Europa bereits verbreitete Praxis sei.

Technischen Fortschritt hält Leontief für unausweichlich, aber zugleich meint er, der neu entstehende Wissensbereich der Wirtschaft werde nicht genug Arbeitsplätze bieten, um die Millionen Beschäftigte aufzunehmen, die anderswo durch Umstrukturierungsmaßnahmen freigesetzt werden. Um die noch vorhandene Arbeit gerecht zu verteilen, schlägt er eine Verkürzung der Arbeitszeit vor. Allerdings solle sie auf freiwilliger Basis eingeführt werden, da sie nur schwer zu erzwingen sei (*Scientific American* September 1982: 194f.; persönliches Gespräch 14.3.1994).

Angesichts des sich verschärfenden globalen Wettbewerbs stehen die meisten Unternehmer und Manager kürzeren Arbeitszeiten ablehnend gegenüber. Sie fürchten, die höheren Lohnkosten würden die Preise ihrer Produkte im Vergleich zu denen ihrer Konkurrenten zu sehr in die Höhe treiben. Höhere Lohnkosten, so das Argument, würden zu deutlichen Nachteilen für die heimischen Produzenten führen und zu einem Verlust von Weltmarktanteilen. In ihrem Buch *Nonfinancial Economics* entkräften William McGaughey und der frühere US-Senator Eugene McCarthy dieses Standardargument mit dem Hinweis, daß die US-Unternehmen in den Jahren 1960 bis 1984 die Arbeitszeiten weniger stark verkürzt und einen geringeren Lohnausgleich gezahlt hätten als die Firmen in anderen Industrienationen. Der jährliche Anstieg der Lohnkosten fiel auf diese Weise in den USA geringer aus als in allen anderen der zwölf führenden Industriestaaten. Trotzdem rutschte die US-Handelsbilanz in dieser Zeit vom Plus ins Minus. Interessanterweise erarbeitete sich Japan in derselben Zeit Handelsüberschüsse statt der früheren Defizite, obwohl hier die Lohnkosten stark zunahmen (McCarthy/McGaughey 1989: 143).

Trotzdem bleibt das Argument bestehen, daß kürzere Arbeitszeiten bei gleicher Entlohnung Wettbewerbsnachteile auf dem Weltmarkt nach sich ziehen könnten. Eine mögliche Lösung dieser Frage könnten die oben erwähnten Vorschläge aus Frankreich sein. Unternehmer, Gewerkschafter und Politiker verschiedener Parteien treten hier dafür ein, daß der Staat sämtliche Kosten für die Arbeitslosenversicherung übernimmt und die Arbeitgeber im Gegenzug einer Arbeitszeitverkürzung zustimmen. Man rechnet damit, daß durch die Erhöhung der Beschäftigung die Sozialhilfe und andere Unterstützungsleistungen deutlich sinken werden. Dieser Rückgang soll die zusätzlichen Belastungen des Staates durch die Übernahme des Arbeitgeberbeitrages zur Arbeitslosenversicherung ausgleichen. Auch könnten den Unternehmen, wenn sie die Arbeitszeiten verkürzen und zusätzliche Mitarbeiter einstellen, je nach dem Umfang der Neueinstellungen und der Erhöhung der Lohn- und Gehaltssumme Steuererleichterungen gewährt werden. Der Verlust an Steuereinnahmen, so wird argumentiert, würde langfristig wieder wettgemacht durch die Besteuerung der zusätzlichen Einkommen. Die Clinton-Administration hat bereits die Idee in Umlauf gebracht, den Unternehmen Steuererleichterungen zu gewähren, wenn sie Wohlfahrtsempfänger einstellen, und damit einen Präzedenzfall geschaffen, der auf den gesamten Arbeitsmarkt ausgeweitet werden könnte.

Schließlich könnte – den französischen Vorstellungen zufolge – der Staat den Unternehmen auch eine Umverteilung ihrer Profite auferlegen, um die Beschäftigten direkt am Produktivitätszuwachs zu beteiligen. Zugleich könnte er den Arbeitnehmern, die aufgrund verkürzter Arbeitszeiten weniger verdienen, Steuernachlässe gewähren. Auf diese Weise würde die Belastung der Beschäftigten verringert, und sie wären eher für eine Arbeitszeitverkürzung zu haben.

Auch wenn es gelänge, diese Vorschläge in die Tat umzusetzen, so müßten sie nach Meinung vieler Ökonomen von multilateralen Vereinbarungen der Industrie- und der Entwicklungsländer flankiert werden, um faire Bedingungen für alle zu garantieren. Michael Hammer argumentiert, man könne die Arbeitszeit nur verkürzen, »wenn alle es tun«. Wie viele andere Wirtschaftsbeobachter bleibt er skeptisch: »Wenn wir den Beschäftigten für weniger Arbeit das gleiche Geld zahlen, erhöhen sich die Kosten für unsere Produkte, und das können wir uns nur leisten, wenn alle anderen dasselbe tun.« (Persönliches Gespräch 6.5.1994) Andere Autoren wie McCarthy und McGaughey setzen auf die Entwicklung eines Zollsystems, »um weltweit einheitliche Arbeitsbedingungen zu schaffen«. Die Zölle würden auf der Basis eines Indexes festgesetzt, der die Länge der Arbeitszeit und die Höhe des durchschnittlichen Einkommens im exportierenden Land widerspiegelt. »Ein solches System«, so McCarthy und McGaughey, »würde einen Anreiz für ausländische Anbieter darstellen, ihre Arbeitszeiten zu verkürzen und höhere Löhne und Gehälter zu zahlen, um sich den Zugang zum US-Markt zu erleichtern.« (McCarthy/McGaughey 1989: 156)

Ganz gleich welchen Weg sie wählen, es wird den Nationen der Welt nichts anderes übrigbleiben, als in den nächsten Jahrzehnten die Zahl der Arbeitsstunden zu vermindern. Nur so können die durch die neuen arbeits- und zeitsparenden Technologien entstandenen dramatischen Produktivitätszuwächse ausgeglichen werden. In allen Wirtschaftssektoren, in allen Branchen werden die menschlichen Arbeitskräfte durch Maschinen ersetzt, und uns bleibt nur die Wahl, entweder wenige Menschen viel arbeiten zu lassen, während die anderen arbeitslos und auf öffentliche Unterstützung angewiesen sind, oder die vorhandene Arbeit umzuverteilen und viele Menschen weniger lang zu beschäftigen.

Tausche Arbeit gegen Freizeit

In den USA interessieren sich nicht mehr nur Gewerkschaftsführer und Fachleute für das Thema »Arbeitszeitverkürzung«, sondern zunehmend auch die allgemeine Öffentlichkeit. Durch lange Arbeitswochen gestreßt und als Alleinerziehende großen Belastungen ausgesetzt, würden viele US-Amerikaner liebend gerne einen Teil ihres Einkommens gegen mehr Freizeit eintauschen, um ihrer familiären Verantwortung und ihren persönlichen Bedürfnissen gerecht werden zu können. 1993 gaben die meisten Beschäftigten bei einer Umfrage an, sie würden »nur ungern für die Arbeit Opfer bringen« und lieber »mehr Zeit und Energie auf ihr Privatleben verwenden« (*Washington Post* 3.9.1993: A2). Bei einer Untersuchung von 1989 wurden den Befragten zwei Karrieremöglichkeiten zur Auswahl vorgegeben: »Die eine erlaubt es Ihnen, sich – bei voller Stundenzahl – Ihre Arbeitszeit frei einzuteilen und sich mehr Ihrer Familie zu widmen, dafür kommen Sie im Beruf nicht so schnell voran. Die andere Möglichkeit bietet Ihnen ein schnelleres Fortkommen, allerdings bei streng festgelegten Arbeitszeiten und mit weniger Freiraum für Ihre Familie.« 78% der Befragten wählten die erste Alternative. Überraschende 55% gaben an, sie würden »eine Beförderung auf einen höheren Posten wohl eher ablehnen, wenn sie dadurch mehr Zeit für die Familie« hätten (zit. n. Schor 1991: 148). Einer Studie des Arbeitsministeriums zufolge würde der durchschnittliche US-Arbeitnehmer bis zu fünf Prozent seines Einkommens für eine Verlängerung der Freizeit opfern (Roediger/Foner 1989: 276).

Vor allem Beschäftigte mit Kindern hätten nichts dagegen, einen Teil ihres Einkommens für mehr Freizeit einzutauschen. Da in den USA viele Frauen einer Erwerbsarbeit nachgehen, sind mehr als sieben Millionen Kinder zumindest zeitweise zu Hause unbeaufsichtigt. Einigen Umfragen zufolge muß jedes dritte US-amerikanische Kind für sich selbst sorgen.

Die erwerbstätigen Frauen, die meistenteils neben ihrem 40-Stunden-Job auch noch einen Haushalt führen, haben die wachsende Belastung durch längere Arbeitszeiten am schwersten zu spüren bekommen. Untersuchungen haben gezeigt, daß in den USA Frauen, die einer Erwerbsarbeit nachgehen, im Durchschnitt mehr als achtzig Stunden für ihre Arbeit und ihren Haushalt aufbringen (ebd.: 276). Es kann daher nicht überraschen, daß die weiblichen Beschäftigten stärker als die männlichen an einer Verkürzung der Arbeitszeit interessiert sind.

Um zu erreichen, daß die Produktivitätszuwächse der Dritten Industriellen Revolution gerechter verteilt werden, wird es einer neuen gesellschaftsübergreifenden politischen Bewegung bedürfen, einer Koalition gleichgesonnener Gruppen. Gewerkschaften, Bürgerrechtsbewegungen, Frauengruppen, Elternorganisationen, soziale Hilfsorganisationen, Umweltgruppen, Nachbarschaftsorganisationen, religiöse und bruderschaftliche Vereinigungen, um nur einige zu nennen, haben alle ein Interesse an weniger langen Arbeitszeiten.

Zu Beginn des nächsten Jahrtausends wird die Forderung nach einer Arbeitszeitverkürzung in vielen Ländern in die Tat umgesetzt werden. Wenn aber der Übergang zu kürzeren Arbeitszeiten nicht einher geht mit einem ähnlich massiven Arbeitsbeschaffungsprogramm für die Millionen Menschen, die von der Weltwirtschaft ausgeschlossen wurden, dann werden die sozialen und ökonomischen Spannungen, die schon heute die politische Stabilität bedrohen, noch zunehmen. Sie werden vor allem dann anwachsen, wenn die breiter werdende Unterschicht sich von denjenigen im Stich gelassen fühlt, denen es gelingt, sich im Zuge der Umverteilung einen Arbeitsplatz zu sichern.

Wenn Millionen Arbeitnehmer in den kommenden Jahren immer weniger Zeit für die Erwerbsarbeit aufwenden müssen und wenn Millionen von Ungelernten überhaupt keine Beschäftigung in der globalen, automatisierten High-Tech-Wirtschaft mehr finden, dann wird die Frage der arbeitsfreien Zeit zu einer politischen Frage. Der Übergang von einer Gesellschaft, deren Basis die Massenbeschäftigung in der Privatwirtschaft ist, zu einer Gesellschaft, deren Strukturen nicht um den Markt zentriert sind, verlangt eine Veränderung unseres gegenwärtigen Weltbildes. Die Rolle des Individuums in einer Gesellschaft ohne Massenerwerbsarbeit neu zu definieren, dies wird vielleicht die Hauptaufgabe des kommenden Jahrhunderts werden.

2
Ein neuer Gesellschaftsvertrag

Die High-Tech-Weltwirtschaft wird bald ohne massenhafte Erwerbsarbeit auskommen. Während Unternehmer, Manager, Techniker und andere hochqualifizierte Angehörige der neuen Eliten die Wirtschaft am Laufen halten, werden weniger und weniger Mitarbeiter für die Erstellung von Gütern und Dienstleistungen gebraucht. Der Marktwert der menschlichen Arbeit sinkt und wird weiter sinken. Jahrhundertelang wurde der Mensch nach seiner »Produktivität« bemessen, jetzt, da überall Maschinen die menschliche Arbeitskraft ersetzen, sieht sich die Arbeitnehmerschaft ihrer gesellschaftlichen Funktion und ihres Selbstverständnisses beraubt.

Im selben Maße wie die menschliche Arbeit verliert auch die staatliche Politik an Bedeutung. Multinationale Unternehmen eignen sich die Macht der einzelnen Länder an. Sie übernehmen in steigendem Maße die traditionelle Funktion des Staates und kontrollieren globale Ressourcen, Absatz- und Arbeitsmärkte. Die Vermögenswerte der größten Weltunternehmen übersteigen das Bruttosozialprodukt so manchen Landes.

Der Übergang von einer Wirtschaft, die auf der Nutzung von Rohstoffen, Energie und Arbeit basiert, zu einer, die auf Information und Kommunikation beruht, schmälert auch die Rolle des Nationalstaates als des Garanten der Marktstabilität. Die Basis des modernen Nationalstaates war seine militärische Macht, durch die er sich lebenswichtige Rohstoffe aneignen und sich arbeitsfähiger Bevölkerungen bemächtigen konnte. Jetzt aber, da Energie, natürliche Ressourcen und Arbeitskräfte gegenüber Information, Kommunikation und intellektuellen Leistungen an Bedeutung für die Produktion verlieren, hat auch die militärische Macht ihre Bedeutung verloren. Information und Kommunikation, die Rohstoffe der globalen High-Tech-Ökonomie, machen nicht an Ländergrenzen halt, sie durchdringen das Leben einer jeden Nation und können von stehenden Armeen nicht aufgehalten werden.

Der Nationalstaat in seiner räumlichen Begrenztheit ist viel zu langsam, um mit der Geschwindigkeit globaler Märkte mithalten zu können. Multinationale Unternehmen dagegen sind ihrem Wesen nach eher zeitliche, denn räumliche Gebilde. Sie gründen sich nicht auf eine bestimmte politische Gemeinschaft, sie sind an keinen Standort gebunden. Sie stellen quasipolitische Institutionen dar, die über Informationen und Kommunikationskanäle verfügen und dadurch eine enorme Macht über Menschen und Orte ausüben. Ihre Handlungsfähigkeit, ihre Flexibilität und vor allem ihre Mobilität erlauben es ihnen, ganze Produktionen und Märkte schnell und ohne große Anstrengung zu verlagern und so die Wirtschaft eines jeden Landes zu kontrollieren.

Die veränderten Beziehungen zwischen Staat und Wirtschaft schlagen sich nieder in umfassenden internationalen Handelsvereinbarungen, durch die immer mehr politische Gestaltungsmöglichkeiten an die Weltunternehmen übergehen. Das GATT-Abkommen, der Vertrag von Maastricht und die Schaffung der NAFTA, der nordamerikanischen Freihandelszone, sind deutliche Anzeichen dafür, daß sich die globalen Machtverhältnisse verändern. Hunderte von nationalen Gesetzen, die den freien Handel der transnationalen Firmen beeinträchtigen, werden durch diese Vereinbarungen null und nichtig. In Dutzenden von Staaten haben Wähler und Wählergruppen massiven öffentlichen Protest gegen diese Abkommen vorgebracht. Sie fürchten, daß harterkämpfte Gesetze, die etwa die Rechte der Arbeitnehmer, den Umweltschutz oder das Gesundheitswesen regeln, beiseite geschoben werden, um den Weg freizumachen für die nahezu unbegrenzte Macht der Multis über die wirtschaftlichen Geschicke unseres Planeten.

Wie aus der internationalen Politik, so zieht sich der Staat auch aus dem Arbeitsmarkt zurück. Angesichts wachsender Staatsschulden und großer Haushaltsdefizite ist keine Regierung mehr bereit, staatliche Programme aufzulegen, um Arbeitsplätze zu schaffen und die Kaufkraft zu heben. In nahezu allen Industrieländern der Welt fühlt der Staat sich nicht mehr dafür zuständig, die Marktstabilität zu garantieren; er läßt die multinationalen Unternehmen gewähren und sorgt sich nicht mehr um das Wohlergehen seiner Bürger.

Der Niedergang der Massenbeschäftigung wie der staatlichen Einflußnahme auf das Wirtschaftsleben erfordert eine grundsätzliche Neubestimmung der Grundlagen unserer Gesellschaft. Denken wir nur daran, daß während des gesamten Industriezeitalters die formalen Marktbeziehungen die Oberhand über die traditionellen sozialen Beziehungen behielten und daß sich der Wert eines Menschen fast nur nach seinem Marktwert bemaß. Da es nun nur noch wenig einbringt, seine Arbeitszeit zu verkaufen, droht das ganze Gerüst ökonomischer Beziehungen einzustürzen, das auf dieser Struktur aufruht. In ähnlicher Weise verlieren mit dem Rückzug des Staates aus dem Wirtschaftsleben Teile des Regierungsapparates ihre Grundlage und müssen ihre Aufgaben neu bestimmen. Die Orientierung des Staates auf den Markt durch eine andere Perspektive zu ersetzen, dies wird zur vordringlichen Aufgabe aller Nationen.

Den meisten Menschen dürfte es schwerfallen, sich eine Gesellschaft vorzustellen, in der nicht mehr der Markt und der Staat das Alltagsleben bestimmen. Diese beiden Institutionen dominieren unser Leben in allen seinen Aspekten, und niemand weiß mehr, daß sie noch vor hundert Jahren eine wesentlich geringere Rolle in unserer Gesellschaft spielten. Wirtschaftsunternehmen und Nationalstaaten sind Geschöpfe des Industriezeitalters. Im Verlauf dieses Jahrhunderts haben sie mehr und mehr Aufgaben an sich gezogen, die zuvor von Tausenden lokaler Gemeinschaften erfüllt wurden. Jetzt aber, da Wirtschaft und Staat nicht mehr in der Lage sind, die wichtigsten Bedürfnisse der Bevölkerung zu erfüllen, müssen die Menschen sich notgedrungen wieder selbst umtun und neue lebensfähige Gemeinschaften bilden – als Puffer gegen die unpersönlichen Kräfte des Weltmarkts und gegen das Unvermögen des Regierungsapparates.

In zweifacher Weise wird sich die schwindende Bedeutung von Markt und Staat in den kommenden Jahrzehnten auf das Leben der arbeitenden Menschen auswirken. Wer seinen Arbeitsplatz behält, wird wahrscheinlich weniger Stunden arbeiten müssen und mehr Freizeit haben. Die Marktkräfte werden ihn oder sie dazu drängen, sich mehr der Massenunterhaltung und dem Konsum zu widmen. Die wachsende Zahl der Arbeitslosen und Unterbeschäftigten wird dagegen unweigerlich und auf Dauer in die Unterschicht abrutschen. In ihrer Verzweiflung werden viele dieser Menschen ihre Rettung in der Schattenwirtschaft suchen. Manche werden Gelegenheitsarbeiten annehmen, um ihre Miete und das Nötigste bezahlen zu können, andere werden zu Kleinkriminellen werden. Drogenhandel und Prostitution werden weiter zunehmen, wenn Millionen arbeitsfähiger Menschen von einer Gesellschaft, die ihrer Arbeitskraft nicht mehr bedarf, auf die Seite geschoben werden und sich ihren Unterhalt auf anderen Wegen sichern müssen. Ihre Hilferufe werden ungehört verhallen. Der Staat wird seine wenigen Mittel nicht für die Wohlfahrt und für Arbeitsbeschaffungsprogramme, sondern für die Aufrüstung der Polizei und für neue Gefängnisse ausgeben.

Dies ist der Weg, den viele Industriestaaten eingeschlagen haben. Aber es gibt noch einen anderen gangbaren Weg, der vielleicht die zunehmend verheerender werdenden Auswirkungen der Dritten Industriellen Revolution abmildern könnte. Wenn die noch arbeitende Bevölkerung mehr freie Zeit zur Verfügung hat als früher und die Arbeitslosen gezwungenermaßen dem Müßiggang frönen, dann könnte man diese brachliegende Arbeitskraft ja genauso in sinnvoller Weise für gemeinnützige Aufgaben einsetzen. Vielleicht könnte daraus ein Bereich entstehen, der unabhängig von Markt und Staat funktioniert.

Der Dritte Sektor

In den USA existieren die Grundlagen für einen dritten gesellschaftlichen Bereich schon seit langem. Neben dem privaten und dem öffentlichen Sektor, auf die sich in der Moderne stets die ganze Aufmerksamkeit gerichtet hat, gibt es hier einen Bereich, der als Geburtshelfer der Nation von besonderer historischer Bedeutung war und der heute zur Grundlage eines neuen Gesellschaftsvertrages für das 21. Jahrhundert werden könnte. In diesem »Dritten Sektor«, der auch als unabhängiger oder freiwilliger Sektor bezeichnet wird, herrschen nicht treuhänderische Strukturen, sondern gemeinschaftliche Bindungen vor. Man widmet seinen Mitmenschen Zeit, statt künstliche Marktbeziehungen mit ihnen einzugehen und sich und seine Dienste zu verkaufen.

Zu den gemeinnützigen Tätigkeiten gehören in den USA nicht nur Arbeiten und Leistungen im Bereich der Sozialarbeit und im Gesundheitswesen, sondern auch im schulischen, im wissenschaftlichen und im künstlerischen Bereich, in der Kirche und im Rechtswesen. Soziale Organisationen helfen Alten und Behinderten, psychisch Kranken, unterprivilegierten Jugendlichen, Obdachlosen und Armen. Freiwillige renovieren heruntergekommene Wohnungen und errichten neue Häuser für Mieter mit geringem Einkommen. Zehntausende Amerikaner betreuen freiwillig Patienten, auch AIDS-Kranke, in öffentlichen Krankenhäusern und Kliniken. Tausende haben Pflegekinder aufgenommen oder betreuen Waisen. Einige arbeiten in Beratungsstellen für Kinder und Jugendliche, die von zu Hause weggelaufen sind oder sonst in Schwierigkeiten stecken. Wieder andere beteiligen sich als Lehrkräfte an der Kampagne gegen den Analphabetismus. Viele US-Amerikaner helfen in Kindertagesstätten oder sie versorgen die Armen mit Mahlzeiten. Immer mehr engagieren sich in Einrichtungen für vergewaltigte oder mißhandelte Frauen und Kinder. Tausende arbeiten ehrenamtlich in öffentlichen Unterkünften und geben Kleidung an Bedürftige aus. Viele beteiligen sich an Selbsthilfegruppen wie den Anonymen Alkoholikern oder helfen beim Drogenentzug. Zahlreiche hochqualifizierte Leute – Rechtsanwälte, Steuerberater, Ärzte oder Verwaltungsfachleute – beraten Freiwilligenorganisationen. Millionen von US-Amerikanern engagieren sich beim Umwelt- und Tierschutz. Andere arbeiten für Rechtshilfeorganisationen, die auch auf die öffentliche Meinung und auf die Gesetzgebung Einfluß zu nehmen versuchen. Hunderttausende widmen ihre Zeit der Kunst – in Theatergruppen, Chören und Orchestern. In vielen Gemeinden gibt es freiwillige Katastrophenhilfsdienste, Feuer- und Bürgerwehren.

Während der privatwirtschaftliche Bereich 80% aller ökonomischen Aktivitäten in den USA auf sich vereinigt und der öffentliche Sektor weitere 14% des Bruttosozialprodukts beisteuert, trägt der Dritte Sektor gegenwärtig mehr als sechs Prozent der wirtschaftlichen Leistungen bei und beschäftigt neun Prozent aller Arbeitnehmer. In den Organisationen dieses Bereichs sind mehr Leute angestellt als etwa im Baugewerbe, in der Elektronikindustrie, im Transportwesen oder in der Textilindustrie (van Til 1988: 3; O'Neill 1989: 6; *Nonprofit Almanac 1992-1993*: 29).

Einer umfassenden Gallup-Untersuchung zufolge widmeten 1991 über 94 Millionen US-Amerikaner, d.h. 51% der Bevölkerung, einen Teil ihrer Zeit – durchschnittlich 4,2 Stunden pro Woche – gemeinnützigen Anliegen und Organisationen. Insgesamt kamen auf diese Weise mehr als 20,5 Milliarden Stunden zusammen, davon mehr als 15,7 Milliarden Stunden in Form regelmäßiger Mitarbeit bei einer Freiwilligenorganisation oder -vereinigung. Diese Zahl entspricht den Arbeitsstunden von neun Millionen Vollzeitangestellten und wäre in Geld ausgedrückt 176 Milliarden Dollar wert (Hodgkinson/Weitzman 1992: 2).

Die Aktiva des Nonprofit-Sektors belaufen sich auf insgesamt mehr als 500 Milliarden Dollar. Finanziert wird er zum Teil durch private Stiftungen und Spenden, zum Teil durch Gebühren und öffentliche Gelder. Im Schnitt spendete 1991 jeder US-amerikanische Haushalt 649 Dollar oder 1,7% seines Einkommens an Freiwilligenorganisationen. Mehr als 69 Millionen Haushalte gaben an, 1991 eine solche Spende getätigt zu haben. Neun Prozent aller Haushalte spendeten mehr als fünf Prozent ihres Einkommens (ebd.: 1).

Gemeinnützige Tätigkeiten sind eine grundsätzliche Alternative zu traditionellen Arbeitsverhältnissen. Anders als Sklavenarbeit, Leibeigenschaft oder Lohnarbeit sind sie weder erzwungen, noch auf eine treuhänderische Beziehung reduziert. Eine gemeinnützige Tätigkeit ist eine Hilfeleistung, eine ausgestreckte Hand. Sie ist ein willentlicher Akt, für den man meist keine Belohnung erwartet. In diesem Sinne gleicht sie dem archaischen Gabentausch. Gemeinnützige Leistungen resultieren aus dem Wissen, daß im Leben alles mit allem zusammenhängt, und sie sind durch das sehr persönliche Gefühl einer Verpflichtung motiviert. In erster Linie geht es um einen sozialen Austausch, auch wenn er oft ökonomische Konsequenzen für den Wohltäter wie für den Nutznießer hat. In dieser Hinsicht unterscheidet sich eine gemeinnützige Tätigkeit grundlegend von einer privatwirtschaftlichen, bei der es stets um einen materiellen und finanziellen Austausch geht und bei der die sozialen Folgen weniger wichtig sind als die Gewinne und Verluste.

Französische Sozialwissenschaftler haben in den 80er Jahren den Begriff der »*Economie Sociale*« eingeführt, um den Unterschied zwischen dem marktwirtschaftlichen Sektor und dem Nonprofit-Bereich zu verdeutlichen.* Der Wirtschaftswissenschaftler Thierry Jeantet führt aus, daß die Gemeinwirtschaft sich

»nicht nach den sichtbaren ökonomischen Resultaten bemißt, wie sie der Kapitalismus (in Form von Gehältern, Dividenden usw.) kennt, sondern eher soziale Ziele (individuelle wie kollektive) oder indirekte ökonomische Gewinne anstrebt. Sie will z.B. erreichen, daß möglichst viele behinderte Menschen zu Hause, statt im Krankenhaus gepflegt werden, oder daß sich unter den verschiedenen Generationen eines Stadtviertels eine echte Solidarität entwickelt. Der Beitrag, den die Freiwilligen in der gemeinnützigen Wirtschaft erbringen, ist das beste Beispiel für einen Ertrag, einen Überschuß, den die traditionelle Wirtschaft nicht anerkennen wollte oder konnte.« (Jeantet 1986, 78)

Der Dritte Sektor ist der Bereich der sozialen Verantwortlichkeit. Er trägt Sorge für Millionen Menschen, um die sich sonst niemand – weder der Staat noch die Wirtschaft – kümmern würde.

---

* Der Begriff der »Economie Sociale« deckt in etwa das ab, was im Deutschen mit »Gemeinwirtschaft« bezeichnet wird, nämlich genossenschaftliche, nicht primär gewinnorientierte Wirtschaftsbetriebe. Der von Rifkin weitgehend synonym gebrauchte Begriff des »Dritten Sektors« (*third sector*) entstammt der politikwissenschaftlichen Diskussion. Er bezeichnet einen weder dem Staat noch der (Markt-)Wirtschaft zuzurechnenden Bereich, dem in einzelnen Ländern jeweils unterschiedliche Organisationstypen angehören. In Deutschland zählen hierzu neben den gemeinwirtschaftlichen Unternehmen verschiedene Arten von Stiftungen und Verbänden, vor allem die freien Wohlfahrtsverbände (vgl. Seibel 1974; Anheier/Seibel 1993; dies. 1990: Kap. 4.5). (A.d.Ü.)

Eine neue Welt

Der französische Staatsmann und Philosoph Alexis de Tocqueville war der erste, der auf den US-amerikanischen Gemeinschaftsgeist aufmerksam wurde. Nach einem Besuch in den USA 1831 schilderte er seine Eindrücke von der jungen Nation. Besonders beeindruckt zeigte er sich von der Neigung ihrer Bürger, in Freiwilligenorganisationen einzutreten – ein Phänomen, dem man zu dieser Zeit in Europa kaum begegnete:

»Die Amerikaner jeden Alters, jeden Standes, jeder Geistesrichtung schließen sich fortwährend zusammen. Sie haben nicht nur kaufmännische und gewerbliche Vereine, denen alle angehören, sie haben auch noch unzählige andere Arten: religiöse, sittliche, ernste, oberflächliche. Sehr allgemeine und sehr besondere, gewaltige und ganz kleine; die Amerikaner tun sich zusammen, um Feste zu geben, Seminarien zu begründen, Gasthöfe zu bauen, Kirchen zu errichten, Bücher zu verbreiten, Missionare zu den Antipoden zu entsenden; sie errichten auf diese Weise Spitäler, Gefängnisse, Schulen. Handelt es sich schließlich darum, eine Wahrheit zu verkünden oder ein Gefühl mit Hilfe eines großen Beispiels zu fördern, so gründen sie Vereinigungen.« (Tocqueville 1984: 595)

Tocqueville hielt dies für eine revolutionäre zivilisatorische Errungenschaft, die sich als wesentlich für das Aufblühen des demokratischen Geistes erweisen würde:

»Meines Erachtens verdient nichts eine größere Aufmerksamkeit als die zu geistigen und sittlichen Zwecken gegründeten Vereine Amerikas. Die politischen und gewerblichen Vereine der Amerikaner fallen uns leicht auf; die andern aber entgehen uns; und wenn wir sie entdecken, so verstehen wir sie schlecht, weil wir etwas Derartiges fast nie gesehen haben. Sie sind indessen, wie man zugeben muß, dem amerikanischen Volke ebenso unentbehrlich wie die erstgenannten, und vielleicht sogar notwendiger. In den demokratischen Ländern ist die Lehre von den Vereinigungen die Grundwissenschaft; von deren Fortschritten hängt der Fortschritt aller anderen ab.« (Ebd.: 599)

Seit über 200 Jahren hat das Wirken des Dritten Sektors das Leben der US-Amerikaner geprägt und ihre Pionierkultur in eine hochentwickelte moderne Gesellschaft verwandelt. Auch wenn die Historiker oft meinen, die USA verdankten ihre Größe vor allem der Wirtschaft und dem Staat, so hat doch der Dritte Sektor den *American way of life* mindestens genauso stark geprägt. Die ersten Schulen und Colleges der USA, die Krankenhäuser, sozialen Hilfsorganisationen, Bruderschaften, Frauenvereine, Jugendorganisationen, Bürgerrechtsgruppen, Natur- und Umweltschutzgruppen, Tierschutzorganisationen, Theater, Orchester, Kunstgalerien, Büchereien, Museen, Bürgervereinigungen, Gemeinde- und Nachbarschaftsorganisationen sowie die freiwilligen Feuer- und Bürgerwehren – allesamt sind sie aus dem Dritten Sektor hervorgegangen.

Heute stehen die Freiwilligenorganisationen Millionen von US-Amerikanern in jeder Nachbarschaft und jeder Gemeinde mit Rat und Tat zur Seite. Ihre Eingriffsmöglichkeiten reichen oft weiter und tiefer als die des privaten oder des öffentlichen Sektors. Sie erreichen jeden US-Bürger, und er verdankt ihnen oft wesentlich mehr als den Kräften des Marktes oder den staatlichen Einrichtungen und Verwaltungen.

Obwohl es auch in den meisten anderen Ländern Freiwilligenorganisationen gibt und sie auch dort immer mehr zu einem wichtigen sozialen Faktor werden, so sind sie doch nirgendwo so weit entwickelt wie in den USA. Für die US-Amerikaner sind sie eine Art Zufluchtsort, wo sie persönliche Beziehungen pflegen, einen gewissen Status erreichen und ihren Gemeinschaftssinn entwickeln können. Der Ökonom und Pädagoge Max Lerner meint, die US-Bürger hofften, durch ihre Mitarbeit in den Freiwilligenorganisationen ihr Gefühl persönlicher Isolation und Entfremdung überwinden und an einer echten Gemeinschaft teilhaben zu können. Dieses Grundbedürfnis können weder der Markt noch der Staat erfüllen: »Hier [in den Freiwilligenorganisationen] können sie das Gemeinschaftsgefühl am ehesten erleben.« (Lerner in O'Connell 1983: 86)

Die Organisationen des Dritten Sektors erfüllen eine ganze Reihe von Funktionen. Sie sind Brutkästen für neue Ideen und bieten Foren, auf denen soziale Mißstände angeprangert werden können. Sie haben zur Integration der Einwandererströme beigetragen. Sie reichen den Armen und Hilflosen eine helfende Hand. Museen, Büchereien und historische Gesellschaften bewahren Traditionen und ermöglichen neue geistige Erfahrungen. Viele Menschen lernen im Dritten Sektor die Spielregeln der Demokratie kennen und handhaben. Hier sucht man Gesellschaft und findet Freunde. Hier gibt es Raum und Zeit für spirituelle Erfahrungen. Religiöse und therapeutische Organisationen bieten Millionen Menschen die Gelegenheit, die weltlichen Belange des Alltagslebens hinter sich zu lassen. Und schließlich ist der Dritte Sektor ein Platz, wo die Menschen sich entspannen und spielen können, wo sie die Freuden des Lebens und die Schönheiten der Natur genießen können.

Viele dieser Elemente des Dritten Sektors könnten zu Bausteinen eines Weltbildes werden, das sich vom Nützlichkeitsdenken des Marktsektors grundlegend unterscheidet. Noch hat allerdings der Geist der Gemeinnützigkeit keine feste Form angenommen, noch ist er nicht als Programm für ein ganzes Land geeignet. Dies hat auch und vor allem damit zu tun, daß die Werte der Marktwirtschaft uns noch immer fest im Griff haben.

Das marktwirtschaftliche Weltbild hat viel mit der Vorstellung von einem materialistischen Schlaraffenland gemein. Im Zentrum stehen die Prinzipien von Produktivität und Effizienz; auf sie gestützt, macht der Mensch sein Glück. Solange wir uns mit diesem Bild identifizieren können, werden die Werte der stetig wachsenden Produktion und des unbegrenzten Konsums weiterhin unser persönliches Verhalten bestimmen.

Das materialistische Weltbild hat zu einem Raubbau geführt, der die Biosphäre unseres Planeten durch die Erschöpfung der Rohstoffe einerseits, durch die Verschmutzung der Umwelt andererseits gefährdet. Alan Durning vom Worldwatch Institute stellt fest: »Seit der Jahrhundertmitte hat sich der Pro-Kopf-Verbrauch von Kupfer, Energie, Fleisch, Stahl und Holz fast verdoppelt, die Zahl der Autos hat sich ebenso wie der Zementverbrauch vervierfacht, der Plastikverbrauch hat sich verfünffacht, der Aluminiumverbrauch versiebenfacht. Die Zahl der Flugreisen pro Person ist um das 33fache gestiegen.« (Durning 1992: 29) Die USA, die ein Fünftel der Weltbevölkerung umfassen, verbrauchen alleine mehr als 30% aller auf der Erde produzierten Energie und aller geförderten Rohstoffe.

Die rasche Umwandlung der natürlichen Rohstoffe in ein Füllhorn von Gütern und Dienstleistungen hat zu einer Erwärmung der Erde, zu einer Abnahme der Ozonschicht, zur Rodung riesiger Wälder, zur Ausbreitung der Wüsten, zur Ausrottung ganzer Arten und zur Destabilisierung der Biosphäre geführt. Die übermäßige Ausbeutung der mineralischen und biologischen Reichtümer der Erde hat außerdem die Entwicklungsländer ihrer Ressourcen beraubt und ihnen die Mittel zur Ernährung ihrer wachsenden Bevölkerungen genommen.

Das Weltbild des Dritten Sektors bietet uns ein bitter notwendiges Gegenmittel gegen den Materialismus des industriellen Denkens, von welchem das 20. Jahrhundert beherrscht war. Im privaten Sektor arbeitet man der Aussicht auf materiellen Gewinn wegen, und je mehr man konsumiert, desto sicherer fühlt man sich. Im Dritten Sektor arbeitet man, um anderen zu helfen, und Sicherheit gewinnt man durch persönliche Beziehungen und durch das Gefühl der Verbundenheit mit der ganzen Welt. Allein die Vorstellung, daß wir unsere Solidarität über die Grenzen von Markt und Nationalstaat hinaus auf die ganze Menschheit und unseren Planeten ausdehnen, deutet auf revolutionäre Veränderungen unserer Gesellschaftsstrukturen hin. Die Visionäre von heute betrachten die Welt als ein unteilbares Ganzes, als eine lebende Einheit von unzähligen Lebensformen. Sich nicht nur für den eigenen materiellen Vorteil einzusetzen, sondern für die Gesamtheit irdischen Lebens, das ist es, was aus dem Weltbild des Dritten Sektors eine ernsthafte Konkurrenz für das konsumorientierte Paradigma der noch immer dominierenden Marktwirtschaft macht.

Die Vorstellung, wir könnten die unzähligen Beziehungen, die uns mit den Menschen unserer Umgebung, mit der Menschheit als ganzer und schließlich mit allen Geschöpfen der Erde verbinden, neu gestalten, mag unwahrscheinlich klingen. Aber wir müssen uns nur vor Augen halten, daß auch die technischen Utopien von einer Welt, in der Maschinen alle Arbeit übernehmen, in der eine Flut von materiellen Gütern sich über die Menschen ergießt und in der die Freizeit immer länger wird, noch vor hundert Jahren völlig unwahrscheinlich und unerreichbar schienen.

Wir dürfen mit gutem Grund hoffen, daß sich schließlich ein neues Weltbild, ein verändertes Bewußtsein und eine stärkere Verpflichtung gegenüber der Gemeinschaft durchsetzen werden. Wenn Millionen Menschen immer weniger Zeit auf die Erwerbsarbeit verwenden, wird diese auch für ihr Leben – und für ihr Selbstwertgefühl – an Bedeutung verlieren. Alle Werte und Zukunftsvorstellungen, die mit der Marktwirtschaft verbunden sind, werden an Einfluß verlieren. Wenn statt dessen ein anderes Weltbild an Verbreitung gewinnen würde, das vom Ethos der persönlichen Veränderung, der Wiederherstellung der Gemeinschaft und der Rücksichtnahme auf die Umwelt erfüllt wäre, dann könnten damit die geistigen Grundlagen des postmarktwirtschaftlichen Zeitalters gelegt werden.

In Zukunft werden die Menschen immer weniger Zeit am Arbeitsplatz verbringen und über immer mehr freie Zeit verfügen. Ob diese »Frei-Zeit« eine durch unfreiwillige Teilzeitarbeit, Entlassung oder Arbeitslosigkeit erzwungene sein wird, oder ob sie aus der Verteilung der Produktivitätszuwächse resultiert und mit kürzerer Wochenarbeitszeit und höherem Einkommen einhergehen wird, dies ist eine noch ungelöste, politische Frage. Wenn die weitgehende Ersetzung von menschlichen Arbeitskräften durch Maschinen tatsächlich zu einer Massenarbeitslosigkeit bisher ungekannten Ausmaßes führen sollte, dann wird sich keine mitfühlende und fürsorgliche Gesellschaft entwickeln können, dann wird sich der menschliche Geist nicht verändern. Vielmehr hätten wir es dann mit um sich greifenden sozialen Unruhen, mit massiver Gewalt und offenem Krieg zu tun. Die Armen würden aufeinander und auf die reichen Eliten losgehen, die die Weltwirtschaft bestimmen. Wenn wir aber den anderen, den aufgeklärteren Weg nehmen und die Arbeitnehmer in Form von kürzeren Arbeitszeiten bei fairer Entlohnung an den Produktivitätszuwächsen beteiligen, dann werden wir über soviel freie Zeit wie nie zuvor verfügen, und wir können sie darauf verwenden, die Bande der Gemeinschaft und unser demokratisches Erbe zu erneuern. Die Generationen nach uns könnten die engen Grenzen des Nationalismus überwinden und sich als Angehörige einer Spezies begreifen, deren Mitglieder sich gegenseitig genauso verpflichtet wären wie allen anderen Lebewesen.

3
Geld für gemeinnützige Arbeit

Der marktwirtschaftliche und der staatliche Sektor werden im nächsten Jahrhundert im Alltagsleben der Menschen eine immer geringere Rolle spielen. Das daraus entstehende Machtvakuum wird entweder angefüllt von einer sich ausbreitenden Subkultur der Gesetzlosigkeit oder von einem stärkeren Engagement im Dritten Sektor. Damit soll nicht gesagt sein, daß die beiden ersten Bereiche schrumpfen oder gar verschwinden würden – aber die meisten Menschen werden mit ihnen weniger in Berührung kommen. Auch nach der Dritten Industriellen Revolution werden auf absehbare Zeit die meisten Leute einer Erwerbsarbeit nachgehen, um ihren Lebensunterhalt zu sichern – die Arbeitsdauer wird sich allerdings verringern. Was die wachsende Zahl von Menschen anbelangt, die in der Wirtschaft keinen Platz mehr finden werden, so steht der Staat vor der Wahl, entweder mehr Geld für Polizisten und Gefängnisse auszugeben, um eine stetig größer werdende Schicht von Kriminellen wegzusperren, oder mehr Geld in den Dritten Sektor zu investieren, um dort für Beschäftigung zu sorgen. Soziale Organisationen werden in Zukunft als Vermittler gegenüber den Kräften des Marktes und des Staates auftreten und sich für gesellschaftliche und politische Reformen einsetzen. Sie werden darüber hinaus in steigendem Maße die Grundversorgung bedürftiger Bevölkerungsgruppen übernehmen, wenn der Staat sich dieser Aufgabe entzieht.

Die Globalisierung der Wirtschaft und der Rückzug des Staates werden die Menschen dazu bringen, sich zu Selbsthilfeorganisationen zusammenzuschließen. Um den Übergang in das postmarktwirtschaftliche Zeitalter zu bewältigen, wird es politischer Bewegungen und Zusammenschlüsse bedürfen. Sie müssen darauf drängen, daß ein möglichst großer Anteil des Produktivitätszuwachses vom marktwirtschaftlichen Sektor in den Dritten Sektor übertragen wird und auf diese Weise soziale Gemeinschaften und lokale Infrastrukturen gestärkt werden. Nur wenn dies gelingt, werden die Menschen überall auf der Welt mit der Globalisierung der Märkte und mit den Massenentlassungen fertig werden können, die ihnen die Lebensgrundlage zu rauben drohen.

Die neue Rolle des Staates

Der Staat wird im High-Tech-Zeitalter eine gänzlich andere Rolle spielen als heute und sich weniger in den Dienst der Marktwirtschaft als in den der Gemeinwirtschaft stellen. Wenn der Staat und der Dritte Sektor zusammenwirken, könnten sie überall auf der Welt das Leben der Menschen wieder in geordnete Bahnen lenken. Zu ihren wichtigsten Aufgaben wird es gehören, die Armen zu unterstützen, die medizinische Grundversorgung sicherzustellen, für die Erziehung der Kinder zu sorgen, erschwingliche Wohnungen bereitzustellen und sich um den Umweltschutz zu kümmern. Alle diese Punkte hat der Marktsektor vernachlässigt. Heute, da sich die Wirtschaft aus dem sozialen Leben zurückzieht und der Staat sich von seiner Rolle als Retter in der Not verabschiedet, kann einzig eine gemeinsame Anstrengung aller – unter Federführung des Dritten Sektors und mit entsprechender Unterstützung durch den öffentlichen Bereich – die soziale Grundversorgung sichern und die Gemeinwirtschaft neu beleben.

In den USA hat die Regierung unter Präsident Clinton einen ersten Schritt in Richtung auf eine Partnerschaft mit dem Dritten Sektor getan: Im April 1994 wurde die Gründung eines »Non-Profit Liaison Network« bekanntgegeben, das von 25 Regierungsbeamten gebildet wird und »mit dem Nonprofit-Bereich in Verfolgung gemeinsamer Ziele zusammenarbeiten« soll. Aufgabe der Beamten wird es sein, ein Netzwerk von Verbindungen zwischen dem Regierungsapparat und den Organisationen des Dritten Sektors zu schaffen. Bei seiner Ankündigung betonte Clinton, er hätte sich seit langem »für den Nonprofit-Sektor eingesetzt«. Er erinnerte die Öffentlichkeit der USA daran, daß »im Laufe unserer Geschichte die Nonprofit-Organisationen unserem Land geholfen haben, in einer sich verändernden Welt zu bestehen, indem sie sich für unsere Grundwerte stark machten« (Pressemitteilung des Weißen Hauses 12.4.1994). Das Netzwerk solle nun das Zusammenwirken von Regierungsapparat und politisch oder sozial engagierten Organisationen verbessern und die gemeinsame Lösung solch drängender Probleme wie der Kriminalität, des Wohnungsmangels oder der schlechten medizinischen Versorgung vorantreiben. Auch wenn dieser Vorstoß Clintons eher als symbolische Geste denn als ernsthafte Neuorientierung der Politik verstanden werden muß, so zeigt er doch, daß sich die Öffentlichkeit langsam der Bedeutung des Dritten Sektors und der Notwendigkeit einer engen Zusammenarbeit zwischen diesem Bereich und dem Staat bewußt wird.

Wenn der Dritte Sektor zur Stütze des postmarktwirtschaftlichen Zeitalters werden soll, muß der Staat ihn während des Übergangs unterstützen. In den USA liegen Millionen Arbeitsstunden brach, die für den Wiederaufbau lokaler Infrastrukturen und für die Stärkung des Dritten Sektors genutzt werden könnten. Um dies zu erreichen, muß sich der Staat vor allem an zwei Bevölkerungsgruppen wenden: Erstens müssen diejenigen, die noch einen Arbeitsplatz haben, durch geeignete Maßnahmen dazu veranlaßt werden, einen Teil ihrer vermehrten Freizeit der ehrenamtlichen Arbeit zu widmen. Zweitens müssen durch geeignete Gesetze Millionen von Langzeitarbeitslosen mit sinnvoller Arbeit im Dritten Sektor versorgt werden.

Steuererleichterungen und Sozialeinkommen

Der Staat könnte ein stärkeres Engagement im Dritten Sektor fördern, indem er für jede freiwillige Arbeitsstunde, die bei einer als gemeinnützig anerkannten Organisation abgeleistet wird, eine Steuerminderung zuläßt. Als Nachweis über die tatsächliche Stundenzahl müßten die Organisationen am Ende jeden Jahres die bei ihnen abgeleisteten Zeiten an die Steuerbehörden melden und ihren freiwilligen Helfern eine entsprechende Bescheinigung ausstellen. Ein derartiges, nicht auf dem privaten Markt erzieltes »Schatteneinkommen« würde Millionen von Menschen dazu ermuntern, einen größeren Teil ihrer Freizeit der freiwilligen Arbeit im dritten Bereich zu widmen. Die Idee als solche ist ja nicht neu, gibt es doch schon die Möglichkeit, Spenden an gemeinnützige Organisationen von der Steuer abzusetzen. Wenn der Staat es für förderungswürdig hält, daß die Bürger ihr Geld von sich aus an den Dritten Sektor weitergeben, warum sollte dann nicht auch die freiwillige Arbeit in diesem Bereich durch Steuererleichterungen unterstützt werden?

Der Verlust an Steuereinnahmen würde sicherlich mehr als aufgewogen werden dadurch, daß der Staat keine teuren Sozialprogramme mehr auflegen müßte. Bestimmte Aufgaben würden ihm von den gemeinnützigen Organisationen abgenommen. Durch die Förderung von freiwilligen Arbeiten direkt vor Ort würde der Staat die Ausgaben für ganze Behörden sparen, die für die Verwaltung örtlicher Programme nötig wären. Außerdem würden verbesserte Lebensbedingungen für Millionen Menschen auch auf die Wirtschaft in Form von mehr Beschäftigungsmöglichkeiten und verstärkter Kaufkraft zurückwirken, was wiederum das Steueraufkommen erhöhen würde.

Nun könnte man einwenden, die Förderung freiwilliger Arbeiten durch Steuererleichterungen würde jene ihres karitativen Charakters berauben. Allerdings hat die Steuerabzugsfähigkeit von Spenden für gemeinnützige Organisationen die Hilfsbereitschaft der Menschen auch eher beflügelt, und ein Schatteneinkommen für freiwillige Arbeit könnte die Menschen dazu bewegen, ihre Zeit in den sozialen Bereich zu investieren, statt noch einen zusätzlichen Job anzunehmen oder ihre Abende vor dem Fernseher zu verbringen.

Damit die Gesellschaft nicht in Tausende örtlicher Gruppen ohne einheitliche Zielsetzung zerfällt, könnte der Staat dem sozialen Bereich durch geeignete Anreize eine Richtung vorgeben. Die Steuervergünstigungen könnten gestaffelt und diejenigen Initiativen könnten begünstigt werden, deren Ziele die Öffentlichkeit und die Politiker für vorrangig halten. Ebenso könnte auch die steuerliche Abzugsfähigkeit von Spenden an karitative Organisationen je nach der Dringlichkeit ihrer Aktivitäten gestaffelt werden. Die gesetzliche Regelung derartiger Steuervergünstigungen wird in Zukunft als wichtiges Steuerungsmittel für die Gemeinwirtschaft dienen, so wie bisher die Steuerpolitik zur Regulierung des marktwirtschaftlichen Sektors eingesetzt wurde.

Steuervergünstigungen sind gewiß ein geeignetes Mittel, um diejenigen, die noch eine Anstellung und ein festes Einkommen haben, zu freiwilliger gemeinnütziger Arbeit zu ermuntern. Aber der Staat sollte auch an diejenigen Arbeitslosen denken, die willens sind, sich umschulen zu lassen und eine Arbeit im Dritten Sektor anzunehmen. Man könnte diesen Menschen statt Sozialhilfe ein Einkommen für gemeinnützige Tätigkeiten, eine Art »Sozialeinkommen«, zahlen und außerdem den Organisationen, in denen sie angestellt und ausgebildet werden, entsprechende Mittel zur Verfügung stellen.

Den Armen und Arbeitslosen ein Sozialeinkommen zu zahlen, würde nicht nur ihnen helfen, sondern auch den Gemeinden. In den USA, wo die lokalen Strukturen wiederaufgebaut und die Grundlagen einer fürsorglicheren Gesellschaft gelegt werden müssen, müssen die Menschen wieder gegenseitiges Vertrauen entwickeln und lernen, Anteil zu nehmen am Wohlergehen der anderen und der Gemeinschaft, in der sie leben. Ein angemessenes Sozialeinkommen würde Millionen von arbeitslosen US-Amerikanern die Möglichkeit geben, in Nachbarschaftsorganisationen mitzuarbeiten und damit sich selbst zu helfen.

Auch ein Sozialeinkommen für gelernte Arbeiter und höherqualifizierte Angestellte, die im marktwirtschaftlichen Sektor nicht mehr gebraucht werden, sollte ernsthaft in Betracht gezogen werden. Um den Dritten Sektor zum Funktionieren zu bringen, werden nicht nur anzulernende Beschäftigte gebraucht, sondern auch Leute, die Führungsaufgaben übernehmen können. Die Organisationen des Dritten Sektors sollten eine ähnliche Abstufung von Berufen, Qualifikationen und Einkommen einführen wie es sie in der Wirtschaft gibt. Sie könnten sich dann aus dem Heer der Arbeitslosen die richtige Mischung von ungelernten, gelernten und höherqualifizierten Arbeitskräften zusammenstellen, die sie für eine erfolgreiche Tätigkeit brauchen.

In den USA wurde die Idee eines Sozialeinkommens zum ersten Mal 1963 von einem »Ad Hoc Committee on the Triple Revolution« in die Öffentlichkeit gebracht. Gedacht war es als Absicherung gegen die Folgen der technologischen Arbeitslosigkeit einerseits und der wachsenden Armut andererseits. Allerdings wollte man damals ein solches Einkommen noch nicht mit der Verpflichtung zu gemeinnütziger Arbeit verbinden. Zu den Befürwortern eines Sozialeinkommens, das auch als »garantiertes Jahresmindesteinkommen« bezeichnet wurde, gehörten W.H.Ferry vom Center for the Study of Democratic Institutions, sozial orientierte Ökonomen wie Robert Theobald und Robert Heilbroner sowie der Direktor des Institute for Advanced Studies in Princeton, Robert Oppenheimer. Sie alle glaubten im Gegensatz zur orthodoxen Wirtschaftswissenschaft nicht daran, daß technischer Fortschritt und steigende Produktivität automatisch zu Vollbeschäftigung führen würden. Die Computerrevolution, so meinten sie, würde zwar die Produktivität steigern, aber zugleich mehr und mehr menschliche Arbeitskräfte durch Maschinen ersetzen. Millionen Menschen wären dann unterbeschäftigt oder ganz ohne Arbeit, und ihre Kaufkraft würde nicht mehr genügen, um den Absatz der durch die neuen automatisierten Anlagen vervielfachten Güterproduktion zu garantieren. Es würde auch wenig nutzen, den Konsum durch raffinierte Werbe- und Marketingstrategien, durch niedrige Zinsen, Steuersenkungen oder großzügigere Kreditbedingungen anheizen zu wollen: Die zusätzliche Nachfrage würde nicht zu erhöhter Beschäftigung führen, eher würden noch mehr Arbeitnehmer durch Maschinen ersetzt, da diese effizienter und billiger wären und den Investoren höhere Gewinne brächten.

Robert Theobald vertrat den Standpunkt, daß die traditionelle Verknüpfung von Einkommen und Arbeit aufgelöst werden müsse. Da immer mehr Arbeit von Maschinen erledigt werde, müsse den Menschen ein von der Erwerbsarbeit unabhängiges Einkommen garantiert werden. Nur so könne man ihnen ihren Lebensunterhalt und der Wirtschaft genug Kaufkraft sichern. Theobald und andere sahen mit dem garantierten Mindesteinkommen einen Wendepunkt in der Wirtschaftsgeschichte gekommen. Sie hofften, daß die Verbreitung dieser Idee das zentrale Konzept des marktwirtschaftlichen Denkens, das Konzept des Mangels, außer Kraft setzen und durch das neue Ideal des Überflusses ersetzen könnte. Theobald schrieb: »Für mich ist daher das garantierte Mindesteinkommen die Umsetzung einer immer wieder in der Geschichte auftauchenden philosophischen Grundidee, daß nämlich jedes Individuum ein Anrecht auf einen Anteil an den Gütern einer Gesellschaft hat. Bisher mangelte es der Menschheit aber immer am Notwendigsten, so daß diese Forderung bis heute nie verwirklicht wurde. Der Überfluß in den reichen Ländern gibt uns nun die Möglichkeit, allen Menschen einen minimalen Lebensstandard zu garantieren.« (Theobald 1967: 19)

Die Forderung nach einem garantierten Mindesteinkommen erhielt politische Unterstützung von unerwarteter Seite, als der führende neokonservative Wirtschaftswissenschaftler und spätere Berater der Präsidenten Nixon und Reagan, Milton Friedman, seine eigene Version in Form einer negativen Einkommensteuer vorschlug. Er teilte keineswegs die Ansicht der Liberalen, daß die Automation zu einer stetigen Vernichtung von Arbeitsplätzen und damit zu Massenarbeitslosigkeit führen müsse und daß daher für die Millionen vom Wirtschaftskreislauf ausgeschlossenen Menschen das Einkommen von der Erwerbsarbeit getrennt werden müsse. Friedman hält vielmehr das staatliche Wohlfahrtssytem für eine Fehlentwicklung. Seiner Meinung nach wäre es viel besser gewesen, den Armen ein bestimmtes jährliches Einkommen zu garantieren, als weiterhin eine Unmenge teurer Wohlfahrtsprogramme und -bürokratien zu finanzieren, die oft genug kontraproduktiv waren und die Armut eher verlängerten als erleichterten.

Friedman schlug vor, der Staat solle allen seinen Bürgern ein Mindesteinkommen garantieren und sie zugleich durch eine Reihe von Anreizen dazu ermuntern, die staatliche Unterstützung durch eigenes Einkommen zu ergänzen. Mit steigenden Einnahmen sollte sich der staatliche Zuschuß verringern, zunächst relativ schnell, dann langsamer, »um den Anreiz, sich weitere Arbeit zu suchen, zu erhalten« (zit. n. *International Labour Review* Mai/Juni 1987: 263). Friedman hielt seinen Vorschlag für nichts grundlegend Neues, da die bisher praktizierten Fürsorge- und Wohlfahrtsmaßnahmen sich »der Sache, aber nicht dem Namen nach, bereits zu einem staatlich garantierten

Mindesteinkommen« addierten. Er wies darauf hin, daß bei der gängigen Praxis jegliches Einkommen den Verlust staatlicher Unterstützung bedeutete und so kein Anreiz für die Empfänger bestand, sich Arbeit zu suchen. »Wenn jemand, der von staatlicher Unterstützung lebt, einen Dollar verdient und sich dem Gesetz entsprechend verhält, dann vermindert sich die staatliche Unterstützung um eben diesen Dollar – auf diese Weise wird bestraft, wer fleißig oder ehrlich ist. Solche Maßnahmen produzieren Armut und eine Unterschicht, die einzig von der Wohlfahrt lebt.« (*National Review* 7.3.1967: 239; *Congressional Digest* Oktober 1967: 242)

Auch wenn linksliberale und konservative Ökonomen jeweils andere Gründe hatten, die Idee eines garantierten Mindesteinkommens zu unterstützen, so war doch das öffentliche Interesse geweckt, und Präsident Johnson richtete 1967 eine Kommission zu dem Thema ein. Nach zweijährigen Anhörungen und Untersuchungen veröffentlichte die aus Unternehmern, Gewerkschaftern und Persönlichkeiten des öffentlichen Lebens bestehende Kommission ihren Bericht, in dem sie sich einhellig für ein garantiertes Mindesteinkommen aussprach: »Arbeitslosigkeit oder Unterbeschäftigung der ärmeren Schichten sind oft auf Umstände zurückzuführen, auf die die Menschen selbst keinen Einfluß haben. Viele wollen arbeiten, finden aber keinen Arbeitsplatz. [...] Selbst wenn die bereits existierenden Wohlfahrtsprogramme noch aufgestockt würden, könnten sie nicht allen Amerikanern ein angemessenes Einkommen garantieren. Wir empfehlen daher die Einrichtung einer Einkommensbeihilfe für alle Bedürftigen.« (Zit. n. *America* 11.12.1971: 503)

Der Bericht fand kaum Resonanz. Bürger und Politiker konnten sich mit der Vorstellung nicht anfreunden, allen Menschen ein bestimmtes Einkommen zu garantieren. Trotz der Empfehlung der Kommission, mit gewissen Anreizen die Empfänger zu zusätzlicher Arbeit anzuregen, glaubten viele Politiker, daß allein die Idee eines garantierten Einkommens den Arbeitswillen einer ganzen Generation von US-Amerikanern unterminieren würde. Die Empfehlungen der Kommission setzten bereits Staub an, da rief die US-Regierung doch noch eine Reihe von Pilotprojekten ins Leben, um die praktischen Auswirkungen einer Einkommensgarantie zu testen. Zu ihrer eigenen Überraschung stellte sich heraus, daß der Antrieb, sich eine Arbeit zu suchen, bei den Empfängern nicht nennenswert schwächer wurde (*Journal of Labor Economics* Januar 1993, Teil 2: S 280, S 287).

Heute flammt die Diskussion um das garantierte Mindesteinkommen wieder auf. Wissenschaftler, Politiker, Gewerkschafter und Bürgerrechtler sehen darin eine Möglichkeit, der technologischen Langzeitarbeitslosigkeit und der wachsenden Armut entgegenzutreten. Aber im Gegensatz zu den früheren Vorschlägen, die von den Empfängern keine oder fast keine Gegenleistung verlangten, bindet man heute das Sozialeinkommen an gemeinnützige Arbeiten im Dritten Sektor.

In einer Reihe westeuropäischer Länder wurden in den letzten 25 Jahren – mit unterschiedlichem Erfolg – gesetzlich garantierte Mindesteinkommen eingeführt. Von besonderem Interesse ist das französische Vorhaben. Es sieht eine Regelung vor, nach der das Mindesteinkommen an eine sozial oder kulturell nützliche Arbeit oder an den Besuch von Fortbildungs- oder Wiedereingliederungskursen gekoppelt ist (*International Labour Review* Mai/Juni 1987: 271).

Wenn die immer stärker automatisierte Wirtschaft immer weniger Arbeitsplätze bietet, werden wohl auch andere Länder die französischen Pläne aufgreifen und sich Gedanken darüber machen, wie sie ihren Bürgern jenseits der Erwerbsarbeit zu Einkommen und sinnvoller Arbeit verhelfen können.

In der Auseinandersetzung darüber, wie die Produktivitätszuwächse der Computerrevolution am besten zu verteilen seien, stellt sich jedem Land die entscheidende Frage nach der wirtschaftlichen Gerechtigkeit: Hat ein jedes Mitglied der Gesellschaft, auch das ärmste, ein Anrecht auf einen Anteil an diesen Zuwächsen? Wenn man diese Frage bejaht, müssen auch die Menschen, deren Arbeitskraft in der automatisierten High-Tech-Welt des 21. Jahrhunderts nicht mehr gebraucht wird, in irgendeiner Form eine Entschädigung erhalten. Da der Wirtschaftssektor aufgrund des technischen Fortschritts immer weniger Menschen beschäftigen wird, können die freigesetzten Arbeitnehmer nur über den Weg eines wie auch immer gearteten staatlich garantierten Mindesteinkommens zu ihrem Anteil an den Produktivitätszuwächsen kommen. Dieses Einkommen an eine gemeinnützige Arbeit zu koppeln, würde zu einer Weiterentwicklung der Gemeinwirtschaft beitragen und langfristig den Übergang zu einer gemeinschafts- und dienstleistungsorientierten Gesellschaft erleichtern.

4
Die Globalisierung des Dritten Sektors

Überall auf der Welt wächst die gesellschaftliche Bedeutung des Non-profit-Bereichs. Lokale und nationale Einrichtungen übernehmen Aufgaben, die von der Wirtschaft oder vom Staat vernachlässigt werden. Jim Joseph, Präsident des Council on Foundations, vermerkt, daß in fast allen Ländern »die Menschen den Freiraum zwischen Staat und Markt nutzen, um sich für das Gemeinwohl einzusetzen« (persönliches Gespräch 18.3.1994). In den letzten Jahren ist der Dritte Sektor enorm gewachsen und hat das Leben von Hunderten von Millionen Menschen verändert.

In Großbritannien gibt es ähnlich wie in den USA Tausende von Freiwilligenvereinigungen, und in letzter Zeit wurde dort auch eine ähnliche politische Debatte über die Funktion des Dritten Sektors geführt. Die Zahl der Organisationen beträgt mehr als 350.000, und sie verfügen zusammen über mehr als 17 Milliarden britische Pfund oder vier Prozent des Bruttosozialproduktes. Wie in den USA ist die Bereitschaft zum sozialen Engagement in Großbritannien sehr hoch. Einer Umfrage zufolge beteiligten sich 1990 mehr als 39% der Bevölkerung an freiwilligen gemeinnützigen Arbeiten (Ben-Ner/Gui 1993: 224, 230).

Auch in Frankreich gewinnt der Dritte Sektor an Bedeutung. Kürzlich wurden innerhalb nur eines Jahres mehr als 43.000 Freiwilligenvereinigungen gegründet. Während die Beschäftigung in der Wirtschaft zurückging, stieg sie im Dritten Sektor an. Er stellt jetzt mehr als sechs Prozent aller Arbeitsplätze, genausoviele wie die gesamte Konsumgüterindustrie. Wie oben erwähnt, nahm Frankreich, was die Ausbildung und Anstellung von ehemals Arbeitslosen im Dritten Sektor anbelangt, eine Vorreiterrolle ein. Um der Jugendarbeitslosigkeit zu begegnen, wurden 1984 die »Travaux d'Utilité Collective« gestartet: Jährlich bis zu 350.000 junge Menschen erhielten vom Staat ein monatliches Einkommen und arbeiteten dafür im Nonprofit-Bereich oder im öffentlichen Sektor. Noch sind viele der französischen Freiwilligengruppen finanziell nicht sehr gut ausgestattet und haben nicht allzu viele Mitglieder. Sie nehmen aber an Zahl und Stärke weiter zu und werden in den kommenden Jahren eine größere Rolle in der französischen Gesellschaft spielen (Anheier/Seibel 1990: 298f.).

In Deutschland wächst der Dritte Sektor schneller als der private oder der öffentliche. Von 1970 bis 1987 erweiterte er sich jährlich um mehr als fünf Prozent. Gegen Ende der 80er Jahre gab es hier mehr als 300.000 Freiwilligenorganisationen. Auch wenn die meisten von ihnen ohne bezahlte Angestellte auskommen, so arbeiteten 1987 doch immerhin 4,3% aller Erwerbstätigen im Nonprofit-Bereich – das waren mehr als in der Landwirtschaft und fast halb soviele wie im Banken- und Versicherungswesen. Zusammen erwirtschafteten sie – vor der Wiedervereinigung – knapp zwei Prozent des deutschen Bruttosozialproduktes. Während in den letzten Jahren die Beschäftigung insgesamt sank, stieg sie im Dritten Sektor an. Fast ein Drittel aller Nonprofit-Organisationen sind in Deutschland an Kirchen oder religiöse Vereinigungen gebunden (ebd.: 323; Ben-Ner/Gui 1993: 184, 188).

In Italien war der Dritte Sektor bis in die 70er Jahre von der Katholischen Kirche dominiert. Erst in den letzten beiden Jahrzehnten sind zahlreiche nichtreligiöse Vereinigungen und Gruppen entstanden, die im lokalen Bereich eine immer stärkere Rolle spielen. Schätzungen zufolge widmen mehr als 15% der erwachsenen Italiener einen Teil ihrer Zeit freiwilligen gemeinnützigen Arbeiten (Ben-Ner/Gui 1993: 206, 211).

In Japan hat der Dritte Sektor in den letzten Jahren dramatisch an Umfang zugenommen, zum Teil deswegen, weil das Land sich neuerdings vor große soziale Probleme gestellt sieht. Der rasche Wiederaufbau nach dem Krieg hatte auch negative Folgen, was etwa die

Umweltverschmutzung oder die Betreuung von Kindern und Alten anbelangt. Die traditionelle Familienstruktur, die lange Zeit für das Wohlergehen des einzelnen sorgte, zerfiel und hinterließ in Nachbarschaften und Gemeinden ein Vakuum, das nun von Organisationen des Dritten Sektors gefüllt werden muß.

Mittlerweile kümmern sich in Japan Zehntausende von Nonprofit-Organisationen um die kulturellen, sozialen und wirtschaftlichen Bedürfnisse der Bevölkerung. Allein die Zahl der karitativen Organisationen, die in Japan als *koeki hojin* bezeichnet werden, beträgt 23.000. Es handelt sich um private philantropische Vereinigungen, die sich unter der Federführung des Staates für die Wissenschaft und die Kunst, für religiöse, karitative und andere Belange von öffentlichem Interesse einsetzen. Des weiteren existieren mehr als 12.000 Wohlfahrtsorganisationen, *shakaifukushi hojin*, die Kindertagesstätten, Altenhilfsdienste, Gesundheitseinrichtungen für Mütter und Kinder sowie Einrichtungen für in Not geratene Frauen unterhalten. Die meisten dieser Organisationen werden finanziell zu 80 bis 90% von der öffentlichen Hand getragen, der Rest wird durch Beiträge, Basare, Gebühren und Spenden, meist aus Wohltätigkeitsfonds, aufgebracht. Zum Dritten Sektor gehören in Japan auch Tausende privater Schulen, sowie religiöse, medizinische und karitative Einrichtungen. Außerdem gibt es eine Million Gemeinde- und Massenorganisationen, zu denen auch die Kindervereine zählen, die in den meisten Grundschulbezirken bestehen und sich um außerhäusliche Aktivitäten, Fest- und Sportveranstaltungen sowie um Spendenaktionen kümmern. Die meisten älteren Menschen gehören zu einem der 130.000 Seniorenvereine, *Rojin* genannt, wo man sich um ihre sozialen und kulturellen Bedürfnisse kümmert (Amenomori 1993).

Eine der wichtigsten Einrichtungen des Dritten Sektors in Japan sind die Gemeindeorganisationen für gegenseitige Hilfe, denen mehr als 90% der japanischen Haushalte angehören. Bereits in den 20er und 30er Jahren schossen im ganzen Land Nachbarschaftsvereinigungen aus dem Boden, die vor allem die Folgen der raschen Industrialisierung und Urbanisierung abmildern wollten. Gegen Ende der 30er Jahre wurden sie von der kaiserlichen Regierung dem Staatsapparat einverleibt. 1940 wurde die Gründung solcher Vereinigungen in allen Gemeinden angeordnet, und die Mitgliedschaft wurde obligatorisch. Während des Krieges dienten die Vereinigungen als Propagandainstrument und zur Verteilung von Lebensmitteln und anderen Gütern. Nach dem Krieg tauchten sie als selbstverwaltete Organisationen ohne rechtliche Anbindung an den Staat wieder auf. Heute existieren mehr als 270.000 solcher *jichikai*, die meist zwischen 180 und 400 Haushalte umfassen und deren Vorstände in der Regel auf zwei Jahre gewählt werden (Anheier/Seibel 1990: 347-358).

Die *jichikai* erfüllen eine ganze Reihe von Funktionen: Sie helfen Menschen, die sich in finanzieller Bedrängnis befinden oder ernsthaft erkrankt sind. Sie stellen kostenlos Baumaterial und Arbeitskräfte zur Verfügung, wenn einem Nachbarn das Haus abgebrannt ist. Sie unterstützen auch kulturelle Aktivitäten, Ausflüge und lokale Veranstaltungen und Volksfeste. Viele dieser Vereinigungen vertreten auch rechtliche und politische Anliegen und wenden sich etwa gegen unerwünschte Baumaßnahmen oder -gesetze. In letzter Zeit engagieren sich die *jichikai* auch für den Umweltschutz und setzen sich bei der Regierung für eine schärfere Gesetzgebung ein.

Da sie über keinen formaljuristischen Status verfügen, erhalten die *jichikai* keinerlei öffentliche Mittel und sind fast ausschließlich auf Mitgliedsbeiträge angewiesen. Aber auch so blühen und gedeihen sie, was zu einem großen Teil auf das starke Engagement ihrer Mitglieder zurückzuführen ist. Die konfuzianische Tradition, mit ihrer Betonung von Zusammenarbeit und harmonischen Beziehungen, hat dazu beigetragen, daß überall in Japan freiwillige Arbeiten geleistet werden und daß der Dritte Sektor hier eine wichtige gesellschaftliche Rolle spielt. In den kommenden Jahren wird seine Bedeutung sogar noch zunehmen, wenn der Staat die Mittel für den sozialen Bereich weiter kürzt.

Eine Stimme der Demokratie

Es kann nicht überraschen, daß das weltweite Aufleben demokratischer Bewegungen mit einem verstärkten Interesse an den Organisationen des Dritten Sektors einhergeht. Im Dezember 1993 wurde die internationale Organisation Civicus gegründet, die es sich zum Ziel gesetzt hat, »den freiwilligen Dienst an der Gemeinschaft zu fördern« – vor allem dort, wo der Dritte Sektor sich gerade zu entfalten beginnt. Der erste geschäftsführende Direktor der Organisation und frühere stellvertretende Bürgermeister von Budapest, Miklos Marschall, konstatiert: »Vor unseren Augen vollzieht sich eine wahre Revolution, an der überall auf der Welt Tausende von Verbänden, Vereinen und nichtstaatlichen Gruppen teilhaben.« Marschall glaubt, daß »die 90er Jahre das Jahrzehnt des Dritten Sektors werden, denn überall auf der Welt sind die Menschen enttäuscht von den traditionellen Institutionen wie den Gewerkschaften, den Parteien und den Kirchen«. Dieses Vakuum werde in Dutzenden von Ländern von nichtstaatlichen Organisationen, den sogenannten NGOs (Non-Governmental Organizations), gefüllt. Marschall zufolge soll Civicus »zu einem Forum für diese Vereinigungen« werden: »Sie soll ihre Anliegen auf der internationalen Bühne vertreten und auch als eine Art moralisches Weltgericht fungieren.« (Zit. n. *New York Times* 21.12.1993; persönliches Gespräch 4.5.1994).

Vor allem in den Staaten des ehemaligen Ostblocks macht sich der Einfluß des Dritten Sektors bemerkbar. Beim Zusammenbruch der Regimes in der Sowjetunion und in ihren Satellitenstaaten spielten genauso wie beim jetzigen Wiederaufbau dieser Region die NGOs eine wichtige Rolle. 1988 gab es in der Sowjetunion mehr als 40.000 illegale, nichtstaatliche Organisationen (*World Development*, Vol.19, #1: 69). Viele dieser Vereinigungen in Rußland und Osteuropa standen unter dem Schutz der Kirchen. Ihre Anliegen waren vielgestaltig und reichten von der Forderung nach kulturellen Reformen bis zur Bekämpfung der Umweltverschmutzung. Viele Gruppen engagierten sich auch direkt politisch und forderten damit die Staatsmacht heraus.

Diese neuentstandenen demokratischen Gruppen brachten die autoritären Regimes in Osteuropa und in der Sowjetunion viel mehr in Bedrängnis als es traditionelle Widerstandsgruppen mit politischen Ideologien und paramilitärischen Kampftruppen vermocht hätten. Die Entwicklungen, die zum Fall des Kommunismus in Mittel- und Osteuropa führten, resümierend, kommt der Historiker Frederick

Starr zu dem Schluß, daß das schnelle Heranreifen des Dritten Sektors die ohnehin geschwächten Parteiapparate unter enormen Druck setzte: »Die überall aufkeimenden NGOs waren das wichtigste Charakteristikum der Revolutionen von 1989.« (Ebd.: 65)

Im Zuge des Zusammenbruchs der kommunistischen Parteien brachte der Dritte Sektor eine Fülle neuer Ideen und politischer Talente hervor. Die NGOs in Zentraleuropa und der ehemaligen Sowjetunion, deren Zahl auf über 70.000 geschätzt wird, stellen ein großartiges Übungsfeld für demokratische Verfahren dar (ebd.: 70). Angesichts eines marktwirtschaftlichen Sektors, der noch kaum Gestalt angenommen hat, und angesichts eines reformierten öffentlichen Bereichs, der noch in den Kinderschuhen steckt, fällt dem Dritten Sektor eine entscheidende Rolle zu. Dank seiner Fähigkeit, schnell und wirksam auf lokale Belange zu reagieren und zugleich den Geist der Demokratie in der Gesellschaft zu verankern, könnte er einen gut Teil zum Erfolg der Reformen in den ehemals kommunistischen Ländern beitragen.

Wenn die High-Tech-Revolution und andere ökonomische Veränderungen sich schließlich auch in Osteuropa und Rußland durchsetzen, wird auch dort die Frage der technologischen Arbeitslosigkeit die politische Debatte beherrschen. Die Welle von Fremdenfeindlichkeit, Nationalismus und Faschismus, die sich im Gefolge der höheren Arbeitslosigkeit, des stärkeren Bevölkerungsdrucks und der Globalisierung der Märkte auftürmt, wird nicht nur den demokratischen Geist des neuentstandenen Dritten Sektors, sondern auch die politische Stabilität der gerade erst befreiten Länder bedrohen. Die politische Zukunft Zentral- und Osteuropas wird davon abhängen, ob es dem Dritten Sektor gelingt, die neofaschistische Welle zu brechen und eine basisorientierte und demokratische Infrastruktur aufzubauen. Wenn der Dritte Sektor auf die Probleme der technologisch bedingten Entlassungen und der strukturellen Langzeitarbeitslosigkeit keine geeignete Antwort findet, dann könnte es durchaus dazu kommen, daß die Menschen der Verlockung des Faschismus erliegen und abermals dunkle Zeiten in diesem Teil der Welt anbrechen.

Eine ähnlich wichtige Rolle wie in Zentral- und Osteuropa spielt der Dritte Sektor in den Entwicklungsländern der südlichen Hemisphäre und Asiens. In der Dritten Welt sind NGOs ein relativ neues Phänomen. In der nachkolonialen Zeit waren sie Teil der Reform- und Menschenrechtsbewegungen, heute sind sie ein bedeutender Faktor des politischen und des kulturellen Lebens.

Mehr als 35.000 Freiwilligenorganisationen gibt es in den Entwicklungsländern (Fisher 1993: 91). Sie arbeiten in den Bereichen der Landerschließung, der Lebensmittelversorgung, des Gesundheitswesens, der Familienplanung, der Kindererziehung, der Alphabetisierung, der wirtschaftlichen Entwicklung, der Wohnraumversorgung und im politischen Bereich. In jenen Ländern, in denen der Staat schwach und korrupt und der marktwirtschaftliche Sektor unterentwickelt oder gar nicht vorhanden ist, sind sie oft die einzigen Einrichtungen, die sich der Belange der Bevölkerung annehmen. In vielen Entwicklungsländern wird der Dritte Sektor mit lokalen Problemen viel besser fertig als der private oder der öffentliche Sektor. Dies gilt vor allem für Regionen, wo die Marktwirtschaft noch keine große Rolle spielt. Schätzungen zufolge kümmern sich die Freiwilligenorganisationen in den Entwicklungsländern um mehr als 250 Millionen Menschen, und in den kommenden Jahren wird der Umfang ihrer Leistungen noch zunehmen (*Human Development Report 1993*: 93).

Am stärksten ist der Dritte Sektor in Asien gewachsen, wo es mehr als 20.000 Freiwilligenorganisationen gibt (Fisher 1993: 89ff.). Im pakistanischen Orangi, einem Vorort von Karachi, schlossen sich über 28.000 Familien im Orangi Pilot Project zusammen, um 15 Kilometer Kanalisationsrohre zu verlegen und 28.000 Latrinen zu bauen. Im indischen Ahmedabad bietet die Self-Employed Women's Association, eine Gewerkschaft für arme Frauen, kostenlose Rechtsberatung, Kinderbetreuung und Kurse in Tischlerei, Installation, Bambusverarbeitung und Geburtshilfe an (*Human Development Report 1993*: 86f.). In Nepal bauten NGOs mit Hilfe der örtlichen Bevölkerung 62 Dämme und brauchten dafür nicht einmal ein Viertel des Geldes, das vergleichbare staatliche Projekte verschlungen hatten (Fisher 1993: 167). In Sri Lanka helfen die 7.700 Mitarbeiter des Sarvodaya Sharanadana Movement in mehr als 8.000 Dörfern der örtlichen Bevölkerung bei der Nutzung natürlicher Rohstoffe und beim Aufbau einer autarken Versorgung. Die Organisation stellt Nahrungsmittel für Vorschulkinder bereit, hilft Behinderten und bildet die Menschen im Nähen, Reparieren von Maschinen, Drucken und Tischlern aus, um ihnen ein eigenes Einkommen zu verschaffen (Durning 1989: 11; *Human Development Report 1993*: 95). In Malaysia verhilft die Consumers Association of Penang den Landgemeinden zu staatlichen Hilfen und schützt sie vor ausbeuterischen Entwicklungsplänen (Cordoba-Novion/Sachs 1987: 33). Im Senegal helfen die 20.000 Mitglieder von COLUFIFA, einer Organisation gegen den Hunger, den Bauern beim Übergang vom Anbau von Futterpflanzen für den Export zum Anbau von Getreide für die Ernährung der Einheimischen. Sie zeigen den Bauern bessere Anbau- und Lagermethoden, sie bringen der Landbevölkerung Lesen und Schreiben bei und sie stellen medizinische Hilfe bereit (*African Farmer* #4, Juli: 81). Auf den Philippinen setzt sich PAMALAKAYA, eine Organisation, der mehr als 50.000 Fischer angehören, für den Erhalt lokaler Fischteiche ein und bietet ihren Mitgliedern ständige Aus- und Fortbildungskurse an (*IFDA Dossier* 1987, #61: 68f.).

Für viele der NGOs in Asien sind Umweltprobleme das zentrale Anliegen. So haben sich in Südkorea, Bangladesch, Nepal und anderen asiatischen Ländern Gruppen gebildet, die die letzten Wälder vor dem Zugriff der Holzfäller und Landerschließer retten wollen. Allein in Indien gibt es mehr als 500 Umweltorganisationen, die Boden, Wasser und Wälder schützen und gegen die Umweltverschmutzung durch Landwirtschaft und Industrie kämpfen. Einen weltweit beachteten Erfolg konnten die Umweltgruppen feiern, als die Dorffrauen der Chipco-Bewegung die Abholzung ihrer Wälder verhinderten, indem sie sich vor die anrückenden Bulldozer legten und an die Bäume klammerten (Fisher 1993: 124; Rush 1991: 55).

Auch die Zahl der Frauenvereinigungen hat in Asien im letzten Jahrzehnt stark zugenommen. In Indonesien und Korea helfen Müttergruppen den Frauen bei der Familienplanung. In Bangladesch besuchten die Mitglieder der nationalen Anwältinnenvereinigung mehr als 68.000 Dörfer, klärten die Bewohnerinnen über ihre Rechte auf und berieten sie, wenn sie zu Opfern von Mißhandlungen seitens ihrer Ehemänner oder seitens des Staates geworden waren (Fisher 1993: 40, 104).

Ähnlich wie in Asien schossen auch in Lateinamerika in den letzten 25 Jahren die Freiwilligenorganisationen aus dem Boden, wobei in den meisten Fällen die Initiative von der Katholischen Kirche ausging. Priester, Nonnen und Laien haben ein Netz von christlichen Basisgruppen geknüpft, dem allein in Brasilien mehr als drei Millionen Menschen in über 100.000 Gemeinden angehören. Im übrigen Lateinamerika existieren noch einmal soviele Gruppen. Sie dienen sowohl der Selbsthilfe wie der politischen Arbeit und stellen so etwas wie eine basisdemokratische Bewegung der Ärmsten des Kontinents dar (Durning 1989: 11). In Lima wurden 1.500 Gemeindeküchen eingerichtet, in denen mehr als 100.000 Mütter Milchpulver an die Armen verteilen. In Chile wurden Hunderte von Freiwilligenorganisationen – Organizaciónes Económicas Populares – gegründet. Sie kümmern sich um Belange der Bevölkerung, die von Staat und Wirtschaft nicht berücksichtigt werden. Einige dieser Gruppen haben Konsum- oder Wohnungsbaugenossenschaften gegründet, andere medizinische Einrichtungen, alternative Schulen und Gemeindeküchen aufgebaut (*Development Dialogue* 1, 1987: 114-134; ebd. 1, 1985). In der Dominikanischen Republik haben sich Frauen zu einem Centro de Investigación para la Acción Fémina zusammengeschlossen, um den Frauen auf dem Land und in den Slums zu helfen (*Human Development Report 1993*: 87). In Kolumbien bauen mehr als 700 nichtgewerbliche lokale Wohnungsbaugruppen Unterkünfte für Obdachlose (Fisher 1993: 23).

Weitverbreitet sind in Lateinamerika die *juntas de vecinos*, Nachbarschaftsvereinigungen, die Schulen und Wasserleitungen bauen, die Müllbeseitigung organisieren und Verkehrsmittel bereitstellen. Daneben gibt es überall Elternorganisationen, die Tagesstätten bauen, Gemüsegärten anlegen und Produzentengenossenschaften gründen. In Ländern wie Brasilien und Mexiko, in denen noch immer ein Großteil des Bodens in der Hand weniger Grundbesitzer ist, haben sich Bauernorganisationen und -gewerkschaften gebildet, die sich für Landreformen starkmachen (Lopezlera-Mendez 1988: 60).

Auch in Afrika nimmt der Dritte Sektor stetig an Umfang zu. Die jetzt mehr als 4.000 nichtstaatlichen Organisationen gelten vielen Beobachtern als »entscheidender Faktor« für die Entwicklung des

Kontinents (*The Journal of Modern African Studies*, Vol.24, #2, 1986: 323; Fisher 1993: 89). In Uganda stellen 250 lokale Organisationen medizinische Hilfe für die Armen bereit. In Burkina Faso gibt es 2.800 *Naams*, Gemeindeorganisationen, deren mehr als 160.000 Mitglieder Gräben ausheben, Wassertanks bauen, kleine Dämme anlegen, sich um die Gemeindewälder kümmern, Alphabetisierungsprogramme durchführen und Entbindungskliniken, Apotheken, Schulen und Gemeindekrankenhäuser errichten. Auch kulturelle Aktivitäten und lokale Sportveranstaltungen werden von den *Naams* unterstützt (*Human Development Report 1993*: 93f.).

In Kenia hat das Green Belt Movement 10 Millionen Bäume gepflanzt und den mehr als 80.000 Frauen, die ihm angehören, gezeigt, wie sie schonend mit dem Boden umgehen und Naturdünger einsetzen können (*The UNESCO Courier* März 1992: 23ff.; *Grassroots Development* Vol. 12, #3, 1988: 38ff.). In Zaire hat die Eglise du Christ, der 12 Millionen Menschen angehören, in 62 Gemeinden medizinische Einrichtungen, Grundschulen und Aufforstungsaktionen ins Leben gerufen (Fisher 1993: 108).

In vielen Regionen des Südens, wo der marktwirtschaftliche Sektor – vor allem auf dem Land – noch kaum ausgebildet ist, spielen die NGOs eine andere Rolle als ihre Gegenstücke in den Ländern des Nordens. In den Industriestaaten übernehmen die Organisationen des Dritten Sektors Aufgaben, die der marktwirtschaftliche Bereich vernachlässigt – indem sie z.B. Wohnungen für Wenigerverdienende oder Obdachlosenunterkünfte bauen. In der Dritten Welt dagegen, so konstatiert Julie Fisher vom Program on Non-Profit Organizations der Yale University, arbeiten die NGOs »in eben genau jenem Bereich, den in den entwickelten Ländern der Markt beackert«. Ein marktwirtschaftlicher Sektor existiert hier nicht oder nur in Ansätzen. »Da die Leute fürchterlich arm sind«, so Fisher, »kann ihnen die Marktwirtschaft buchstäblich nichts bieten – sie ist für die meisten Menschen auf der Welt ohne jede Bedeutung.« Der lokalen Bevölkerung bliebe oft nichts anderes übrig, als eine Alternative zum Markt zu entwickeln. Diese Ersatzeinrichtungen würden sich dann oft zu Elementen eines Marktes entwickeln. Die Gründung von Kleinstunternehmen und Genossenschaften und die Entwicklung des Handels zwischen den Dörfern seien oft der Anstoß zur Entstehung eines regionalen oder gar nationalen Marktes. Fisher resümiert: »In der Dritten Welt entwickelt sich der private Sektor in großem Maßstab aus dem Dritten Sektor heraus.« Oft würden dann die Gewinne, die auf dem neuen Markt erzielt werden, genutzt, um den weiteren Ausbau des Dritten Sektors zu finanzieren (persönliches Gespräch 22.3.1994).

In allen Regionen der Welt bildet sich ein Dritter Sektor heraus. Sein rapides Wachstum ist zum Teil darauf zurückzuführen, daß das politische Vakuum gefüllt werden muß, welches der Rückzug des marktwirtschaftlichen und des staatlichen Sektors in den lokalen Gemeinden hinterläßt. Globale Unternehmen, die auf einem Weltmarkt agieren, kümmern sich in der Regel nicht um die Bedürfnisse einzelner Bevölkerungsteile. Viele Drittweltländer haben zum Weltmarkt gar keinen Zugang. Und wenn sie ihn haben, so können die lokalen Gemeinschaften kaum Einfluß auf die Geschäftsbedingungen nehmen. Die Regeln werden von anonymen Unternehmensführungen hinter geschlossenen Türen gemacht, Tausende von Kilometern von den Betroffenen entfernt. Auch die nationalen Regierungen sind vor Ort kaum vertreten, der Staat ist in den meisten Zweit- und Drittweltländern ein zerbrechliches Gebilde, das an der eigenen Bürokratie erstickt und korruptionsanfällig ist.

In ihrer Handlungsfähigkeit durch das geringe Wirtschaftswachstum, die anhaltende Arbeitslosigkeit und die steigende Verschuldung eingeschränkt, gleichzeitig von einem Weltmarkt abhängig, der alle Länder in einen Wettbewerb auf dem untersten Niveau des Welthandels zwingt, dringen die einzelnen Staaten nicht mehr zu ihrer lokalen Bevölkerung durch. Unfähig, auch nur die Grundversorgung der Menschen sicherzustellen, und nicht willens, dem Ruf nach größerer demokratischer Beteiligung nachzugeben, verlieren sie für ihre Bürger immer mehr an Bedeutung. Dies gilt vor allem für die Entwicklungsländer, und langsam richtet sich auch die Verteilungspolitik der internationalen Hilfs- und Entwicklungshilfefonds darauf ein: Zwar fließt noch das meiste Geld von Regierung zu Regierung, doch werden viele Mittel auch schon an NGOs in den Zweit- und Drittweltländern gegeben. Das meiste Geld für den Dritten Sektor in den Entwicklungsländern stammt allerdings von den NGOs der Industrieländer. Von 1970 bis 1990 erhöhten sie ihre Zuschüsse für die entsprechenden Organisationen in den Ländern des Südens von einer auf fünf Milliarden Dollar (*Human Development Report 1993*: 88).

Die direkte Hilfe aus dem Ausland wird in Zukunft noch zunehmen, wenn der Dritte Sektor in den Entwicklungsländern Wurzeln schlägt und den Menschen auf der lokalen Ebene noch wirksamer helfen kann. Zugleich wird die Gemeinwirtschaft »auf den Arbeitsmärkten dieser Länder eine wesentlich größere Rolle als bisher spielen«, wie Miklos Marschall meint. Er hält wie viele andere, »das Angebot an lokalen Arbeitsplätzen [...] für eine der wichtigsten Funktionen des nichtstaatlichen Sektors«. Er ist davon überzeugt, daß neue Arbeitsplätze am ehesten im Dritten Sektor entstehen werden. Die Gelder hierfür kommen zum großen Teil aus öffentlichen Mitteln, wenn nämlich der Staat bestimmte Aufgaben an NGOs vergibt, anstatt selbst teure Programme aufzulegen (persönliches Gespräch 4.5.1994).

Martin Khor, Direktor des Third World Network, wirft die Frage auf, woher die Staaten der Dritten Welt das Geld nehmen sollen, um die Sozialeinkommen für jene Menschen zu bezahlen, die willens und fähig sind, im Dritten Sektor zu arbeiten. Die ausländischen Zuschüsse an lokale NGOs werden zwar einen Teil der Kosten abdecken, dennoch müssen die eigenen Regierungen zusätzliche Mittel durch Steuern aufbringen. Khor setzt sich für eine Mehrwertsteuer auf Produkte und Dienstleistungen ein, die von den reichsten Bürgern dieser Staaten konsumiert werden. Der Dritte-Welt-Aktivist meint, die Regierungen könnten die »massive soziale Ungleichheit« in den Entwicklungsländern etwas abmildern, wenn sie »die Reichen besteuern [...] um den Armen Arbeit zu geben«. Khor hält eine Umverteilung des Einkommens für entscheidend, um die Entwicklung der Gemeinwirtschaft in der Dritten Welt voranzubringen: »Wenn das Problem der sozialen Einkommensverteilung nicht gelöst wird, kann auch das Problem der Entwicklung des Dritten Sektors nicht gelöst werden, denn wie sollte dieser sonst finanziert werden?« (Persönliches Gespräch 18.5.1994)

Infolge des außerordentlichen Wachstums des Dritten Sektors entstehen neue internationale Netzwerke. NGOs des Nordens und des Südens tauschen Informationen aus und schließen sich zusammen, um gemeinsame Ziele zu verfolgen und sich auf der internationalen Bühne Gehör zu verschaffen. Wenn es einen Wahlspruch gibt, der ihre unterschiedlichen Anstrengungen auf einen Nenner bringt, dann ist es der oft gehörte Satz: »Global denken, lokal handeln.« Die NGOs der meisten Länder teilen ein gemeinsames Weltbild, das über die konventionellen Anschauungen des marktwirtschaftlichen Sektors genauso weit hinausgeht wie über die Schmalspur-Ideologien der Geopolitiker und Nationalisten. Ihre Vision ist eine biosphärische Vision: Sie setzen sich ein für eine demokratische Beteiligung auf der lokalen Ebene, für die Wiederherstellung des Gemeinwesens, für den Dienst am Mitmenschen und für einen schonenden Umgang mit allen Lebewesen, die zusammen die Biosphäre der Erde bilden.

Auch wenn ihre Zukunftsvorstellungen die gleichen sind, so stehen die NGOs der nördlichen und die der südlichen Hemisphäre am Vorabend der Dritten Industriellen Revolution doch sehr unterschiedlichen Problemen gegenüber. Während die städtischen Organisationen – im Norden wie im Süden – im Gefolge von Produktivitätszuwächsen und technologisch bedingten Entlassungen vor allem mit einer steigenden Arbeitslosigkeit konfrontiert sind, sehen sich die anderen NGOs des Südens einem zweiten, nicht minder schwerwiegenden Problem gegenüber: der Einführung der agrikulturellen Biotechnik und dem möglichen Verschwinden der herkömmlichen Landwirtschaft. Die Vorstellung, daß Hunderte Millionen Bauern durch die gentechnische Revolution ihre Lebensgrundlage verlieren könnten, ist mehr als erschreckend. Der Zusammenbruch der internationalen Märkte für landwirtschaftliche Produkte könnte in den Ländern des Südens eine wirtschaftliche Kettenreaktion auslösen und am Ende zu einer internationalen Finanzkrise ungeahnten Ausmaßes führen. Unsere Zivilisation könnte einen Rückschlag erleiden, von dem sie sich vielleicht jahrhundertelang nicht mehr erholt. Schon aus diesem Grund werden die NGOs des Südens der biotechnologischen Revolution Widerstand entgegensetzen und sich zugleich für Landreformen und ökologisch sinnvollere Anbaumethoden einsetzen.

Dr. Vandana Shiva, Direktorin der indischen Research Foundation for Science, Technology and National Resource Policy, fürchtet, daß in ihrem Land mehr als 95% der Landbevölkerung im nächsten Jahrhundert keine Arbeit mehr haben werden. Sollte es tatsächlich soweit kommen, warnt Shiva, dann »werden wir hier ein Jugoslawien hoch Tausend bekommen«. Separatistische Bewegungen und offener Krieg würden die indische Union zerstören. Zu verhindern wären derartige Massenunruhen und der Zerfall des indischen Staates nur durch den Aufbau »einer neuen Freiheitsbewegung«, die ihre Basis in Landreformen und einer ökologisch vernünftigen, nachhaltigen Landwirtschaft finden müßte (persönliches Gespräch 27.4.1994).

Überall in der Dritten Welt schließen sich die NGOs zusammen, um gegen das Vordringen der biotechnologischen Landwirtschaft zu kämpfen. In nächster Zukunft wird sich der Widerstand gegen die Patentierung einheimischer Pflanzensorten durch internationale Unternehmen und gegen die komplette Übernahme der Landwirtschaft durch die Biotech-Industrie noch verstärken, wenn Millionen von Bauern gegen die arbeitssparenden Gentechnologien um ihr Überleben kämpfen.

Unsere letzte, größte Hoffnung

Die Länder des Nordens wie die des Südens sehen sich massiven Marktverschiebungen und neuen Technologien gegenüber, die Risiken und Chancen gleichermaßen in sich bergen. Multinationale Unternehmen nehmen keine Rücksicht auf Ländergrenzen und brechen auf ihrer Suche nach neuen Märkten in das Leben von Milliarden Menschen ein. Die Auswirkungen der Dritten Industriellen Revolution sind schon zu spüren. Millionen Arbeitnehmer werden auf die Straße gesetzt, um Platz für Maschinen zu schaffen, die effizienter und profitabler arbeiten als sie. Die Arbeitslosigkeit steigt, und die Lage wird zusehends schlechter, da ein Land nach dem anderen der rücksichtslosen Jagd der Unternehmen nach immer höherer Produktivität zum Opfer fällt.

Die Hilfsorganisationen und politischen Initiativen des Dritten

Sektors sind zum Blitzableiter für die Frustration der immer zahlreicheren Arbeitslosen geworden. Wenn sie es schaffen, den Geist der demokratischen Teilhabe zu stärken und zugleich unseren Gemeinschaftssinn wieder aufleben zu lassen, dann könnte der Dritte Sektor uns als Vorreiter in die postmarktwirtschaftliche Ära führen. Ob er allerdings schnell genug wachsen und sich weit genug ausdifferenzieren kann, um den Anforderungen seitens einer orientierungslosen Arbeitnehmerschaft standhalten zu können, dies ist eine noch offene Frage. Und doch wird mit dem Rückgang der Erwerbsarbeit und mit dem Rückzug des Staates aus dem täglichen Leben die Gemeinwirtschaft zu unserer letzten und zugleich größten Hoffnung, was den Aufbau alternativer Institutionen für den Übergang zu einer neuen Stufe der Zivilisation anbelangt.

Die High-Tech-Weisen unserer Tage glauben nicht an die Krise. Wer inmitten des neuen globalen Dorfes sitzt und umgeben ist von raffinierter Hardware, die atemberaubende Dinge vollbringt, der sieht eine glänzende Zukunft auf sich zukommen. Wer der neuentstehenden Schicht der Wissensarbeiter angehört, für den ist die Welt von morgen schon fast ein Utopia, ein Ort größten Überflusses. Dutzende von Zukunftsforschern haben uns in den letzten Jahren in ihren atemlosen Traktaten das Ende der Geschichte und die Herankunft eines Techno-Paradieses prophezeit, das aus den Kräften des freien Marktes hervorgehen wird und von einer unabhängigen Wissenschaft kontrolliert werden wird. Die Politiker predigen uns den großen Exodus ins postmoderne Zeitalter, in eine neue Welt aus Glas und Silikon, mit globalen Kommunikationsnetzwerken und Datenautobahnen, erweitert durch Cyberspace und virtuelle Realitäten, eine Welt unaufhaltsam wachsender Produktivität und unbegrenzter materieller Reichtümer, bestückt mit automatischen Fabriken und elektronischen Büros. Man erzählt uns, alles was es bräuchte, um Zutritt zu dieser neuen wunderbaren Welt zu erhalten, seien ein wenig Umschulung und Fortbildung. Wir müßten uns nur die richtigen Fähigkeiten aneignen, dann würden wir einen der schönen Arbeitsplätze in den glänzenden Geschäftszentren des dritten industriellen Zeitalters bekommen.

Nicht daß diese Prophezeiungen völlig falsch wären. Tatsächlich vollzieht sich vor unseren Augen eine große historische Umwälzung, und wir steuern unausweichlich auf eine Dritte Industrielle Revolution und auf eine Welt fast ohne Arbeit zu. Über die notwendige Ausrüstung in Form von Hard- und Software verfügen wir schon. Es stellt sich nur noch die Frage, wer die Reise mitmachen darf – und was aus den Zurückgebliebenen werden wird.

Die Apostel und Evangelisten des Informationszeitalters hegen kaum einen Zweifel am Ausgang des Experiments. Sie sind davon überzeugt, daß die Dritte Industrielle Revolution mehr Arbeitsplätze schafft als sie vernichtet, daß die dramatischen Produktivitätszuwächse aufgefangen werden von der steigenden Nachfrage der Konsumenten und daß sich neue globale Märkte auftun, die die Flut der Güter und Dienstleistungen aufnehmen können. Ihr ganzes Weltbild hängt von der Richtigkeit dieser zentralen Annahmen ab.

Auf der anderen Seite stehen die kritischen Beobachter und neben ihnen all die Menschen, die schon jetzt von der Dritten Industriellen Revolution an den Rand gedrängt worden sind. Sie fragen, woher die neuen Arbeitsplätze denn kommen sollen. In einer Welt, in der menschliche Arbeitskräfte durch hochentwickelte Informations- und Kommunikationstechnologien abgelöst werden, werden wohl nur einige Glückliche die Chance erhalten, sich durch die richtige Fortbildung für einen der wenigen Jobs als High-Tech-Wissenschaftler oder als neue Fach- oder Führungskraft zu qualifizieren. Die Vorstellung, die Millionen Arbeitnehmer, die durch die Umstrukturierung und Automation von Landwirtschaft, Industrie und Dienstleistungsbranchen freigesetzt werden, könnten sich alle zu Wissenschaftlern, Ingenieuren, Technikern, Führungskräften, Beratern, Lehrern, Juristen und dergleichen weiterbilden und dann auf dem engen High-Tech-Arbeitsmarkt eine entsprechende Stelle finden, ist pure Illusion.

Dann hört man oft auch das Argument, es werde vollkommen neuartige Technologien, Produkte und Dienstleistungen geben, die Verdienst- und Arbeitsmöglichkeiten für Millionen Menschen schaffen würden. Auch hier läßt sich aber einwenden, daß in Zukunft neue Produktlinien kaum einen Beschäftigungseffekt haben werden, da für die Produktion und den Vertrieb immer weniger Arbeitskräfte gebraucht werden. Selbst wenn heute ein Produkt mit einem Weltmarktpotential ähnlich dem des Radios oder des Fernsehens entwikkelt würde, so würde doch seine Herstellung weitgehend automatisiert werden und nur wenige Arbeitsplätze schaffen.

Des weiteren fragen sich viele Beobachter, wie die nach der Dritten Industriellen Revolution unterbeschäftigte oder arbeitslose Weltbevölkerung sich all die Produkte und Dienstleistungen leisten können soll, die die hochautomatisierte Wirtschaft ausstößt. Während die High-Tech-Anhänger meinen, es müßten nur die Handelsbarrieren geschliffen und neue Weltmärkte eröffnet werden, um die aufgestaute Nachfrage der Konsumenten abzurufen, halten die Skeptiker dagegen, daß die erhöhte Produktion einer durch die technologische Arbeitslosigkeit zunehmend schwächer werdenden Kaufkraft gegenüberstehen werde.

Die Kritiker werden wahrscheinlich recht behalten mit ihren Bedenken. Und trotzdem gibt es keinen Grund zu der Annahme, die bereits in Gang gesetzten technologischen Entwicklungen und Marktverschiebungen könnten in den nächsten Jahren durch einen wie auch immer gearteten Widerstand aufgehalten oder auch nur verlangsamt werden. Auch wenn uns eine Weltwirtschaftskrise von langer Dauer droht, die Dritte Industrielle Revolution wird sich ihren Weg bahnen, die Produktivität wird weiter steigen und immer mehr Arbeitskräfte werden entlassen werden. Auch wenn neue Arbeitsplätze entstehen, werden es zuwenige sein, um die Millionen freigesetzter Arbeitnehmer unterzubringen. Auch wenn die Weltmärkte weiter expandieren, werden sie die Überproduktion an Gütern und Dienstleistungen nicht aufnehmen können. Steigende Arbeitslosigkeit und schwindende Kaufkraft werden der Weltwirtschaft schwer zu schaffen machen und die einzelnen Staaten der Mittel berauben, mit ihren inneren Problemen fertig zu werden.

Schon sind viele Länder dem wachsenden Druck einer technologischen Revolution ausgesetzt, die Millionen Menschen arbeits- und mittellos macht. Die Globalisierung und die Automatisierung der Wirtschaft verändern überall die politischen Rahmenbedingungen. Die Regierungen wissen nicht, wie sie die Folgen der Dritten Industriellen Revolution mildern sollen, die ganze Wirtschaftszweige erfaßt, Unternehmenshierarchien einebnet und in Hunderten von Berufszweigen die menschlichen Arbeitskräfte durch Maschinen ersetzt.

Die Mittelschicht, lange Zeit im politischen Leben der Industriestaaten die Stimme der Vernunft und der Mäßigung, wird vom Strudel des technischen Fortschritts erfaßt. Angesichts sinkender Einkommen und steigender Arbeitslosigkeit rufen immer mehr ihrer Angehörigen nach schnellen Lösungen, die sie vor den technologischen Veränderungen und den Marktverschiebungen retten sollen, welche ihr Leben zu zerstören drohen. In fast allen Industriestaaten treibt die Furcht vor einer ungewissen Zukunft mehr und mehr Menschen an den Rand der Gesellschaft, wo sie bei extremistischen politischen und religiösen Strömungen Zuflucht suchen, die ihnen Stabilität und Arbeit versprechen.

Die steigende Arbeitslosigkeit und die zunehmende Polarisierung von arm und reich bereiten den Boden für soziale Unruhen und offene Klassenauseinandersetzungen, wie sie die Moderne noch nicht erlebt hat. Kriminalität und Gewalt nehmen zu, und alles deutet darauf hin, daß sie in den nächsten Jahren die Form eines latenten Bürgerkrieges annehmen werden. Am Ausgang der modernen Welt erwartet uns eine neue Barbarei. Außerhalb der ruhigen Vororte und der städtischen Enklaven der Reichen und Wohlhabenden leben Millionen Menschen, die kein Geld und keine Hoffnung mehr haben. Von Angst und Wut getrieben, könnten sie morgen zu Aufständischen werden, zu Massen, deren Schrei nach Gerechtigkeit und Solidarität ungehört verhallt. Ihre Reihen werden immer stärker, wenn Millionen von Arbeitnehmern ihre Papiere bekommen und sich plötzlich vor den Toren des globalen High-Tech-Dorfes wiederfinden.

Unsere Politiker aber reden von Arbeitslosigkeit und Kriminalität – den drängendsten Problemen unserer Zeit – immer noch so, als gäbe es zwischen ihnen keinen Zusammenhang. Sie weigern sich anzuerkennen, daß technologisch bedingte Massenentlassungen zur Entstehung einer Schicht von Gesetzlosen führen, für die das Verbrechen das letzte Mittel darstellt, sich noch ein Stück vom kleiner werdenden ökonomischen Kuchen zu sichern.

Das ist die Lage, in der sich die Welt zu Beginn der Dritten Industriellen Revolution befindet. In den Industrieländern führt die Frage der Arbeitsplätze zu erbitterten ideologischen Auseinandersetzungen. Die Verfechter des freien Marktes werfen den Arbeitnehmervertretern vor, sich der Globalisierung der Märkte entgegenzustellen und die Öffentlichkeit mit fremdenfeindlichen Parolen zum Protektionismus bekehren zu wollen. Die Gewerkschaften ihrerseits werfen den multinationalen Unternehmen vor, die Arbeitnehmer in einen Wettbewerb mit den billigen Arbeitskräften der Dritten Welt zu zwingen und so die Löhne drücken zu wollen.

Die Technik-Optimisten beschuldigen ihre Kritiker der Fortschrittsfeindlichkeit und der naiven Maschinenstürmerei. Diese wiederum werfen den Technikbefürwortern vor, Profite seien ihnen wichtiger als Menschen und auf ihrer Jagd nach immer höherer Produktivität würden sie die dramatischen Folgen der Automation für Millionen von Menschen einfach verdrängen.

Eines steht jedenfalls fest: Wir treten in ein neues Zeitalter ein, in dem die menschliche Arbeitskraft mehr und mehr durch Maschinen ersetzt wird. Die automatisierte Zukunft steht vor der Tür. Auch wenn genauere Voraussagen nur schwer zu treffen sind, so deutet doch alles darauf hin, daß zumindest in der Industrie in den ersten Jahrzehnten des kommenden Jahrhunderts kaum noch Arbeitskräfte gebraucht werden. Der Dienstleistungsbereich, in dem die Automatisierung langsamer vonstatten geht, wird gegen Mitte des nächsten Jahrhunderts folgen. Der neuentstehende Wissenssektor wird einige der freigesetzten Arbeitskräfte aufnehmen, was aber die steigende Arbeitslosigkeit nur unwesentlich mildern kann. Hunderte Millionen Arbeitnehmer werden durch die Globalisierung und die Automation zum Müßiggang verurteilt. Wer noch einen Job hat, dessen Arbeitszeit wird verkürzt werden, damit die noch vorhandene Arbeit gerechter verteilt und die Kaufkraft erhöht werden kann. Die Arbeitskraft von Millionen Menschen wird im Wirtschaftskreislauf nicht mehr gebraucht werden, der Markt wird sie nicht mehr nachfragen. Diese brachliegende Arbeit wird zum zentralen Problem der Zukunft werden, und in allen Ländern dieser Erde wird man nach einer Lösung suchen müssen, wenn unsere Zivilisation nicht an den Folgen der Dritten Industriellen Revolution zugrundegehen soll.

Wenn es uns nicht gelingt, die Fähigkeiten und Energien jener Hunderte Millionen arbeitsloser Frauen und Männer in die richtigen Bahnen zu lenken und ihnen eine sinnvolle Aufgabe zu geben, dann werden Verelendung und Gesetzlosigkeit unsere Gesellschaften erfassen, sie werden zerfallen, und niemand wird sie retten können. Alle Staaten dieser Erde werden eine Alternative zur Erwerbsarbeit finden müssen. Der Übergang zum postmarktwirtschaftlichen Zeitalter wird es notwendig machen, den Dritten Sektor weiter auszubauen und unser Gemeinschaftsleben zu erneuern. Im marktwirtschaftlichen Bereich ist die Produktivität das einzige Kriterium, und daher können in diesem Sektor Maschinen an die Stelle der Menschen treten. Im Gegensatz dazu kommt es im Dritten Sektor auf die Entwicklung menschlicher Beziehungen, auf Einfühlungsvermögen, Solidarität und Verantwortung an – alles Eigenschaften, die Apparate nicht besitzen. Dieser Bereich, der den Maschinen weitgehend verschlossen bleiben wird, wird zwangsläufig zum Zufluchtsort für die Opfer der Dritten Industriellen Revolution. Dort werden sie ihrem Leben einen neuen Sinn geben können und ebenso ihrer Arbeit, die im marktwirtschaftlichen Sektor nichts mehr wert ist.

Um der drohenden Sturmflut der technologischen Veränderungen und ihrer Folgen etwas entgegenzusetzen, werden wir den Dritten Sektor zu einem gut befestigten Auffangbecken für all die vom Marktbereich freigesetzten Menschen ausbauen müssen. Die Mittel dafür müssen von den Produktivitätszuwächsen, die die Dritte Industrielle Revolution dem Marktbereich beschert, abgezweigt werden.

Angesichts der gigantischen Aufgabe, immer mehr Arbeitskräfte aufnehmen und immer mehr soziale und kulturelle Aufgaben übernehmen zu müssen, wird der Dritte Sektor auf eine Ausweitung der freiwilligen Arbeit und eine Erhöhung der finanziellen Mittel angewiesen sein. Zu den Maßnahmen, mit deren Hilfe der Dritte Sektor gestärkt werden könnte, zählen die Einführung von Schattenlöhnen für freiwillige Arbeiten, die Einführung einer Mehrwertsteuer auf High-Tech-Produkte und -Dienstleistungen, welche allein zur Finanzierung eines Sozialeinkommens für gemeinnützige Arbeiten verwendet werden müßte, und die Erhöhung der Steuerabzugsfähigkeit für Produktivitätsgewinne, die von den Unternehmen in den Dritten Sektor transferiert werden. Je nach ihrer Lage werden die verschiedenen Länder auch noch andere Maßnahmen ergreifen, um den Dritten Sektor auszubauen.

Bislang stand immer die Marktwirtschaft im Zentrum der öffentlichen Aufmerksamkeit, und weder die Öffentlichkeit noch die Politik kümmerte sich so recht um die Gemeinwirtschaft. Dies wird sich allerdings in den nächsten Jahren radikal verändern, wenn sich herausstellt, daß nur ein ausgebauter Dritter Sektor die auf dem Weltmarkt überflüssig gewordenen Arbeitskräfte aufnehmen kann.

Wir stehen an der Schwelle eines Zeitalters der globalen Märkte und der automatisierten Produktion. Bald wird die Wirtschaft kaum noch menschliche Arbeitskräfte brauchen. Ob dieser Weg in einen sicheren Hafen führt oder ob ein schrecklicher Abgrund auf uns wartet, dies wird davon abhängen, wie gut wir uns auf das postmarktwirtschaftliche Zeitalter vorbereiten, das der Dritten Industriellen Revolution folgen wird. Das Ende der Arbeit könnte das Ende unserer Zivilisation bedeuten. Es könnte aber auch eine breite soziale Veränderung in Gang setzen und zu einer Wiedergeburt unserer Menschlichkeit führen. Die Zukunft liegt in unseren Händen.

Nachwort

Wenn die heute verfügbare Technik in den Betrieben zum Einsatz käme, so haben der McKinsey-Manager Herbert A. Henzler und Lothar Späth in ihrem 1993 erschienenen Buch *Sind die Deutschen noch zu retten?* errechnet, würden allein in Westdeutschland etwa neun Millionen noch bestehende Arbeitsplätze wegfallen, und die Arbeitslosigkeit stiege auf rund 38 Prozent. Die Krise 1992/93, die nach rund zehn Jahren stetigen Wachstums der westdeutschen Wohlstandsgesellschaft ihre Illusion immerwährender Prosperität zerstört hat, war also nur ein fernes Wetterleuchten jener sozialen Erschütterungen, die der Bundesrepublik noch bevorstehen, wenn sich die dritte industrielle Revolution flächendeckend durchsetzt. Dann wird die Politik in Deutschland wie anderswo unweigerlich vor die Alternative gestellt werden, entweder den Zerfall der bestehenden Arbeitsgesellschaft mit all ihren Strukturen der Wohlstandsverteilung und sozialen Sicherung hinzunehmen oder ein neues Wohlstands- und Sozialstaatsmodell zu entwikkeln, in dem die klassische Form der Erwerbsarbeit ihren zentralen Platz verliert.

Seit Jahren weist André Gorz auf diese unausweichliche Alternative ohne nachhaltige Resonanz hin. Auch die politischen Reformkräfte, soweit sie sich in Deutschland überhaupt noch artikulieren, suchen immer noch nach Auswegen, nach weniger einschneidenden Wegen aus der Krise. So steht das »qualitative«, ökologisch orientierte Wachstum, bei dem die deutsche Industrie auf dem Weltmarkt angeblich die Nase vorn haben soll, bei den Gewerkschaften und der SPD hoch im Kurs, obwohl inzwischen fast jeder weiß, daß die sog. »Vollbeschäftigung« über Wachstum – und sei es über qualitatives – nicht zurückzugewinnen ist. Und Teile der Grünen liebäugeln immer noch mit dem sog. »Bürgergeld« als Waffe gegen materielle Verelendung und soziale Ausgrenzung, ohne sich über den Gesamtzusammenhang von Arbeit und Leben in einer Zukunft Gedanken zu machen, die mit einem Bruchteil der heute aufgewendeten Arbeit ein Vielfaches des heute verfügbaren Reichtums bereitstellen kann.

Der rechtzeitig zur Wahl einsetzende wirtschaftliche Aufschwung hat die Krisenstimmung in deutschen Landen fürs erste wieder verweht, obwohl die Sockelarbeitslosigkeit inzwischen auf rund 3,6 Millionen in Gesamtdeutschland angestiegen ist und die reale Arbeitslosigkeit – einschließlich der leider allzu »stillen Reserve« – von den Experten der Nürnberger Bundesanstalt für Arbeit auf rund sechs bis sieben Millionen geschätzt wird. Diese Zahlen haben in der jüngsten Krise kurzfristig die Erinnerung an die Zeit der Weltwirtschaftskrise vor mehr als sechzig Jahren wachgerufen und an all das Verhängnis, das zwar nicht aus ihr allein entstanden ist, aber doch wesentlich von ihr mitverursacht wurde. Natürlich ist der historische Vergleich mit den krisenhaften Entwicklungen der Weimarer Demokratie nicht richtig. Denn anders als damals haben die demokratischen Institutionen in Deutschland inzwischen eine gewisse Stabilität gewonnen, und auch das materielle Lebensniveau einschließlich der sozialstaatlichen Absicherungen ist ungleich höher.

Es mag sein, daß der Überdruß an derart oberflächlich-dramatisierenden historischen Parallelen die beiden Journalisten Rainer Hübner und Bernd Ulrich in einem Zeitschriftenaufsatz zu der Behauptung getrieben hat, Arbeitslosigkeit sei heute eigentlich weniger ein individueller oder gesellschaftlicher Notstand, sondern eine »plurale Lebensform« unter vielen möglichen. Sie verschaffe vielen Frauen einen bezahlten Mutterschaftsurlaub, diene anderen als Sabbatical und Fortbildungspause. Alles dies seien gesellschaftlich durchaus sinnvolle Tätigkeiten und sie hätten mit dem in der Öffentlichkeit immer wieder gemalten Horrorbild sozialer Verelendung nichts zu tun. Kurz: Man solle den Arbeitslosen »nicht mehr Schmerzen einreden, als sie von selber haben«.

Der Zynismus dieser Argumentation paßt durchaus in die öffentliche Stimmung Mitte der 90er Jahre, in der die jüngste Krise schon wieder verdrängt ist und der soziale Zustand der Gesellschaft sich bestenfalls in den allmonatlichen, dürren Statistiken der Bundesanstalt für Arbeit offenbart. Die wirklichen sozialen Verhältnisse in der Bundesrepublik Deutschland erschließen sich der journalistischen Recherche aber nicht im arrivierten Mittelstandsmilieu von Düsseldorf, Hamburg oder Frankfurt, sondern auf dem Marktplatz der nordostdeutschen Kleinstadt Ueckermünde, in der Straßenbahn von Berlin-Mitte heraus nach Marzahn, in den Schuldnerberatungen der Wohlfahrtsverbände und den inzwischen überall in West- und Ostdeutschland eingerichteten Suppenküchen für jene, die weder Arbeit noch Obdach haben und schon längst aus allen Systemen der sozialen Sicherung herausgefallen sind.

Dort wo die Quote der statistisch ausgewiesenen Arbeitslosigkeit bei 21,5 Prozent (Ueckermünde) liegt und die massenhafte Verdrängung der ostdeutschen Frauen aus dem Erwerbsleben auf jeder Etage der Plattenbau-Vorstädte (Marzahn, Rostock-Lichtenhagen, Halle-Neustadt usw.) zur ohnmächtig erlittenen Renaissance des Hausfrauenstandes geführt hat, zeigt sich dem aufmerksamen Blick, daß Verelendung mehr und anderes sein kann als der nackte Hunger und die offenkundige materielle Not – obwohl auch diese in einem Land mit inzwischen einer halben Million Obdachlosen und fünf Millionen Sozialhilfeempfängern zum Alltagsbild gehört.

Noch übt sich die westdeutsche Mehrheitsgesellschaft in der hochentwickelten Kunst der Verdrängung. Arbeitslosigkeit? Eigentlich ist das, wenn überhaupt, ein ostdeutsches Thema. In Westdeutschland ist sie im Straßenbild kaum präsent, leicht zu übersehen. Und nur wenn wieder einmal ein größerer Betrieb in den »strukturschwachen Gebieten« Westdeutschlands geschlossen wird, Olympia in Wilhelmshaven oder die Maxhütte in der Oberpfalz, flimmern jene immer gleichen Bilder protestierender Belegschaften ins Wohnzimmer und erinnern daran, daß die deutsche Hochleistungsökonomie auch in der alten Bundesrepublik bereits einige Regionen abgekoppelt hat, in denen die Lebenschancen der Menschen deutlich schlechter sind als in den Kerngebieten der wirtschaftlichen Prosperität.

Während der langjährigen Wachstumsperiode der 80er Jahre ist es gelungen, die millionenfache Sockelarbeitslosigkeit dem öffentlichen Bewußtsein weitgehend zu entziehen, sie zu entthematisieren. Aber es ist nicht gelungen, sie entscheidend zu senken. Das kurzfristige Erwachen kam dann in der Krise 1992/93. Wo kann es in der Bundesrepublik noch einen Ort der sozialen Sicherheit geben, wenn plötzlich Autokonzerne wie VW und Mercedes-Benz feststellen müssen, daß ein Drittel ihrer Beschäftigten überzählig ist und nicht mehr gebraucht wird? Wer ist noch sicher vorm sozialen Absturz, wenn das *Handelsblatt* sich genötigt sieht, ein »Nottelefon« für gefeuerte oder vor der Entlassung stehende Manager einzurichten?

Die entscheidende Botschaft der Wirtschaftskrise an die bundesdeutsche Gesellschaft war: Es gibt keinen Ort der sozialen Sicherheit mehr. Die Krise ist nicht mehr eingrenzbar auf die Regionen des wirtschaftlichen Zusammenbruchs in Ostdeutschland oder soziale Randschichten mit niedrigem Ausbildungsniveau in Westdeutschland, sondern sie greift mitten hinein in die bisher so stabilen Zentren des Modells Deutschland. Das Versprechen kontinuierlich steigenden Wohlstands und lebenslanger sozialer Sicherheit gilt nicht mehr. Und selbst wenn nur eine Minderheit tatsächlich von der Krise ergriffen wird, so kann doch niemand mehr mit absoluter Gewißheit sagen, daß er nicht eines Tages dazugehören wird.

Und noch eine Botschaft wurde der verunsicherten westdeutschen Bevölkerung übermittelt: daß die Krise nicht vom Osten über den Westen gekommen ist, daß sie keineswegs eine Folge der deutschen Einheit war, sondern daß es sich um eine tiefe Strukturkrise der westdeutschen Ökonomie im weltwirtschaftlichen Gesamtzusammenhang handelte. Die ostdeutsche Industrie war davon nur besonders einschneidend und dramatisch betroffen, weil die maroden, aufgeblähten Produktionsstätten des realen Sozialismus mit der Währungsunion 1990 von einem Tag auf den anderen der nationalen und internationalen Konkurrenz ausgesetzt wurden und keine realistische Chance hatten, sich darauf einzustellen. So wurde Ostdeutschland im Crash-Kurs zum Vorreiter einer Entwicklung, die sich über kurz oder lang auch in Westdeutschland und in allen hochentwickelten Industriestaaten vollziehen wird: Die Beschäftigung in der industriellen Produktion wird in Ostdeutschland nicht auf das noch immer hohe Westniveau steigen, sondern sie wird auch in Westdeutschland mittelfristig auf das 10 - 20 Prozent-Niveau des Ostens sinken, langfristig sogar noch weiter. Wo sollen all die Dienstleistungen herkommen, wieviele Pizza-Services und wieviele Software-Experten braucht man, um diesen Beschäftigungsverlust zu kompensieren?

Jeremy Rifkin zeigt, daß die weltweit gehegte Hoffnung auf den Dienstleistungs-Sektor illusionär ist. Auch dort, gerade dort, werden die hochentwickelten Informationstechnologien den arbeitenden Menschen ersetzen. Und weil durch die ehernen Gesetze der technischen Revolution mehr Arbeitsplätze vernichtet als neu geschaffen werden, vollzieht sich schon heute in Deutschland eine »Angleichung der Lebensverhältnisse« ganz eigener Art. Denn anders, als Kanzler Kohl mit seinen »blühenden Landschaften« verkündet und wohl auch geglaubt hat, wird der Osten nicht nur auf das Wohlstandsniveau des Westens gehoben, sondern es findet unter der Hand auch eine brisante »Angleichung nach unten« statt: als Export der östlichen Arbeitslosigkeit und Armut in den Westen.

Nirgends ist dieser Prozeß besser zu verfolgen als im sozialen Laboratorium Berlin, wo West und Ost unmittelbar auf engstem Raume zusammentreffen und die regionale Mobilität jene Entwicklungen beschleunigt, die sich mittelfristig in Deutschland und Europa verallgemeinern werden. Die statistische Arbeitslosigkeit in Westberlin ist mit 12 Prozent inzwischen höher als in jedem westlichen Bundesland – und in Ostberlin ist sie mit rund 11 Prozent niedriger als im Westteil der Stadt, aber auch niedriger als in allen anderen ostdeutschen Ländern. Die größere Dichte arbeitsmarktpolitischer Maßnahmen im ehemaligen Ostsektor vermag diesen verblüffenden Tatbestand nur unwesentlich zu relativieren. Fest steht: Seit dem Mauerfall weht auf dem westberliner Arbeitsmarkt ein scharfer, kalter Ostwind, der alle jene aus ihren Stellungen fegt, die vorher nur deswegen gehalten wurden, weil es keine Alternative zu ihnen gab: die Kranken und die Alkoholgefährdeten, die irgendwie Unsicheren und angeblich weniger Leistungsfähigen, all jene, die deswegen zu den »besonders benachteiligten Gruppen« am Arbeitsmarkt gehören, weil die Arbeitgeber sie ohnehin nur widerwillig genommen haben.

In Westberlin zeigt sich heute, was morgen im großen Rahmen passieren wird: Die Entgrenzung des deutschen und europäischen Arbeitsmarkts und die gleichzeitige millionenfache, technisch bedingte Freisetzung von Arbeit werden die sozialen Spaltungsprozesse vorantreiben und die jahrzehntelang von Sozialwissenschaftlern und Politikern gehegten Illusionen von der »Mittelstandsgesellschaft« in den Papierkorb befördern. Der Sektor der hochbezahlten, gesicherten und lebenslangen Erwerbsarbeit wird sich immer weiter einengen, und ihm gegenüber wird sich der Sektor unständiger, ungesicherter, minderbezahlter Erwerbsarbeit ausdehnen, der für immer mehr Menschen die einzige Alternative zur völligen Erwerbslosigkeit werden wird.

Rifkin spricht von einer neuen »Klassengesellschaft«, gespalten in die Minderheit der hochqualifizierten, hochbegehrten und -bezahlten »Symbolanalytiker«, die mit ihrem ständig erneuerten Fachwissen den ökonomischen Prozeß im Zeitalter weltweiter Kommunikation am Laufen halten, und der immer größer werdenden Zahl von mehr oder minder Ausgegrenzten, die sich mit minderbezahlten, subalternen und unsicheren Jobs durchschlagen müssen. In der deutschen Diskussion gibt es schon seit den 70er Jahren die Warnung von Sozialwissenschaftlern vor der Zweidrittel-Gesellschaft, die sich seinerzeit auf eine statistische Arbeitslosigkeit von rund 1,8 Millionen, auf regionale und sozio-kulturelle Ausgrenzungsprozesse aus der Mehrheitsgesellschaft bezog. Gorz sah Anfang der 90er Jahre eine neue »Dienstbotengesellschaft« heraufziehen, in der die saturierten Teile der Bevölkerung die persönlichen Dienstleistungen einer neu entstandenen Unterschicht in Anspruch nehmen und umgekehrt der deklassierte Teil der Bevölkerung darauf angewiesen ist, sich in die Abhängigkeit persönlicher Dienstleistungsverhältnisse zu begeben.

All diese Analysen weisen in dieselbe Richtung und machen darauf aufmerksam, daß es eben zur Beschreibung der sozialen Realität und ihrer Entwicklungstendenzen nicht mehr ausreicht, gewissermaßen »neutral« von der »Risikogesellschaft« zu schreiben, in der auf Basis insgesamt fragilerer sozialer Netzwerke jeder seines eigenen Glückes oder eben auch Unglückes Schmied sein kann. Es ist eben längst nicht mehr in die Möglichkeit des einzelnen gestellt, ob er mit Fleiß, Bildungsbereitschaft, Kreativität und Flexibilität seinen Weg zur beruflichen und privaten Erfüllung, zu materiellem Wohlstand und sozialem Wohlergehen findet oder ob er im sozialen Abseits landet, wo ihm aller Fleiß und alle Anpassungsbereitschaft nichts nützt und in dem die angehäuften Qualifikationen im gleichen Maße zerstört werden wie die Hoffnungen auf bessere Zeiten.

Je tiefer sich die soziale Spaltung in die Gesellschaft hineinfrißt, desto mehr wird auch den Erfolgen der ersten bundesdeutschen Reformära der Boden entzogen. Schon heute zeichnen sich Tendenzen ab, die relative soziale Öffnung des Schul- und Ausbildungswesens in den 70er und 80er Jahren wieder rückgängig zu machen – und zwar nicht nur, weil konservative Ideologen das nach Kräften befördern, sondern weil eine wachsende deklassierte Unterschicht nicht mehr in der Lage ist, bestehende Bildungsangebote wahrzunehmen. Die sozialen Sicherungssysteme von der Rentenversicherung bis zur Sozialhilfe geraten aufgrund der Massenarbeitslosigkeit zunehmend unter Finanzierungsdruck, und die Politik folgt immer unverhohlener den ideologischen und materiellen Imperativen der Ausgrenzung: Nicht die Arbeitslosigkeit ist das Problem, sondern die einzelnen Arbeitslosen, die durch verschärften sozialen Druck zur Arbeit »motiviert« werden sollen. Nicht die explodierenden Zahlen des Sozialhilfebezugs sind das Problem, sondern die Empfänger von Sozialhilfe, die unter den Generalverdacht des »Mißbrauchs« sozialer Leistungen gestellt werden.

Diese Grundmotive konservativer Gesellschaftsreform prägen auch die herrschende Standortdiskussion in der Bundesrepublik Deutschland, die insbesondere während der Krise 1992/93 die öffentliche Debatte dominiert hat. Die Verwertungskrise der deutschen Industrie wurde reduziert auf die sog. »Kostenkrise«, die eine Folge der zu hohen Löhne und Sozialstandards in der Bundesrepublik sei. Ein Jahr später erzielte die deutsche Wirtschaft trotz gravierender, währungspolitisch bedingter Kostennachteile schon wieder Export-Rekorde. Dennoch darf man sicher sein, daß spätestens in der nächsten Krise die alten Argumente wieder aus der Ablage geholt werden: Arbeitslosigkeit ist nur durch wirtschaftliches Wachstum zu überwinden – und wirtschaftliches Wachstum nur durch Senkung der Arbeits- und Sozialkosten zu erzielen.

Rifkin hat überzeugend dargestellt, daß diese Argumentation in allen Ländern gleichermaßen vorgetragen wird und daß sie, würde man ihr folgen, nichts weiter in Gang setzen würde als eine weltweite Negativspirale, die am Ende überall zu Lohnsenkung und sozialer Demontage führen würde, ohne daß sich im Konkurrenzverhältnis auf dem Weltmarkt zwischen den Ländern etwas verändert hätte. Nur eines hätte sich verändert: Die Märkte würden bei ohnehin schon bestehender Überproduktion noch enger, der Konkurrenzkampf noch unerbittlicher, die Massenarbeitslosigkeit würde weltweit explodieren. Daß in diesem Szenario wirtschaftliches Wachstum in einem Land nur auf Kosten konkurrierender Länder und Regionen möglich ist, versteht sich von selbst. Die marktwirtschaftliche Logik erweist sich also als völlig unfähig zur Lösung der neu und verschärft aufgeworfenen »sozialen Frage«, weder im nationalen Rahmen noch weltweit.

Was also ist zu tun? Die gesellschaftspolitische Reformdiskussion in der Bundesrepublik Deutschland ist nach einigen wendebedingten Schrecksekunden erst in den letzten zwei/drei Jahren wieder in Gang gekommen. In kritischer Auseinandersetzung mit der wachstums-, kosten- und konkurrenzorientierten konservativen Standortdiskussion vollzieht sie teils ausdrücklich, teils implizit einen entscheidenden Paradigmenwechsel: Wenn der marktwirtschaftliche Prozeß aus sich selbst heraus nicht mehr in der Lage ist, das gesamte gesellschaftliche Arbeitsvermögen zu mobilisieren, muß eine auf Vollbeschäftigung zielende Politik anders ansetzen. Die soziale Krise kann dann nur durch eine neue Arbeitspolitik gelöst werden, also durch eine Neugestaltung des gesellschaftlichen Arbeitsvermögens mit dem Ziel der Teilhabe aller an existenzsichernder Erwerbsarbeit. Inhalt, Form und Menge der Erwerbsarbeit dürfen nicht nur nachgeordnete Größen des marktwirtschaftlichen Prozesses sein, sondern müssen selbst zum Gegenstand gestaltender Politik gemacht werden.

In der Bundesrepublik muß eine solche Strategie nicht bei Null anfangen. Sie kann an bestehende Regelungsmechanismen des Interessenkonflikts anknüpfen, z.B. in der Tarifpolitik. Und sie kann auf politische Erfahrungen etwa in der Arbeitsmarktpolitik zurückgreifen, die es in anderen Ländern nicht im gleichen Maße gibt. Dies setzt allerdings voraus, daß der sozialpartnerschaftliche Grundkonsens der frühen Bundesrepublik, der den Interessenkonflikt zwischen Kapital und Arbeit strukturiert und zivilisiert hat und der seine Erweiterung in einem sozialstaatlich fundamentierten Demokratieverständnis fand, weiterhin von der großen Mehrheit der Bevölkerung, von den wichtigen politischen Parteien und Interessengruppen getragen und politisch neu ausgefüllt wird. Eine Gruppe um den katholischen Sozialethiker Friedhelm Hengsbach forderte 1994 in einer von vielen Wissenschaftlerinnen und Wissenschaftlern unterschriebenen Denkschrift einen »neuen Gesellschaftsvertrag«, auf dessen Basis eine sozialstaatliche »Neugründung der Bundesrepublik« stattfinden müsse.

Ob diese Forderung allseits Gehör findet, ist keineswegs sicher. Ein nicht unwesentlicher Teil des Unternehmerlagers hat sich in den letzten Jahren von diesem Grundkonsens verabschiedet, was sich u.a. darin zeigt, daß in der Metallbranche in den letzten Jahren keine Tarifauseinandersetzung ohne manifesten oder unmittelbar drohenden Arbeitskampf zu einem Ergebnis gekommen ist. Auch der allem Radikalismus abholde, auf sozialpartnerschaftliche Interessenregulierung eingeschworene Vorsitzende der IG Chemie, Papier, Keramik, Hermann Rappe, hat diesen Veränderungsprozeß registriert: Viele bisher eher kampf- und konfliktorientierte Gewerkschaften hätten in den letzten Jahren den Raum der Sozialpartnerschaft durch die linke Tür betreten. Aber ein Zusammentreffen in der Mitte komme trotzdem nicht zustande, weil viele Unternehmerverbände den Raum gleichzeitig durch die rechte Tür verlassen hätten.

Welche politischen und institutionellen Möglichkeiten zur Neugestaltung des gesellschaftlichen Arbeitsvermögens gibt es in der Bundesrepublik? Die Reformdiskussion hat sich in den letzten Jahren auf zwei Felder konzentriert, die Arbeitszeit- und die Arbeitsmarktpolitik. Für beide Bereiche wurden seit 1992 eine Vielzahl von Expertisen und Gutachten erstellt, die alle auf eines hinauslaufen: Ohne eine beschleunigte, Erwerbsarbeit umverteilende allgemeine Arbeitszeitverkürzung und ohne einen Ausbau der »aktiven Arbeitsmarktpolitik« nach dem Prinzip »Arbeit statt Arbeitslosigkeit fördern« wird die Massenarbeitslosigkeit in der Bundesrepublik nicht überwunden werden können. Die mancherorts gehegte Hoffnung, das Problem der Unterbeschäftigung werde sich durch den demographischen Wandel – also beim Eintritt der geburtenschwachen Jahrgänge in das Erwerbsleben – von selber lösen, ist nach Meinung aller ernstzunehmenden Experten genauso illusionär wie die Hoffnung auf das wirtschaftliche Wachstum.

Arbeitszeitpolitik: Nahezu zwanzig Jahre und einige spektakuläre Streiks haben die Gewerkschaften, namentlich die IG Metall, gebraucht, bis sie ihre 1978 erstmals beschlossene Forderung nach der 35-Stunden-Woche im Herbst 1995 schließlich realisiert hatten. Die gewerkschaftlichen Experten gehen davon aus, daß es ohne diese inzwischen auch in anderen Branchen beschlossenen Arbeitszeitverkürzungen etwa 800.000 Arbeitslose mehr in Deutschland gäbe. Natürlich wird diese Zahl von Vertretern der Unternehmerverbände bestritten. Aber daß auch sie die arbeitumverteilende Wirkung von Arbeitszeitverkürzungen anerkennen, geht implizit aus ihrer Klage über die zusätzlichen Kostenbelastungen durch Arbeitszeitverkürzungen hervor.

Wie auch immer ihre Wirkungen beziffert werden: Die Verkürzung der durchschnittlichen Arbeitszeit in Deutschland vollzog sich viel zu langsam, um die produktivitätsbedingten Arbeitseinsparungen aufzufangen und die Arbeitslosigkeit wirksam zu senken. Das gleiche gilt für die gesamte EU und die meisten übrigen Industriestaaten der Welt. Arbeitsumverteilung ist heute dringlicher denn je, und sie wird sich durch die traditionellen gewerkschaftlichen Strategien (35-Stunden-Woche bei vollem Lohnausgleich) kaum in dem Ausmaß durchsetzen lassen, wie es notwendig wäre. Andererseits zeigt der Werktarifvertrag von Ende 1993 bei den inländischen VW-Werken die weitreichenden Möglichkeiten einer kreativen Arbeitszeitpolitik im Kampf gegen die Arbeitslosigkeit.

Die Verkürzung der durchschnittlichen Wochenarbeitszeit bei VW auf rund 30 Stunden hat etwa ein Viertel der VW-Belegschaft vor Entlassung bewahrt. Aber sie war nur möglich auf Basis einer traditionell sozialpartnerschaftlichen Kooperation zwischen Belegschaftsvertretung und Konzernleitung und eines branchenüberdurchschnittlichen Lohnniveaus. Die meisten abhängig Beschäftigten in der Bundesrepublik Deutschland können (oder wollen) sich einen Verzicht auf den Lohnausgleich, also die durchschnittliche Senkung ihrer Netto-Einkünfte um rund 16 Prozent, bei aller Solidarität mit den Arbeitslosen nicht leisten. Insofern mag es müßig sein, das VW-Modell gesellschaftlich hochzurechnen: Würde morgen die Arbeitszeit überall um

20 Prozent gekürzt, gäbe es – bei einer produktivitätsbedingten Umsetzung in neue Arbeitsplätze von 50 Prozent – übermorgen rund drei Millionen zusätzliche Arbeitsplätze in der Bundesrepublik. Die Arbeitslosigkeit wäre damit praktisch überwunden.

Betriebsorganisatorisch wäre diese radikale Neuorganisation der Arbeit durchaus möglich. Das hat VW bewiesen. Allein in Wolfsburg wurden in wenigen Monaten rund 150 verschiedene Arbeitszeitmodelle konzipiert und realisiert, ohne daß die betrieblichen Abläufe darunter mehr als nur vorübergehend gelitten hätten. Im Gegenteil ist durch die Neuorganisation die Produktivität in einem Maße gesteigert worden, daß der Konzern die entfallende Arbeitszeit voll einsparen und als Kostenentlastung verbuchen konnte. Weil dies nicht überall im gleichen Ausmaß wie bei VW möglich sein wird, sträuben sich die Unternehmen gegen weitreichende Arbeitszeitverkürzungen. Das Kostenrisiko der Unternehmen und das Einkommensrisiko der Beschäftigten blokkieren die notwendige Beschleunigung der Arbeitsumverteilung. Diese Blockade kann von den in entgegengesetzte Klientelinteressen eingebundenen Tarifparteien allein kaum überwunden werden.

Wie eine kreative Arbeitszeitpolitik des Staates zu zusätzlicher Beschäftigung führen kann, zeigt das Beispiel des 1993 verabschiedeten dänischen Urlaubsgesetzes. Danach erhalten Beschäftigte, die sich bei vollem Rückkehrrecht in beliebig gestaltbaren Zeitabschnitten für insgesamt ein Jahr freistellen lassen, von der Öffentlichen Hand einen Lohnausgleich in Höhe von 80 Prozent des ihnen zustehenden Arbeitslosengeldes (also nach deutschem Recht etwa in Höhe der Arbeitslosenhilfe). Bei der Müllabfuhr in Arhus wurde dieses Gesetz mit Zustimmung der Belegschaft so umgesetzt, daß die Beschäftigung um 25 Prozent gestiegen ist. So wurden die Müllwagenbesatzungen von drei auf vier Mann erhöht, wobei jeweils der vierte eine einwöchige Arbeitspause hat. Mit Hilfe der Lohnausgleichsregelung konnte, bei einem Zeitgewinn von 25 Prozent, der Nettolohnverlust auf 10 Prozent begrenzt werden – eine weitaus günstigere Bilanz als beim VW-Modell (20 Prozent Zeitgewinn / ca. 16 Prozent Nettolohnverlust). Auch für die Arbeitgeber bietet das Urlaubsgesetz Vorteile, denn die Arbeitszeitverkürzung setzt sich voll in Lohnkostensenkung um.

Das dänische Modell versucht auf neue Weise, die Interessen der Arbeitslosen mit denen der Beschäftigten in einen solidarischen Zusammenhang zu bringen. Indem die Zeitinteressen der Beschäftigten positiv aufgegriffen werden, wird die durch Arbeitslosigkeit bedingte Spaltung der Gesellschaft abgebaut. Die volle Arbeitslosigkeit für wenige Menschen wird verwandelt in »ein bißchen Arbeitslosigkeit« für viele – oder zugespitzt zu einem politischen Prinzip: Das vielbeschworene »Recht auf Arbeit« für alle ist nur durchzusetzen, wenn es durch ein für alle Menschen gültiges, materiell und rechtlich abgesichertes »Recht auf zeitweilige Nichtarbeit« ergänzt wird.

Noch haben wir in Deutschland die rechtlichen Voraussetzungen für eine radikale Beschleunigung der Arbeitszeitverkürzungen nicht geschaffen. Noch sind die notwendigen Umverteilungsprozesse durch die gegensätzlichen Interessen der Beschäftigten und der Betriebe blokkiert. Aber die grundlegenden Strukturen einer für alle Beteiligten attraktive Lohnersatzregelung sind im Arbeitsförderungsgesetz angelegt. Eine weitreichende Arbeitsumverteilung muß keine ferne, unerreichbare Utopie sein. Mit wenigen praktischen, fast unspektakulären Reformschritten kann die Politik den Tarifparteien den Weg zu tarifvertraglichen Vereinbarungen ebnen. Dann, aber auch nur dann, wäre eine Verallgemeinerung des VW-Modells auf die ganze Wirtschaft in Deutschland möglich.

Arbeitsmarktpolitik: Viele Kommunen und Landkreise in Ostdeutschland wären ohne die Projekte des »Zweiten Arbeitsmarkts« überhaupt nicht funktionsfähig. Ökologische Sanierungsmaßnahmen, soziale Dienste, städtebauliche Umbaumaßnahmen, Denkmalspflege – all dies ist aus den gähnend leeren Kassen nicht zu finanzieren und bliebe ungetan, wenn es nicht die »Beschäftigungs- und Qualifizierungsgesellschaften« gäbe, die einen Teil der Entlassenen aus den zusammengebrochenen Industriebetrieben aufgenommen und viele der notwendigen Arbeiten übernommen haben. Nicht der vielbeschworene Markt hat die soziale Katastrophe in Ostdeutschland in den Jahren nach 1989 verhindert, sondern die sog. »aktive Arbeitsmarktpolitik«, mit deren Hilfe wenigstens ein Teil der freigesetzten Arbeitskräfte vor dauerhafter Arbeitslosigkeit geschützt und jede Menge gesellschaftlich sinnvolle Arbeiten erledigt werden konnte.

Das Instrumentarium der Arbeitsförderung hat also in Ostdeutschland seine Feuertaufe bestanden, selbst wenn es in einigen Fällen Fehlsteuerungen gegeben hat. Das Grundprinzip der aktiven Arbeitsmarktpolitik »Arbeit und Qualifizierung statt Arbeitslosigkeit finanzieren« ist in einer Gesellschaft mit eklatanten sozialen, ökologischen und infrastrukturellen Defiziten wie der bundesdeutschen so evident, daß es eigentlich kaum einer weiteren Begründung bedürfte. Und dennoch ist es politisch umstritten, weil es auf Bereiche gesellschaftlicher Tätigkeit zielt, die weder durch den kommerziellen Markt noch durch die normale Staatstätigkeit abgedeckt sind. Genau das aber sind nach Rifkin die Bereiche, die es als gesellschaftlich sinnvolle Alternative zum marktwirtschaftlichen Bereich in Zukunft zu entwickeln gilt.

Noch ist in Deutschland die Diskussion über die zukünftige gesellschaftlich notwendige und gewollte Arbeit, über ihre Organisation und Finanzierung, kaum entwickelt. Noch pflegt die Zunft der Arbeitsmarktexperten ihren Fachdiskurs eher exklusiv und defensiv, werden Perspektiven jenseits von Massenarbeitslosigkeit und traditionellen Vollbeschäftigungsvorstellungen nicht sichtbar. Immerhin hat eine Expertengruppe unter Federführung der Berliner Senatsverwaltung für Arbeit und Frauen im letzten Jahr eine »Berliner Erklärung – Zur Halbierung der Arbeitslosigkeit bis zum Jahr 2000« verabschiedet, in der detaillierte Vorschläge zur allgemeinen Arbeitszeitverkürzung und zum Ausbau der »aktiven Arbeitsmarktpolitik« gemacht werden. Das ist ein Anfang. Eine Vision für die zukünftige Arbeitsgesellschaft, in der der Gesamtzusammenhang von Arbeit und Leben, von Existenzsicherung und Eigentätigkeit, von Individuum und Gesellschaft neu gestaltet wird, ist es noch nicht.

Martin Kempe, Juni 1995

Literatur

Akin, William, *Technocracy and the American Dream: The Technocrat Movement 1900-1941*, Berkeley 1977

Amenomori, Takayoshi, *Defining the Non-Profit Sector: Japan*, Baltimore 1993

American Society of Agricultural Engineers, *Computers in Agricultural Extension Programs: Proceedings of the 4th International Conference*, St.Joseph, MI, 1992

Andersen Consulting, *Vision 2000: The Transformation of Banking*, New York 1991

Anheier, Helmut, Wolfgang Seibel, Defining the Nonprofit Sector: Germany, *Working Papers of the Johns Hopkins Comparative Nonprofit Sector Project*, no. 6, Baltimore 1993

dies., Hrsg., *The Third Sector: Comparative Studies of Nonprofit Organizations*, New York 1990

Attali, Jacques, *Millenium: Winners and Losers in the Coming World Order*, New York 1991

Austrian, Geoffrey D., *Herman Hollerith: Forgotten Giant of Information Processing*, New York 1982

Babbage, Henry Prevost, *Babbage's Calculating Engines*, Los Angeles 1982 (orig. 1889)

Barlett, Donald, James B. Steele, *America: What Went Wrong?*, Kansas City 1992

Ben-Ner, Avner, Benedetto Gui, Hrsg., *The Non-Profit Sector in the Mixed Economy*, Ann Arbor 1993

Beniger, James, *The Control Revolution: Technological and Economic Origins of the Information Society*, Cambridge 1986

Bergson, Roy, *Work Sharing in Industry: History, Methods and Extent of the Movement in the United States, 1929-33*, unveröffentl. Dissertation, University of Pennsylvania 1993

Bernstein, Jeremy, *The Analytical Engine: Computers – Past, Present, Future*, verbesserte Auflage, New York 1981

Biotechnology Industry Organization (BIO), *The U.S. Biotechnology Industry: Facts and Figures*, Washington 1994

Bradley, Stephen, *Globalization, Technology and Competition: The Fusion of Computers and Telecommunications in the 1990's*, Cambridge 1993

Brand, Stewart, *Media Lab, Computer, Kommunikation und neue Medien, Die Erfindung der Zukunft am MIT*, Reinbek bei Hamburg 1990

Braverman, Harry, *Die Arbeit im modernen Produktionsprozeß*, Frankfurt a.M./New York 1977

Brod, Craig, *Techno Stress: The Human Cost of the Computer Revolution*, Reading, MA, 1984

Busch, Lawrence, et al. *Plants, Power and Profit*, Cambridge, MA, 1991

Chandler, Alfred, *The Visible Hand: The Managerial Revolution in America*, Cambridge, MA, 1977

Clark, John Bates, *Essentials of Economic Theory*, London 1907

Clark, Wilson, *Energy for Survival*, Garden City, NY, 1975

Cochrane, Willard, *Development of American Agriculture: A Historical Analysis*, 2. Auflage, Minneapolis 1993

Committee on Recent Economic Changes, *Recent Economic Changes*, New York 1929

Cordoba-Novion, Cesar, Céline Sachs, *Urban Self-Reliance Directory*, Nyon 1987

Corn, Joseph J., *Imagining Tomorrow: History, Technology, and the American Future*, Cambridge, MA, 1986

Davidow, William, Michael Malone, *Das virtuelle Unternehmen*, Frankfurt a.M./New York 1993

Dorfman, Joseph, *The Economic Mind in American Civilization*, New York 1949

Drucker, Peter F., *Das Großunternehmen*, Düsseldorf 1966 (orig. 1946)

ders., *Post-Capitalist Society*, New York 1993

Durning, Alan, *Action at the Grass Roots: Fighting Poverty and Environmental Decline*, Washington D.C. 1989

ders., *How Much Is Enough?*, New York 1992

Engelberger, Joseph, *Robotics in Service*, Cambridge, MA, 1989

Engels, Friedrich, *Die Entwicklung des Sozialismus von der Utopie zur Wissenschaft*, 15. Aufl., Berlin 1970 (orig. 1883)

Fisher, Julie, *The Road from Rio: Sustainable Development and the Non-Governmental Movements in the Third World*, Westport, CT, 1993

Fjermedal, Grant, *The Tomorrow Makers: A Brave New World of Living-Brain Machines*, New York 1986

Food and Agriculture Organization, *Country Table: Basic Data on the Agricultural Sector*, Rom 1993

Ford, Henry, *Mein Leben und Werk*, 3. Aufl., Leipzig 1923

Galbraith, John Kenneth, *Gesellschaft im Überfluß*, 2. Aufl., München/Zürich 1968

Gompers, Samuel, *Seventy Years of Life and Labor: An Autobiography*, Cornell, NY, 1925

Hammer, Michael, James Champy, *Business Reengineering*, 4. Aufl., Frankfurt/New York 1994

Harrison, Bennett, *Lean and Mean: The Changing Landscape of Corporate Power in the Age of Flexibility*, New York 1994

ders., Barry Bluestone, *The Great U-Turn: Corporate Restructuring and the Polarizing of America*, New York 1988

Harrison, Roy, *Reinventing the Warehouse: World Class Distribution Logistics*, New York 1993

Hartz, Peter, *Jeder Arbeitsplatz hat ein Gesicht, Die Volkswagen-Lösung*, Frankfurt a.M./New York 1994

Hodgkinson, Virginia A., Murray S. Weitzman, *Giving and Volunteering in the United States: Findings from a National Survey*, Washington D.C. 1992

Human Development Report 1993, U.N. Development Program, New York 1993

Hunnicutt, Benjamin, *Work Without End: Abandoning Shorter Hours for the Right to Work*, Philadelphia 1988

ders., *The Death of Kellog's Six-Hour Day*, University of Iowa o.J.

International Labor Organization, *World Labour Report*, Genf 1993

dies., *The World Employment Situation, Trends and Prospects*, Genf 1994

James, Samuel D.K., *The Impact of Cybernation on Black Automotive Workers in the U.S.*, o.O., o.J.

Jeantet, Thierry, *La Modernisation de la France par l'Economie Sociale*, Paris 1986

Jones, Barry, *Sleepers Wake! Technology and the Future of Work*, Oxford 1990

Katz, Michael, *The Underclass Debate: Views from History*, Princeton 1993

Kennedy, Paul, *In Vorbereitung auf das 21. Jahrhundert*, Frankfurt/Main 1993

Kenney, Martin, Richard Florida, *Beyond Mass Production: The Japanese System and Its Transfer to the U.S.*, New York 1993

Keynes, John Maynard, *Politik und Wirtschaft, Männer und Probleme*, Ausgewählte Abhandlungen, Tübingen 1956

Kimbrell, Andrew, *Ersatzteillager Mensch*, Frankfurt/New York 1994

Kurzweil, Raymond, *Das Zeitalter der Künstlichen Intelligenz*, München/Wien 1993

Kyrk, Hazel, *A Theory of Consumption*, Boston 1923

Lawrence, Mishel, Jared Bernstein, *The State of Working America 1992-93*, Washington D.C. 1992

Lemann, Nicholas, *The Promised Land: The Great Black Migration and How It Changed America*, New York 1992

Leontief, Wassily, *National Perspective: The Definition of Problems and Opportunities*, Paper für das National Academy of Engineering Symposium 30.6.1983

ders., Faye Duchin, *The Future Impact of Automation on Workers*, New York 1986

Liemt, Gijsbert van, *Industry on the Move: Causes and Consequences of International Relocation in the Manufacturing Industry*, Genf 1992

Lopezlera-Mendez, Luis, *Sociedad Civil y Pueblos Emergentes: Las Organizaciónes Autonómas de Promoción Social y Desarrollo en Mexico*, Mexico City 1988

Marchand, Roland, *Advertising the American Dream: Making Way for Modernity*, Berkeley 1985

Marcuse, Herbert, *Triebstruktur und Gesellschaft* (Schriften, Band 5), Frankfurt/Main 1979

Marx, Karl, *Grundrisse der Kritik der Politischen Ökonomie*, Berlin 1974

Masuda, Yoneji, *The Information Society as Post-Industrial Society*, Bethesda, MD, 1981

McCarthy Eugene, William McGaughey, *Non-Financial Economics: The Case for Shorter Hours of Work*, New York 1989

McWilliams, Carey, *Ill Fares the Land, Migrants and Migrating Labor in the United States*, Boston 1942

Memorandum on the Reduction and Reorganization of Working Time, Commission of the European Communities, Brüssel 1982

Merva, Mary, Richard Fowles, *Effects of Diminished Economic Opportunities on Social Stress*, Washington D.C. 1992

Mills, Frederick C., *Employment Opportunities in Manufacturing Industries in the United States*, National Bureau of Economic Research Bulletin #70, New York 1938

Mishel, Lawrence, Jared Bernstein, *The State of Working America 1992-93*, Washington, D.C., 1992

National Defense Council for Victims of Karoshi, *Karoshi: When the Corporate Warrior Dies*, Tokyo 1990

Negroponte, Nicholas, *The Architecture Machine*, Cambridge, MA, 1970

Noble, David, *Forces of Production: A Social History of Industrial Automation*, New York 1984

O'Connell, Brian, Hrsg., *America's Voluntary Spirit*, Washington D.C. 1983

O'Neill, Michael, *The Third America: The Emergence of the Nonprofit Sector in the United States*, San Francisco 1989

Office of Technology Assessment, *A New Technological Era for American Agriculture*, Washington D.C. 1992
Ohno, Taiichi, *Das Toyota-Produktionssystem*, Frankfurt a.M./New York 1993
Organization for Economic Cooperation and Development, *Employment/ Unemployment Study: Interim Report by the Secretary General*, Paris 1993a
dies., *Employment Outlook July 1993*, Paris 1993b
dies., *OECD-Beschäftigungsstudie: Fakten, Analysen, Strategien*, Paris 1994
Parker, Mike, Jane Slaughter, *Choosing Sides: Unions and the Team Concept*, Detroit 1988
Pascal, Blaise, *Über die Religion und über einige andere Gegenstände (Pensées)*, 8. Aufl., Heidelberg 1978
Philipson, Morris, *Automation: Implications for the Future*, New York 1962
Phillips, Kevin, *The Politics of Rich and Poor: Wealth and the American Electorate in the Reagan Aftermath*, New York 1991
Population Crisis Committee, *Population Pressures Abroad and Immigration Pressures at Home*, Washington D.C. 1989
Rawlence, Christopher, Hrsg., *About Time*, London 1985
Reich, Robert B., *Die neue Weltwirtschaft, Das Ende der nationalen Ökonomie*, Frankfurt/Berlin 1993
Renner, Michael, *National Security: The Economic and Environmental Dimension*, Worldwatch Paper #89, Washington 1989
Report on the Memorandum from the Commission of the European Communities on the Reduction and Reorganization of Working Time, European Parliament, 1983
Roediger, David, Philip Foner, *Our Own Time: A History of American Labor and the Working Day*, Westport 1989
Rural Advancement Fund International, *Biotechnology and Natural Sweeteners*, RAFI Kommuniqué, Pittsboro, NC, 1987
dass., *Vanilla and Biotechnology – Update*, RAFI Kommuniqué, Pittsboro, NC, 1991
Rush, James, *The Last Tree*, New York 1991
Russell, Bertrand, *Lob des Müßiggangs*, Wien/Hamburg 1975
Say, Johann Baptist, *Darstellung der Nationalökonomie oder der Staatswirthschaft*, Heidelberg 1818
Schor, Juliet, *The Overworked American: The Unexpected Decline of Leisure*, New York 1991
Seibel, Wolfgang, *Funktionaler Dilettantismus. Erfolgreich scheiternde Organisationen im Dritten Sektor zwischen Markt und Staat*, Baden-Baden, 2.Aufl. 1974
Simons, Geoff, *Silicon Shock: The Menace of the Computer Invasion*, New York 1985
ders., *Robots: The Quest for Living Machines*, London 1992

Strasser, Susan, *Satisfaction Guaranteed: The Making of the American Mass Market*, New York 1989

Strobel, Frederick R., *Upward Dreams, Downward Mobility: The Economic Decline of the American Middle Class*, Lanham, MD, 1993

The Five-Year Economic Plan: Sharing a Better Quality of Life Around the Globe, Economic Planning Agency, Government of Japan, 1992

Theobald, Robert, *The Guaranteed Income*, New York 1967

Til, John van, *Mapping the Third Sector: Voluntarism in a Changing Social Economy*, Washington D.C. 1988

Tocqueville, Alexis de, *Über die Demokratie in Amerika*, 2. Aufl., München 1984

U.S. Department of Agriculture, *Technology on the Farm*, Washington D.C. 1940

U.S. Department of Labor, Bureau of Labor Statistics, Labstat Series Report, *Current Employment Statistics Survey*, Washington D.C. 1975

dass., *Technology and Labor in Five Industries*, Bulletin 2033, Washington D.C. 1979

dass., *Technology and Labor in Three Service Industries*, Bulletin 2367, Washington D.C. 1990

dass., *Technological Change and Its Impact on Labor in Four Industries*, Bulletin 2049, Washington D.C. 1992

U.S. Office of Management and Budget, *Budget of the U.S. Government, Fiscal Year 1988*, Washington D.C. 1989

Walker, F.A., *The Civil Works Administration*, New York 1979

Wiener, Norbert, *Mensch und Menschmaschine*, Frankfurt/Berlin 1952

Wilhelm, Sidney, *Who Needs the Negro?*, Cambridge 1970

Wilson, William Julius, *The Declining Significance of Race: Blacks and Changing American Institutions*, Chicago 1980

ders., *The Truly Disadvantaged*, Chicago 1987

Winpisinger, William, *Reclaiming our Future: An Agenda for American Labor*, San Francisco 1989

Womack, James P., Daniel T. Jones, Daniel Roos, *Die zweite Revolution in der Autoindustrie*, 8. Aufl., Frankfurt/New York 1994

Zientara, Marguerite, *The History of Computing*, Framingham, MA, 1981